《围棋与名城》丛书

围棋与大同

张眉平　主编

山西出版传媒集团　书海出版社

图书在版编目（CIP）数据

围棋与大同／张眉平主编．—太原：书海出版社，
2023.9
ISBN 978-7-5571-0091-9

Ⅰ．①围…　Ⅱ．①张…　Ⅲ．①围棋－棋类运动－概况
－大同 Ⅳ．①G891.3

中国国家版本馆 CIP 数据核字（2023）第 153414 号

围棋与大同

主　　编：张眉平
责任编辑：陈俞江
复　　审：傅晓红
终　　审：梁晋华
装帧设计：谢　成

出 版 者：山西出版传媒集团·书海出版社
地　　址：太原市建设南路 21 号
邮　　编：030012
发行营销：0351-4922220　4955996　4956039　4922127（传真）
天猫官网：https：//sxrmcbs.tmall.com　电话：0351-4922159
E－mail：sxskcb@163.com　发行部
　　　　　sxskcb@126.com　总编室
网　　址：www.sxskcb.com

经 销 者：山西出版传媒集团·书海出版社
承 印 厂：山西出版传媒集团·山西人民印刷有限责任公司

开　　本：720mm×1020mm　　1/16
印　　张：23
字　　数：360 千字
版　　次：2023 年 9 月　第 1 版
印　　次：2023 年 9 月　第 1 次印刷
书　　号：ISBN 978-7-5571-0091-9
定　　价：92.00 元

如有印装质量问题请与本社联系调换

《围棋与名城》丛书编委会

编委会主任

林建超

编委会执行副主任

姚 军 王 光

编委会副主任

朱国平 聂卫平 孙光明 常 昊 雷 翔 王 谊 华学明

顾 问

王国平 王汝南 华以刚 陈祖源 何云波

编委会成员

俞 斌	刘 伟	刘 菁	陈凌凯	杨 诚	张 蔚	张 平
张润海	郭志强	赵清俊	张眉平	张建军	杨学军	李绍健
韩文鑫	刘 斌	安 营	周星增	刘世振	丁 波	陶启平
朱建平	王永山	王晓庆	卢俊和	杭天鹏	杨自强	吴海明
祝云土	邓中肯	曹元新	戴滨辉	卢阳阳	王其红	张 亮
华 斌	喻 平	洪维平	刘海泉	聂 慎	马 望	渠汇川
刘 霞	刘文选	洪镜海	何云波	陈巨伟	容坚行	陈志刚
吴金权	覃洪兵	黎浩海	白起一	林如海	王成艺	熊方军
危建华	何任叔	李方明	陶晓昌	王旭东	李云生	张 丰
杨 琪	宋 群	周 为	罗腾岳	郭海军	陆 斌	

　　2023年1月30日至2月1日，在第27届LG杯朝鲜日报棋王赛三番棋决赛中，丁浩以2比0战胜杨鼎新夺得冠军，成为中国围棋第23位世界冠军和中国首位00后围棋世界冠军

第27届LG杯朝鲜日报棋王赛三番棋决赛

中国围棋协会领导为第27届LG杯朝鲜日报棋王赛冠、亚军颁奖

寻根中国　遇见名城

—— 第八届"中信置业杯"中国女子围棋甲级联赛大同启幕

因为围棋，大同既闪耀历史的光芒，又焕发新的生机。

2020年中国女子围棋甲级联赛主题为"寻根中国，遇见名城"，首站比赛设在了历史文化名城大同。

大同，一座浓缩了悠久历史和灿烂文化的名城，融入智慧与美丽的围棋后，正以其魅力无限的"大同模式"，吸引着世人的注目，实现着古都大同的复兴梦。

嘉宾启动本届联赛山西大同站鎏金沙盘

张吉福书记宣布大赛开幕

武宏文市长致辞

林建超主席精彩致辞

郭蕾副市长致辞

棋圣聂卫平棋盘签名

互赠纪念品

开幕式歌舞助兴

棋迷欢聚一堂

围棋元老王汝南指导业余棋手

围棋元老华以刚指导业余棋手

棋圣聂卫平指导业余棋手

棋圣聂卫平致辞

希望围棋教室捐赠仪式（1）

希望围棋教室捐赠仪式（2）

开幕式在大同大剧院举行

领导、嘉宾云集

步入赛场

参赛队伍
下榻大同宾馆

棋坛常青树芮乃伟　　　　　　　　　商界棋王对决

围棋皇后於之莹指导业余棋手

大同籍职业棋手、全国冠军丁　　　大同籍职业棋手曹宏宇指导少儿围
浩指导少儿围棋爱好者　　　　　　棋爱好者

朝气蓬勃、作风严谨的裁判队伍

裁判员总结会

前　言

　　组织全国各地的围棋协会，编写出版反映各地著名城市的围棋历史、文化、人物、故事和发展现状的系列丛书，是新一届中国围棋协会为深入学习贯彻习近平总书记重要指示精神所抓的大型围棋文化工程。2004 年 10 月，习近平总书记在浙江省衢州市调研时首次提出"围棋文化"的概念，并明确指出："围棋文化要进一步提高运作水平，开展一些有影响的活动。"这是迄今党和国家主要领导人关于加强围棋文化建设的明确指示要求，具有重要而深远的指导意义。编写《围棋与名城》丛书，正是按照习近平总书记的要求，自觉坚守中华文化立场，挖掘、传承、弘扬围棋文化，讲好中国围棋故事的实际行动。

　　《围棋与名城》丛书旨在挖掘、整理全国各地有价值、有特色的围棋文化，讲好当地围棋故事，使之成为城市的一张特殊名片。丛书是一项基础性、系统性、开创性的文化工程，是全国围棋文化建设的重要组成部分，它的重要意义在于：第一，是推动围棋文化全面发展的基础性工作。围棋文化的发展方向众多，其中一项基础性工作，即地方围棋文化的挖掘、整理、研究。这项工作过去没有系统地、有组织地进行过。在围棋事业快速、多样化发展的今天，这种基础性工作越来越显示出它的重要性和必要性。第二，是国家围棋文化建设与地方围棋文化建设相结合的工程。讲好中国围棋故事是讲好中国故事的重要组成部分，中国围棋故事是由各地围棋故事组成的。第三，是推动中国围棋名城建设的品牌性、标志性项目。我们要打造围棋名城，首先要把名片做好，一本既有史料价值又有指导意义的围棋书就是金名片。第四，是实现围棋文化成果与人才培养双丰收的根本性措施。围棋文化要出成果，更要出人才。围棋文化人才潜在的数量很大，编写《围棋与名城》是对各地围棋文化人才的一次发现、检验、提高，有利于建设中国围棋文化人才库。

《围棋与名城》有明确的定位。一是围棋形态的史志书；二是当地领导者、围棋工作者、围棋教育者、围棋爱好者使用的教科书；三是方便查询、方便使用、方便宣传、方便传播的工具书；四是本城市作为"围棋名城"的说明书；五是讲好当地围棋故事、具有可读性的故事书。

丛书各册主要包括四方面内容：第一，历史。围棋在本地发展的历史脉络。第二，文化。围棋在本地发展过程中形成的独特文化以及与文学、书画、戏曲等其他文化互为载体的关系。第三，人物。古往今来的围棋人，包括下围棋的人、支持围棋事业的人、从事围棋行业的人，等等。第四，现实。就是围棋的现实发展，包括赛事、活动、普及、交流，等等。每本书都与城市的社会、经济、文化、体育发展相结合。

在编写过程中，我们要求各分册编委会严格把握五条标准：一、政治标准。就是以党的十九大精神、习近平新时代中国特色社会主义思想，特别是关于文化体育的论述为指导和要求。二、史志标准。所有的史料要经得起推敲。三、学术标准。涉及棋谱、课题的研究时，要达到学术要求。四、专业标准。就是围棋的专业标准。比如，提到的比赛、活动要符合体育总局、中国围棋协会的政策、要求、规范。五、出版标准。文字准确、精炼，图片清晰，体例、格式等符合出版社要求。

从2014年我组织调研到2019年主抓召开编写工作会议，历时数年，第一批43部书稿终于进入出版流程。在丛书编写过程中，各地体育部门、围棋协会的负责同志，以及具体的编写人员都本着积极奉献、责任担当、深入刻苦、包容大度、勇于创新、客观求实的态度，整合各方力量，调动各方积极性，很好地完成了各自的任务。山西人民出版社从承办会议到编辑设计，做了大量工作。作为身处伟大时代的围棋人，我们一起克服了很多困难，为解决棋迷的需要、国家的需要、时代的需要作出了贡献，承担了自己的责任担当，履行了自己的历史使命。我们要持之以恒，继续研究，不断改进，更好地完善这一无愧于时代、无愧于后人的重要基础性工程，为中华优秀围棋文化的传承发扬作出更大贡献。

中国围棋协会主席　林建超

2021年6月12日

从棋局路过（代序）

大同市作家协会主席　任　勇

张眉平先生联系我，让我为他们即将成书的《围棋与大同》作序。起始，我很忐忑，原因很简单，我对围棋基本不懂，可以说是个实实在在的局外人，怎可承担此任。

我与眉平因文学相识，成为好友。

我很清楚，张眉平先生几乎半辈子都在下棋，或者说活跃在棋局内外。只要是古城有棋事，不论大小，眉平必定在其中。眉平爱棋，与他对中国传统文化的钟情有关，亦与他对文学的不解之缘有关。忽然记起我的一位同行老哥，他爱棋，亦爱文字。因为文字之媒，我们曾经有过许多次见面的机会，偶尔我发现这位老哥对于棋局之喜，更胜过文字。一次在南方某佛教圣地参会，我俩住在同一房间。会间参观，恰逢小雨霏霏，参观暂停，大家纷纷躲在宾馆里观雨，唯他不见踪影。出于好奇，我撑一把雨伞绕庙宇周围寻他，一边透过雨帘观察，一边猜他定是被一场棋局绊住了脚。最后发现果不其然，在一个亭台之上找到了他，他正与一老僧对弈，虽面部表情平静如水，但我相信彼此的内心已经是刀光剑影，杀声四起。我又想起了一千六百年前的北魏，从定都平城的道武帝拓跋珪，到一统北方的太武帝拓跋焘，到云冈石窟开凿者文成帝拓跋濬，再到一起推行太和改制、打造太平盛世的文明太后冯氏与孝文帝拓跋宏，还有那些文臣武将们，比如佛教大师昙曜，比如道教国师寇谦之，比如大将军陆丽，比如文学家崔浩，比如大儒高允，再比如改革家李冲，地质学家郦道元，他们也会着迷于围棋吗？我不得而知。但是我知道，远在北魏许许多多年之前，围棋已经诞生在中国，而且成为中国传统文化的象征之一，成为中国文化驾驭者、探路者、殉道者们，锤炼心智、提升格局的"游戏"之一，北魏政权下的代表人物们，能够例外吗？作为对中华文化的崇拜者，愿意丢弃自己，彻底汉化，完全融入中原文化的拓跋鲜卑人，他们能够轻而易举地绕过围棋吗？我不信。有文化人已经找到了太武帝拓跋焘与大臣刘树、古弼斗棋对弈的故事，让我欣慰。其实根本无需再费力去查阅史料，像太武帝这样的战神，成天率军南征北战，都会有闲情逸致，在黑白世界里斗智斗勇，一比高低，更何况他人乎？

大同，地处雁门以北，大漠以南，绵绵不断的长城，从没有阻断过游牧文化与农耕文化、西域文化与中原文化在此碰撞，在此融合，在此生根开花结果。不为其他，只为了这种几千年的沧桑历史，铸就了大同特有的融合个性，以云冈石窟为证，以构建人类命运共同体与大同这个美好的名字，具有同等意义为理由，文化的呼唤，使命的吸引，友情的分量，我不能拒绝眉平的嘱托。

一位哲人说过，棋局是小天下，天下是大棋局。

我记不住这位哲人的姓名，却大概记住了他的这句名言。弈棋者，有时候不能纠结于一局两局的胜负，有时候却必须寸步不让，有时候连败数局却一笑而过，有时候数局兼胜也不过微风拂面，局里局外的风雨雷电，都在谈笑一挥间，内心的强大和静谧才是真谛。

古都大同走到今天不容易，没有毁灭于战乱，没有毁灭于无知，而是在前进中觉悟，在改革中长进。生命能够思考，文化能够令人觉悟，历史能够说话，资源能够共享，城市能够有味道，乡村能够像世外桃源，孩童能够做游戏，老者能够有笑声。我想这也是大同每一个棋者的心愿，是每一个曾经在大同插过队、参过军、奉献过青春、有过美好回忆的人共同的心愿。不是吗?

　　大家都是局中人,我羡慕。我不通围棋,我愿观棋不语。

　　是为序。

　　　　　　　　　　　　　　　　　　　　2020年6月6日于北京

大 同 赋

耿彦波

　　大同者，尧舜之治政，天地之化育，人世之理想，大道之直行也。混沌初开，刀耕火种，人类远宗先祖，许家窑遗址为证；战国中叶，胡服骑射，华夏开疆拓土，武灵王功业可寻。两汉要塞，白登风云，高祖无奈留遗恨；兵略重地，烽火连天，青山有幸寄忠魂。嘎仙洞呼啸而来，席卷天下；拓跋氏异军突起，问鼎中原。皇天后土，山川形胜，巍巍哉帝王霸气，皇皇魏都平城；北魏基业，太和汉化，郁郁乎儒道斯文，赫赫文治武功。武周山开窟造佛，旷世稀声，创天地之大美，前无古人；云冈峪石破天惊，空谷足音，登文化之顶峰，后无来者。吞吐万汇，礼兴乐盛，开启盛唐宏大和声；融铸华夷，师古出新，典章帝都格局精神。辽金陪都，皇家王气传承，三百年辉武修文；华严巨刹，京华佛国胜景，万千僧弘道修行。明清重镇，治乱必据。代王建藩，徐达筑城。扼门户之要冲，神京屏障；启边关之贸易，盛世气象。大帝国落日余晖，国祚式微；多尔衮戊子屠城，时运可危。己丑建国，历史翻新。中华煤都，再现辉煌。文化名城，古韵新章。一轴双城，无限风光。传统与现代齐飞，人文共生态一体。奋皇城古都之余烈，振大同崛起之长策。政通人和，百业俱兴。创优发展环境，集聚天下英才，建非常之功；打造产业园区，吸纳八方投资，立不朽之业。改革旧制，与时偕行；开放图强，再造乾坤。呜呼！大同之道也，天下为公。选贤与能，讲信修睦。乐业安居，和谐包容。各美其美，美人之美，美美与共，天下大同。

目 录

上篇 纹枰论道

下篇　弈苑集萃

棋人棋事

棋谱赏析

—上　篇—
纹枰论道

第一章
古都大同：国家首批历史文化名城

　　"大同"是古代贤哲描绘的理想王国，代表着人类对未来社会的美好憧憬。"大道之行也，天下为公。""是故谋闭而不兴，盗窃乱贼而不作，故外户而不闭，是谓大同。"

　　一个城市的地名，能与一个民族追求与向往的最高理想契合，是何等难得的机缘和荣耀。大同，一个神奇的地方，一个美丽而吉祥的名字，一颗闪耀在祖国塞外璀璨夺目的明珠。

　　雁山横代北，抓塞接云中。这里是东方文明的发祥地，是金戈铁马的古战场，是民族融合的大舞台。历史长河浩浩荡荡，中华民族每一次变迁、升腾和艰难跋涉都在这里留下深深的印记。

　　大同，起步伊始便是那样的不凡：赵武灵王"胡服骑射"，开疆拓土，

大同古城全貌

引领了七雄武略；中原逐鹿，拉开了中华民族大一统的大幕。大同的峰巅是那样的辉煌：北魏建都，"胡习汉制"，开启了王权号召下史无前例的民族大融合，延续并优化了中华民族的文化基因，催生了隋唐大帝国的横空出世。大同的续韵同样璀璨：辽金陪都，明清重镇，作为中国北方的政治副中心或朔方门户，自始至终罢斗拱北，雄边锁钥。

千秋功过，孰是孰非。大同，这片土地，曾经万马齐喑，斥候棋布；这片土地，关锁封喉，烽屯百万；这片土地，让功臣留史，让历史驻足。

大同就是这样，踏着中华民族文明信史的步子，一路高歌走来，直到今天……

历史悠久　文化名城

被誉为"塞外名城"的大同市位于山西省的最北端，地处内外长城之间，晋冀蒙三省交汇处。全市地区面积14152平方公里，总人口340多万，市区人口约为130万。桑干河是大同的母亲河，自西流向东北横贯全市，绿树环绕、水波粼粼的御东文瀛湖，为大同典型的"北雄"特色平添一抹江南水秀。

大同御河景区

中国的北方是恢宏的，是血气方刚的，驰骋疆场，金戈铁马，逐鹿中原。大同是我国北方军事重镇。"山环采凉，水抱桑干，长城界其北，雁塞峙其南，西眺朔漠，东瞻白登，屏全晋而拱神京，巍然重镇"，境内山峦起伏，沟壑纵横，形成许多天然关塞。

威严神秘的大同，彰显出王者气魄，古都风貌，京城气象。由于它特殊的地理位置，悠久的历史进程，光辉灿烂的文化艺术，得天独厚的地下宝藏，赢得名载典籍、驰名中外的殊誉。

大同古称云中、平城。2300余年，史海沉浮，兴衰更迭。厚重的历史文化积淀，成就了大同的古朴、经典与大气。早在1982年，大同就被国务院确定为首批24座历史文化名城之一，排名列北京、承德之后，位居前三名，成为山西唯一一座首批入选的城市。

远在十万年前，我们的祖先就劳动、生息、繁衍于这片热土上。"许家窑人""峙峪人""鹅毛口石器打造场"在我国史前文化篇中占有辉煌的一页。早在两千多年前，这里的人们就掌握了青铜铸造技术，设计之巧妙，造型之精美，从已出土的文物中可以得到明证。

浩瀚的历史长河、璀璨的古代文明，给大同留下极其丰厚的历史文化遗存。从武灵开辟（公元前300年）其地作为代国的南都长达86年。拓跋珪于公元398年，自盛乐迁都平城，历经6帝7世达97年之久。辽于重熙十三年（1044年）改云州为西京，长达78年；金称西京90年；元初仍称西京76年。直到至元二十五年（1288年）改西京道大同府为大同路，辽、金、元称西京计244年。

大同建都称京计427年的历史，"三代京华"是大同最辉煌的时代。北魏鲜卑在这片热土上，建中立极，定都安邦，物华天宝，焜耀宇宙。拓跋珪迁都平城后，在平城"营宫室，建宗庙，立社稷，定礼乐"，之后经过北魏王朝近百年的经营，宫城内建筑了宫殿、宫室、宗庙、社稷、武库等设施，还建立了方圆二十里的外城和周回三十二里的郭城。辽金时，大同作为西京陪都，被视为重地，修司衙、建宫殿、立学宫，并将祖庙都设在这里。文化积淀和历史遗存极为丰厚，境内古迹众多，山川秀美，物华天宝，其历史文化价值和精美绝伦的艺术品，令人叹为观止。

大同自古是中原的汉民族和塞外的游牧民族争夺天下的古战场，特殊的地理位置造就了大同绵延数千年的战争史和民族交融史。也许大同自诞生之日起，历史就赋予它甲光军旅的气质与威武刚毅的血性。

在两千多年的历史长河中，发生在这里的大小战争达千次以上，诸如白登之战、参合陂之战、土木堡之战等重大战役就有八次之多。赵武灵王胡服骑射，李牧戍守雁云代，汉高祖受围白登，李广、卫青、霍去病远征朔漠，拓跋珪迁都平城，郭子仪收复云州，李靖夜袭定襄城，薛仁贵云中解围，吴峦拒城抗割让，常遇春攻克大同，徐达增筑大同城，于谦巡边守大同，郭登大破瓦剌军，姜瓖反清守古城，宋世杰攻占府衙，八路军平型关大捷等，一大批卓越的军事人物在这块古老的土地上演出了一幕幕气势恢宏的战争活剧，大同的历史就是一部波澜壮阔的战争史。

尽管大同出现过上千次刀光剑影、硝烟弥漫的战争，使人民遭受巨大的痛苦和损失，但更多的是和平共处，友好往来。朝朝代代，一批批少数民族在大同定居，他们和大同人民相互影响、融合，北方民族的尚武精神，使大同人民"俗尚武艺，风声气息，自昔而然"。其人物"亦多魁伟之士"。这方热土哺育了多少慷慨悲歌之士、文治武功之才，他们勋业昭著，入史载志，为后人师表。

秦汉以降两千多年来，从匈奴、鲜卑、羯、氐、羌到突厥、契丹、女真、蒙古族、满族等北方各民族，无一不曾频繁活动于大同这片土地，大同历史便是在北方各民族与中原民族交往和文化交融的风雨行程中慢慢积淀而成的。

一座历史名城，凝聚着历史上一个或数个朝代的精华和气韵。因此，中国有这样一个说法：秦汉隋唐看西安，宋齐梁陈看南京，钱越赵宋看杭州，燕元明清看北京……那么，北魏辽金看大同，便是理所当然的事。

大同，集魏晋风韵为一山、辽金风流为一城，在悠久的历史进程中，留下了许多珍贵的历史遗存，形成了独特的地域文化。漫步历史的街巷，你可能会踢起北魏的沙尘，也可能会踩到辽西京的瓦砾，从中感受那1600

年的古都遗韵。在长达4个世纪的时间里，大同曾强烈地影响了中华民族的历史走向，也为自身的繁荣奠定了基础。直至今天，大同的古都文化、边塞文化、宗教文化和民族融合文化，依然影响着北方甚至整个中华文明。

大同，自古有"凤凰城"的美誉。大同古城整个布局好似一只舒展单翅的凤凰，南关为凤之头，主城为凤之身，北关象征凤凰的尾部，东关为左翅，唯独没有西关。传说是一位勇士搭箭射掉了凤凰的右翅，所以这只彩凤至今无法远走他乡。

大同居民的语言、服饰、饮食、起居、民俗、民风至今仍保留着北方民族的古老遗风。厚重的文化孕育了大同英雄儿女，他们纯朴端庄、温和善良、勇于奉献、乐于助人、能吃苦、爱整洁、不排外、易满足、勤劳节俭、恋土重迁，在这片热土上默默地耕耘着，世世代代，地久天长。

如今，大同的戏剧"耍孩儿""罗罗腔"，广灵的染色剪纸等都是国家非物质文化遗产。每年大同都要举办云冈文化艺术节，以展示中国传统宗教文化以及优美的塞外风光。近几年又举办了成龙国际武打电影艺术节和中国大同古都灯会、大型民俗文化展演活动，可谓闻名遐迩，盛况空前。

塞外明珠　旅游名城

大同是中国优秀旅游城市、国家园林城市。悠久的历史也给大同留下众多的文物古迹，世界文化遗产云冈石窟、绝塞名山北岳恒山、辽金建筑华严寺、龙壁之冠九龙壁，以及修复一新的古城墙，是每个大同人倍感自豪的城市名片。巍巍石佛，庄严巨刹，琉璃龙壁，造就了佛国龙城的大同特色；逶迤长城，磅礴北岳，雄关古道，勾画出塞上明珠的北国风光。

早在1991年5月，国家旅游局就公布大同为首批中国国线景点旅游区。它是以云冈石窟为重点、名城大同为中心的特色文化旅游区。区内有世界文化遗产1处，国家重点文物保护单位27处，其他各级文物保护单位300余处。

云冈大佛，精美绝伦。云冈石窟为中国现存规模最大的石窟群，被联

云冈大佛

合国教科文组织列为世界文化遗产。云冈石窟位于大同市西16公里处的武周山麓，依山开凿，东西绵延一公里，现存洞窟53个，石雕造像五万多尊。其中尤为珍贵的是第十六至第二十窟，世称"昙曜五窟"，是北魏名僧昙曜奉文成帝旨意开凿的，距今已有1500多年的历史。令人惊奇的是，昙曜五窟中的五尊大佛竟然是北魏几代帝王的真实写照，连脸上、脚上的黑痣也相吻合。北魏之所以尊崇佛教、大兴石窟，是基于佛教对于皇权有"济益之动"的考虑。礼佛崇帝的要求，迎来了北魏在云冈浩大的开窟造像工程，昙曜五窟也应运而生，形成了北魏王朝政教合一的局面。云冈石窟是世界文化艺术宝库中的一颗璀璨明珠，它的气度是空前绝后的，举目望去：金楼玉宇，仙山琼阁，满堂丝竹，尽日笙箫……这是北魏文化中特有的华贵绚烂的造型、圆润流畅的线条、丰满柔和的构图、热闹欢乐的气氛。从中我们可以领略北魏王朝的大气磅礴，感受鲜卑族人理解的佛教文化。

五岳中的恒山，现为国家自然与文化双遗产，是塞外高原通向冀中平原之咽喉要冲，儒释道三教同修的圣地。主峰天峰岭海拔2016米，气势壮观，景色如画，被称为"人天北柱""绝塞名山"，叠嶂拔峙，气势雄伟，被誉为北国万山之宗主。莽莽苍苍，横亘塞上，巍峨耸峙，气势雄伟。天峰岭与翠屏峰是恒山主峰的东西两峰，两峰对望，断崖绿带，层次分明，美如画卷。果老岭、姑嫂岩、飞石窟、还元洞、虎风口、大字湾等处，充满了神奇色彩。

北岳恒山

悬空飞阁，巧夺天工。地处恒山脚下的悬空寺，素有"悬空寺，半天高，三根马尾空中吊"的俚语，以如临深渊的险峻而著称。作为国内唯一的儒释道三教合一的高空木构摩崖建筑，"半插飞梁为基，巧借岩石暗托"，望东为证，山门南开，背倚翠屏，

悬空寺

上载危岩，下临深谷，窟中有楼，楼中有穴，半壁楼殿，半壁楼窟，窟连殿，殿连楼的奇特风格，更是吸引着无数人的目光。远远望去，只见神楼仙宫，凌空危挂。丹廊朱户，傍崖飞栖，仿佛玲珑的雕刻镶嵌在万仞峭壁间。游人登临，钻天窗，穿石窟，跨栈道，步长廊，如临仙境。明代大旅行家徐霞客叹其为"天下巨观"。寺下岩石上"壮观"二字，是唐代诗仙李白的墨宝，其中"壮观"中的"壮"字特意多了一点，意为比壮观还要"壮观"。

大同九龙壁为中国九龙壁之最，9条龙以飞腾之势跃然壁上，活灵活现。正中一条龙，是九龙的中心，龙头向前，龙尾摆动，黄色的主体，辚

九龙壁

光闪闪。主龙两侧的两条龙互相对称，构成一幅生动的画面。这座建于明朝洪武年间的九龙壁，是明初代王朱桂府的照壁。采用黄、绿、蓝、紫、黑、白等五光十色的琉璃构件拼砌而成，巍峨壮观、光彩夺目。九龙壁前修筑有一处倒影池，九龙倒映在池中，由静态变成动态，可谓匠心独运。每当朝阳升起，金光万道，九龙壁犹如涂上了一层耀眼的光辉，巨龙仿佛冲破雾霭，腾空游动起来。随着晨雾的消散，九条龙更加绚丽，万缕金光在龙身上闪耀，九龙昂首摆尾，盘绕弯曲，在海波上翻腾，在流云中穿行，宛然如生。

华严寺

大同现存辽、金、元、明、清建筑数量之多、规模之大、建筑艺术之精湛在全国十分罕见。巨刹名寺，精美绝伦。被誉为"辽金博物馆"的华严寺，其大雄宝殿为全国最大的佛殿。雕刻精美的天宫楼阁，壁藏犹如玉宇琼楼，玲珑之致，被已故建筑学家梁思成称为"海内孤品"。薄迦教藏殿内的诸菩萨像中，以一尊面带微笑合掌露齿的胁侍菩萨像最为生动，堪称"神品"。该菩萨像体态丰盈、肘悬飘带、发束高冠、露齿微笑，被赋予"东方维纳斯"之雅号。宋人受礼制约束太深，内秀多于外露，而契丹人豪迈洒脱，齿露芬芳，是另一种美的表现。善化寺古称开元寺，唐韵悠悠的普贤阁造型精美绝伦；大雄宝殿中的二十四护法诸天塑像，神情各异，极富人间韵味，为金塑之佳品；三圣殿中的朱弁碑，文章绝唱、书法绝世、刻工绝妙，可称"三绝"。元代建筑有关帝庙大殿，清代建筑则是星罗棋布。鼓楼是古城大同的标志性建筑之一，位于城内永泰街中段，始建于明初，清代重修。每到傍晚，燕子盘旋，风铃叮当，夕阳下的鼓楼更衬托出大同这座历史文化名城的沧桑和底蕴。

现存大同城是北魏的都城，历经隋、唐、五代，辽、金、元，明洪武五年（1372年）大将军徐达"依旧土城南之半增筑"，形成周长7.24公里、面积3.28平方公里的城池。大同城有内城、瓮城、罗城、关城，城城设防，城楼、敌楼、望楼、阁楼，楼堞环列，旌旗招展，鼓角相闻，壁垒森严，一派重镇名城之势。"北方锁钥""晋之名邦""赫赫方昌""万祀金汤"的

彩霞映古城

大同城，壮丽雄伟，高低错落，形如羽翼，酷似展翅腾飞的凤凰，留给人们许多美好的梦境。

在漫长的历史进程中，长城是大同沧桑历史中的一段特殊印记，一砖一石，凝聚着古老的民族智慧，一城一池，构建了千年的和平秩序。大同地区先后修筑有赵长城、汉长城、北魏长城、北齐长城、隋长城和明长城。据大同长城普查统计，境内现存历代长城遗址计1047里，分布广、历史久、设施全，而且富有特色，古风古韵、原汁原味，具有原生态的历史感和沧桑感。想当年金戈铁马，击柝相闻，烽火一传，众堡依附，贡使往来，接踵于途。至今内外长城翻山越岭，宛似一条巨龙飞腾在古城崇山峻岭之间，犹如玉带连珠，将雁门天险、平型要塞、杀虎隘口及无数烽墩卫所、敌棋暗道联成一体，构成塞上一道美丽风景。

大同火山群是我国六大著名火山群之一，也是东亚大陆稀有的自然遗产，已知的火山有三十多座。该火山群属于第四纪地壳运动的典型遗存，处于平坦宽广的大同盆地东翼和桑干河中游的河谷地带。

大同东北20公里的采凉山，古称纥真山。海拔2080米，过去为大同的镇山。唐昭宗有诗云，"纥真山头冻死雀"，则以山峰峭拔、高寒异常、冬夏积雪而著称。"采凉积雪"为大同八景之一，有"马嘶踏遍银山顶，鸟倦惊飞玉树枝"的咏叹。山上旧有采凉观、碧霞宫、地藏寺及明代诸藩王墓。

大同左云县
八台子长城

今红石崖下有太玄观。山上绿树环抱，松柏成林，山花烂漫，药材遍地，是大同著名的风景区。

鼓楼

一座座古迹遗址，一处处名胜景点，一颗颗璀璨夺目的明珠，镶嵌在塞北高原，将这片古老苍茫的土地装点得更加秀美壮丽。

自2008年以来，古城实施全面保护和复兴工程，按照"一轴双城，分开发展，古今兼顾，新旧两利"的名城复兴宗旨，展现历史风采，创造当代辉煌。按照北魏建筑风格建设的云冈石窟大景区，气势恢宏；新修复的明代城墙、代王府巍峨壮观；辽代华严古刹修旧如旧，规模宏大；明代所建文庙，传承着中华文化的精华——儒家思想。大同的景致，无不彰显着古典高雅以及王家之气。

大同是边塞文化发祥地之一，既有中原文化的慷慨大气，又有草原文化的粗犷豪爽，还具有北方人坚韧强毅和浓重的爱国情怀。地域文化不仅催生和孕育了传承久远、影响深远的一代代大同人，更形成了大同特色的地域文化。

大同，正以其魅力无限的"大同模式"，吸引着世人的目光，实现着古都大同的复兴梦，打造着一个最具特色的魅力城市。"各美其美，美人之美，美美与共，天下大同。"

乌金墨玉　煤都名城

大同不只有云冈石窟、恒山、悬空寺，不只有厚重历史，在工业和经济领域可以说也是亮点纷呈。如果说古城是古都大同的历史印记，那么煤炭则是煤都大同的历史标记。

　　大同煤炭开采历史悠久，远在汉代已开采利用，汉墓出土的煤块足以证明。北魏郦道元在《水经注》中已有当地居民开采煤炭用以炊煮取暖的记载。《水经注》所记东溪（现为大同口泉沟）"山有石炭，火之热间（同）樵炭也"。同时还记载了火山、火井、风穴等煤炭自燃现象。可知当时开采已有相当规模，不但供应京都上百万人取暖、做饭，还用来冶炼白银。唐宋时大同煤炭开采已较为发达，形成商品流通市场。宋代朱弁的《炕寝诗》写的"西山石为薪""飞飞涌玄云，焰焰积红玉"正是大同侏罗纪煤燃烧的情景。辽金元时，大同采煤业已很发达，冶铁锻造兵器，促进了煤炭的发展。明代诗人于谦曾有一首《咏煤炭》的诗："凿开混沌得乌金，藏蓄阳和意最深。爝火燃回春浩浩，洪炉照破夜沉沉。"明清时代，小煤窑林立。民国以来，军阀、官僚、资本家纷纷办矿，大同煤炭已批量出口。日军侵占

煤都家园

大同煤矿，采取"以人换煤"，疯狂掠夺资源，数万矿工为此丧生，形成白骨累累的"万人坑"。

大同素有"中国煤都"和"国家重要能源基地"之誉。大同煤炭不仅储量丰富而且品位很高，是世界著名的工业优质动力燃料，被称为"工业精粉"。大同市境内含煤面积632平方公里，累计探明储量376亿吨。曾长期居全国之首的产量、运量、发热量的优质动力煤，无不说明大同是享誉海内外的煤中翘楚。地处大同的同煤集团，是全国亿吨级动力煤生产企业和最大的煤炭生产基地之一，长期以来充当着全国能源供应的主角。其创立的"大友"等煤炭品牌，以低硫、低灰、高发热量享誉世界。70年来同煤集团累计为国家贡献优质动力煤约30亿吨，贡献电能2700亿千瓦时，为国家的能源发展和经济建设作出了突出贡献。

在与著名的世界文化遗产——云冈石窟隔河相望的山腰中，镶嵌着一

煤雕

颗璀璨亮丽的花园式明珠——晋华宫煤矿。"煤都井下探秘游"是该矿充分利用井下开采的边角工作面设计开发的集科学性、知识性、趣味性、参与性于一体的特色工业旅游项目。游客在这里可亲身感受乘罐笼、坐矿车、穿矿服、戴矿灯、当矿工的真实生活，可以亲手操作煤电钻、开动采煤机，身临其境亲自开采煤炭，体验煤矿黑小伙的纯朴与豪爽，在这里找到对生命、对人生价值的新诠释。

煤炭除了燃烧带给我们温暖之外，一种存在久远却鲜为人知的艺术形式又悄悄地展现在世人眼前——"煤雕"，当煤炭被赋予千姿百态的形象时，这种超自然的艺术生命力也卓然显现。一块块被丢弃的煤矸石，经大同民间艺人施玉平精雕细刻后，成了栩栩如生的艺术品。云冈大佛、伟人、妈祖，一件件煤雕作品，如黑白摄影作品一样逼真，在第一届云冈旅游节期间向中外游人展出后，令游客爱不释手，成为中外游客赠送亲友和收藏的精品。如今，煤雕已被大同人以一种骄傲的态势推向国际市场，各类工艺品远销国外，成为受中外游客欢迎的收藏品。

煤文化的主体是矿工，在严酷的自然条件和环境下，造就了富于战斗精神的矿工队伍，锻造了一代代采煤者的独有风骨。他们有着凝重、豪爽、粗犷的性格，韧性、刚毅、胆识和魄力。他们终年作业在不见阳光的煤井里，给予他们与大自然抗争的决心和气魄。他们积攒着周身的体能，激荡着一腔热血，常以超人的能量发挥、创造着难以想象的奇迹。他们的生活像一幅塞上的风情画，格调悲壮、苍凉，他们在四面石头的地下矿井中辛勤劳作，为人类送去光和热。

大同百里煤田，山不秀而雄浑，林不茂而宝藏，以它那喷涌的乌金形成了自己独特的魅力，在这块土地上生生不息的矿工采掘着煤炭，也书写着历史。这是一部与大自然的斗争史，是薪火相传开拓光明和温暖的历史。

今日之大同，机遇与挑战并存。立足时代新的起点，承历史之遗风，续名城之新篇，开大同之新局。一座浓缩了悠久历史和灿烂文化的名城，在凤凰涅槃后浴火重生。

记者贾玉宝有诗赞曰：

　　　　幽并游侠风歌起，跃马长城会鹰扬。
　　　　百里雄心走霹雳，千年往事转苍茫。

　　　　雨甘紫塞成元化，风畅雁门任翱翔。
　　　　试看莽原绝高处，大同世界信无疆。

作者：张永千（棋友）

第二章
失容舍棋：穿越千年的棋闻弈事

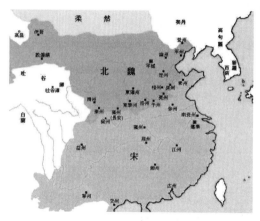

北魏疆域图

方山永固陵

围棋与名城大同渊源颇深。

这一渊源可追溯到1600多年前的北魏王朝。而且与北魏的帝王拓跋焘及大臣古弼、刘树有关。

公元398年，来自草原深处的鲜卑族首领拓跋珪统一北方，建立北魏，成为中国历史上第一个与南方汉族政权抗衡的少数民族王朝。

北魏定都平城，就是今天大同市内的东北部。直到魏孝文帝迁都洛阳为止，平城作为北魏的都城近百年之久。"营宫室、建宗庙、立社稷""贡使络绎，商队接踵"，驼铃声声，跨漠而来，作为北魏都城，与丝绸之路的关系更为密切，甚至超过了长安和洛阳。商贾云集，商贸发达，人民炽盛，牛马布野，平城的繁华难以想象，成为当时北方的政治、军事、经济和文化中心，书写了大同历史上最为辉煌的一章。

"成吾业者，必此子也"

这片土地，有厮杀，有交融，但战争终有一结，历史很好地眷顾了鲜卑这个民族。游牧与农耕文化在这里"缔结连理"，鲜卑的基因融进了汉民族的血液，成为中华民族最精彩的乐章。

拓跋焘，字佛狸，代（今山西外长城以南大同、左云一带）人，北魏第三任皇帝，谥号太武皇帝，庙号世祖，史称魏太武帝，南北朝时期杰出的政治家，卓越的军事家、统帅。

拓跋焘生于魏道武帝天赐五年（408年），为太宗明元皇帝拓跋嗣的长子。《魏书·世祖纪》称拓跋焘出生时"体貌瑰异"，太祖道武皇帝拓跋珪奇而悦之，说："成吾业者，必此子也。"

拓跋焘画像

泰常七年（422年）四月，拓跋焘受封为泰（太）平王。泰常八年（423年）十一月，明元帝病故，拓跋焘正式即位称帝，大赦天下。同时，"除禁锢，释嫌怨，开仓库，赈穷乏，河南流民相率内属者甚众"。

当时，北魏经拓跋珪、拓跋嗣父子两代的经营，统一大漠，东破库莫奚，西败高车，灭亡匈奴别部刘卫辰，大胜后燕慕容氏，尽取黄河以北山西、河北之地，隔河与南朝刘宋政权相峙。拓跋焘即位后，凭借其雄才大略，通晓兵法，开始了一系列的军事活动，在历次战争中，常亲自率军出征，临阵勇猛，多获胜利。

至此，北魏统一了中国北方，中国历史正式进入了南北朝时期。在战争中，拓跋焘采取多项措施，如整顿税制，分配土地给贫人，安置流民，引用大批汉人参政，旨在加强北魏的封建化进程，加强与中原地主的结合，稳定社会，发展经济。这些又使北魏国势日盛，为其统一北方奠定了坚实基础。

拓跋焘不但有卓越的军事才能，还有杰出的政治才能。在北魏统一北方的过程中，拓跋氏越来越多地受到汉族先进文化的影响，随着黄河流域的重新统一，自拓跋珪时就已开始的封建化进程，在拓跋焘统治时期出现了一个飞跃。

拓跋焘统治时期大批汉族士人入仕北魏政权，标志着从拓跋珪时开始的拓跋族与汉族士人的合作基本完成，意味着拓跋族的封建化进入一个新的阶段。秦汉以来，凡是有所作为的汉族统治者，都十分重视吏治，因为吏治的清明与否直接危及社会的治乱，拓跋焘也吸取了汉族的统治经验，在汉族士人的帮助下，以儒家学说为指导思想，着力整顿吏治。拓跋焘采取的崇尚文教政策，使中国传统的封建文化很快地为拓跋族所熟悉和接受，因此，司马光和胡三省都说：北魏自平凉后，儒风始振。尤值一提的是，随着学校的建立、教育的发展、儒家经典的整理刊行，提高了拓跋族的汉文化水平，培养了一批精通儒家学说的拓跋族知识分子，从而成为以后孝文帝改制的社会基础与思想基础，因此，拓跋焘的崇尚文教政策为后来的太和改制起到奠基作用。

拓跋焘雄才大略，聪明雄断。在位期间，借二世之资，奋征伐之气，遂戎轩四出，周旋险夷。扫统万，平秦陇，翦辽海，荡河源，南夷荷担，北蠕削迹，廓定四表，一统北方。拓跋焘也是中国历史上第一位饮马长江的少数民族统帅，当时也是北魏武功鼎盛的时期，其卓越的军事才能，在中国历史上也极为罕见。《魏书·世

大同古城

祖纪》称：遂使有魏之业，光迈百王。于北魏诸帝而论，此言亦不为过也。

北魏王朝由一个传奇民族建立并引向强大的拓跋部族。拓跋部是迁徙的民族，源自大兴安岭北端，经过早期千年以上的嘎仙洞时代后，经历了近两百年的盛乐时代，然后进入约一百年的平城时代，之后移居洛阳半个世纪，其由原始落后的部落迅速跨进当时先进的封建文明的变革，令人惊异，发人深思。

几百年的纷争换来一朝盛世，大同也因此承载了"治世之重镇，乱世之强藩"的历史使命。当战争的喧嚣化为和平的沉寂，硝烟已凝结为悠悠怀古之思。绵延的长城，古老的城垣，在如今的边塞风光里依然捕捉得到战火烽烟、刀光剑影。

昔日的王城气象，今日的悠悠小巷；昔日的雄关漫道，今日的边塞风光。大同，这座古老的城池，在历史的迷雾中找到了属于自己的文化坐标，正以其独特的魅力，让历史焕发青春，让文化传承光大。

太武帝"失容舍棋"

纹枰佳话，千年古城，交汇仅仅是一瞬，但棋与城的传说却将是千年！

中国自秦汉以来，形成封建专制的中央集权国家，皇帝手握大权，生

云冈石窟景区

杀任性，至高无上，一切听凭皇帝个人意志处理，臣下只能唯命是从，顺旨照办。但也有一些比较开明的皇帝，能兼听纳谏，留下了"主明臣直""失容舍棋"的棋坛佳话。

据北齐魏收的《魏书·列传第十六·古弼传》记：古弼，代人也。少忠谨，好读书，又善骑射。初为猎郎，使长安，称旨，转门下奏事，以敏正著称。太宗嘉之，赐名曰笔，取其直而有用。后改名弼，言其辅佐材也。

司马光《资治通鉴·宋纪六》载：古弼为人，忠慎质直。尝以上谷苑囿太广，乞减太半以赐贫民，入见魏主，欲奏其事。帝方与给事中刘树围棋，志不在弼。弼侍坐良久，不获陈闻。忽起，捽树头，掣下床，搏其耳，殴其背，曰："朝廷不治，实尔之罪！"帝失容，舍棋曰："不听奏事，朕之过也，树何罪？置之！"弼具以状闻，帝皆可其奏。弼曰："为人臣无礼至此，其罪大矣！"出诣公车，免冠徒跣请罪。帝召入，谓曰："吾闻筑社之役：蹇蹶而筑之，端冕而事之，神降之福。然则卿有何罪？其冠履就职。苟有可以利社稷、便百姓者，竭力为之，勿顾虑也。"

上面所说的是，公元444年春，北魏大臣古弼接到了一封上谷地区（今河北张家口一带）的群众来信，信中反映："上谷皇家苑囿过度，民无，乞减太半，以赐贫人。"从这短短十多个字里，不难想象上谷皇家园林多么硕大，多么繁华，多么绮丽，不难听到失地贫民的呼声多么悲怆，多么急切，多么强烈！皇家园林的"过度"膨胀，使得许多农民失去了赖以生存的土地，因此，他们希望朝廷"还田于民"，减掉上谷苑的大半面积"赐给"贫民耕种。俗话说：国以民为本，民以食为天。面对上谷百姓正当合理的诉求，古弼心急如焚，眼看临近春耕时节，他不敢怠慢，揣着奏折，急匆匆地跑进宫。

不料事不凑巧，古弼见到太武帝拓跋焘时，拓跋焘正在与给事中刘树下围棋，一门心思扑在棋局上，哪会在意这位古先生？可叹古先生十万火急地跑进宫来，原本是要上陈民意，以解民忧，然而拓跋焘却偏偏"志不在弼"，不闻不问地把他晾在一边。古弼不便打扰，无奈之下只得耐心坐等，心里却火烧火燎一般。然而，"弼坐良久，不获陈闻"，坐了老半天冷板凳，皇帝依然没搭理他，还是没有获得奏事的机会，于是这一下，古弼火了，满腔义愤像火山一样爆发……

不过，古弼情急之中头脑清醒，知道这"火"不能直接发到皇帝身上。他急中生智，遂拿刘树"问责"。说时迟，那时快，古弼"忽起，捽树头，掣下床，搏其耳，殴其背，曰：'朝廷不治，实尔之罪！'"这个情节很有意思，正襟危坐的古先生，突然跳将起来，举动如闪电似的，一把揪住刘树的头发，把他拉下胡床（矮凳子），紧接着一手拽住刘树的耳朵，一手攥成拳头打他的后背，并且边打边骂："国家的事情没有治理好，都是你这小子的罪过！"刘树被这突如其来的一幕搞蒙了，可拓跋焘心里明白，你古先生指桑骂槐是冲着我来的，旋即变了脸色，丢下手中的棋子（"失容舍棋"），尴尬地对古弼说："没有听你奏事，实在是我的过错，刘树有什么罪过?快把他放了！"

皇帝表态认了错，愿意"担责"，这正是古弼在内心煎熬中所期待的，于是他立即放过刘树，转而仗义执言，向拓跋焘一一奏明实情。拓跋焘听了，"皆可其奏"，答应了古弼的请求，顺应民意，把上谷苑的一半土地分给了贫民。事后，古弼觉得自己的举动太失礼，于是光着头、赤着脚到官署里去"自劾请罪"。拓跋焘知道了，便把他召去，对他说："先生何罪之有?快把帽子戴上，把鞋穿上吧！今后，只要是利国利民的事，即使造次越礼，你也要去做，不要有什么顾虑！"

看来，拓跋焘这个"天之骄子"还能够顾大局，识大体，懂得关注民生疾苦，是个豁达大度、善纳民意的君主。古弼无奈之下点了一把火，冒

云冈石窟第十八窟主像，左手抚胸，右手下垂，体态健壮雄伟，象征太武帝拓跋焘。

犯了"君威",他不但不怪罪,反而反思己过,抚慰古弼,鼓励他大胆干。拓跋焘的纳谏虽然比不上后世的唐太宗,但就当时的社会历史条件来说,也可算是佼佼者了。平心而论,古弼刚正执着、务实惠民的精神值得赞赏,但搅了皇帝的雅兴,敢于犯颜警诫,皇帝尊严何存,面子何在?要知道那是一千多年前的君主专制时代,弄不好就会丢官去职,甚至性命攸关,人头落地。

所幸拓跋焘深知古弼禀性"质直",又是个报国爱民而不惜生死的贤人,故而才使得一场危机得到了化解。可见,"主明臣直",没有上级领导者的开明通达、闻过则改,也就没有下级部属的直言敢谏。官场中如果没有形成一个上下良性互动的政治环境,即使有古弼一样的社稷之臣,也难成就大事。

每读史,常感叹谀臣庸官好做,直吏诤臣难当。也就是这位古弼先生,在太武帝拓跋焘死后不久的452年,因为"议不合旨",即与文成帝拓跋濬(拓跋焘之孙)的意见不同,竟遭枉杀,真是惜哉悲哉!皇权专制下,古弼的幸运不可能永远都有,所谓"好皇帝"史不多见,盖专制制度使然。然而尽管如此,历史终究不会遗忘古弼这样的仁人,他心系百姓、为民请命的铮铮风采,至今依然闪耀。

范宁儿受命"围棋外交"

北魏孝文帝

运动是不分国界的,今有乒乓外交、篮球外交,在围棋风行的南北朝,亦出现了历史上第一次"围棋外交"。

公元490年,北魏冯太后逝世后,孝文帝元宏有意把都城从北地的平城迁到中原的洛阳,进而统一中国。听说南朝的第二个朝代——齐,诸王争夺帝位,国内混乱,就有了对南齐用兵的想法,于是派散骑常侍李彪出使南齐一探虚实。李彪是顿丘卫国(在今濮阳境内)人,名字是元宏赐的,深得皇帝信任,但元宏选他去,还因为他的另一个身份——魏国有名的围棋高手。元宏一生仰慕汉文化,而围棋流行的南朝一直以中华正朔自居,所以,他有心要在围棋上跟南朝斗一斗。李彪这次去南朝,还带去了北魏有名的棋童——范宁儿,最终,与南朝高手对决的重任,就落在了这个孩子身上。

《魏书·列传第七十九·蒋少游传》记载:高祖时,有范宁儿者善围棋,曾与李彪使萧赜。赜令江南上品王抗与宁儿,制胜而还。

古代对弈图

南朝一直以中华的正朔自居,视北朝为蛮夷,可是北伐又打不过人家,只好在别的地方争一争面子,现在既然北朝送上门来,那自然要迫不及待地展示一下南朝的衣冠风流,杀一杀北人的威风。南齐这边,皇帝是齐武帝萧赜,乃父齐高帝是中国历史上第一位亲自撰写围棋书的皇帝,有《齐高棋图》二卷问世,棋力与当时位列二品的褚思庄差不多。所以,萧家是有围棋基因的。萧赜更知道,这几位北方棋手来者不善,不可轻视,于是把与北人对抗的任务,交给了南朝第一品国手王抗。

民国黄俊《弈人传》记载:王抗,琅琊彭城人,当时称为第一品。吴郡褚思庄、会稽夏赤松,并第二品。《南齐书·虞愿传》:明帝好围棋,甚拙,去格八九道,物议共欺以为第三品,与第一品王抗围棋,依品赌戏,每饶借之,曰:"皇帝飞棋,臣抗不能断。"帝终不觉,以为信然。

王抗是南朝时期的围棋高手,宋明帝时为彭城丞,入齐后,官给事中。

此人仕途虽然惨淡，棋盘上的功夫却出神入化，被时人推为"第一品"。不过，史书上只记载了他下过的三盘棋，其中两盘落败，一盘胜负不详，读来令人感慨不已。冯元仲在《弈旦评》中评论王抗下棋的特色是"速思取势"。有一回齐高帝命褚思庄与王抗赛棋，两人早上开始下，到了晚上才下完一盘，观棋的高帝已经疲惫不堪，便命王褚二人先休息，待五更时再来决战，王抗得此命令后，一头倒在棋盘边，呼呼大睡。褚思庄却坐在棋盘旁边没有合眼，整整思考了一夜。这盘棋谁胜谁负不得而知，史官记录这件事大概用意不在评论两人的棋力，但两人不同的棋风，倒是在这里活生生地反映出来。

这是一场由皇帝主持，南北朝之间的冠军对抗赛。这场比赛的胜败，关乎着南北两朝的颜面和荣辱，于是在北魏使者的住处，观者如堵。王抗在南朝早已是第一高手，不免对北朝的小辈范宁儿存了轻视之心，开局便急于求胜，发挥其速思取势的棋风，很快占得了优势。范宁儿则处处采取守势，令北朝的使臣随从们十分担心，只有李彪，神色如常地观看对局。南朝的观战者本以为王抗会速战速胜，不料，在一个关系全局的劫争中，王抗求胜心切，露出了破绽，被范宁儿抓住战机，转守为攻。王抗虽然苦苦抵挡，最后仍以微弱差距告负。

王抗的落败，让南朝人大为震惊，他们不敢相信，号称宋、齐两代围棋第一品的大国手王抗，竟会败给北朝的一个黄口小子。王抗输掉了这场国际对抗赛，羞惭满面，齐的皇帝和大臣也惘然若失，低下了他们"高傲的头颅"。

一时间，北朝人扬眉吐气，而南朝人震惊无比。

一局比赛的结果有一定的偶然性，因此，对范宁儿与王抗究竟谁厉害，后世说法不一。《宛委余编·博物志》说范宁儿一战而胜王抗，说明他的棋力早已达到了一品。明代王世贞在《弈问》中认为，王抗可能是轻敌了，"宁儿以有心待王抗，而抗以无心待宁儿"，所以范宁儿赢了，这不过是一盘棋而已，究竟谁高谁低，尚不可定。

王世贞所说"抗重而宁微"，是符合实际情况的。范宁儿身份不详，事迹也没留下什么记载。从他"与李彪使齐"看，大约只是李彪的一个随员。他从文化荒原的北朝来到人文荟萃的江南，自然要被王抗等人轻视。俗话说"骄兵必败"，王抗的输棋，看似偶然，却也含有一定必然的因素。范宁儿以不凡的棋艺战胜声名卓著的王抗，在当时引起的轰动是可想而知的。

再者，王抗从刘宋时期就名扬天下，此时已五六十岁，精力不济，面对敌国年轻黑马，主场作战，压力巨大，输棋也情有可原。这段公案现已无法澄清，看来两位棋手造诣都不低。

据说，这一胜利让元宏龙颜大悦，带队教练李彪回朝后不久，就升迁做了秘书丞。以后的九年，北魏六次遣使南齐，范宁儿均随同前来。但在后来的六次对抗中战况如何，史上并无记录。

据史书记载，北朝的官吏爱好围棋者甚多。清朱彝尊《日下旧闻》引范亨《燕书》云：罗腾，字叔龙，一作寂龙。工围棋，究尽其妙，独步当时。他对围棋很有研究，深得妙处。在他之后出现的乐抄，字少携，工围棋，棋艺提高很快，不久便与罗腾齐名。

官吏们喜欢围棋常与公差相抵触，适可而止是棋者应循之规，不过这分寸似乎不容易把握。北朝时倒是有些把握得好的人。《北史·魏收传》上说，前军将军魏子建（曾为北魏骠骑大将军）官运不佳，十年不曾升官。魏子建并不着急，闲暇时，便与吏部尚书李韶和李韶的弟弟李延寔下棋。当时，人们都以为他下棋入了迷，不再旁顾其他，其实谁也不知他的心。魏子建后来说："围棋可以加深一个人的品德修养，况且我当时不受重用，没有什

孝文帝——拓跋宏

么事，下下围棋不碍事。"后来魏子建被调到边境打仗，这一去，竟有五年没动一枚棋子，实在是不容易。可见，分清公事、私事，辨明轻重缓急，体现的是一种"分寸感"、一种责任感。

另据围棋国手、中日围棋擂台赛"抗日英雄"江铸久九段谈到，大同市云冈石窟旧景区曾经有一方古老的石头围棋棋盘，也可能是哪个朝代的遗存，后不知去向，或许为有识之士所收藏，或许在后期施工时被毁损，虽多方寻问查找，但无人知晓，甚是遗憾。

从北魏帝王拓跋焘"失容舍棋"、少年国手范宁儿"围棋外交"故事中，我们可以寻觅1600多年前大同围棋活动的踪迹，领略古人纹枰论道、对弈手谈的风采，感悟围棋这一中华绝技的亘古魅力。

棋友张眉平有诗赞曰：

金戈铁马信由缰，云冈大佛降吉祥。
北魏遗韵今安在？古都大同换戎装。
失容舍棋越千年，主明臣直美名扬。
更有神童范宁儿，手谈外交佳话长。

第三章
北京知青： 塞北围棋的传播者

岁月蹉跎，往事如烟，时光虽然不能倒流，然而思绪却可以回转到50多年前那段难忘的时光。知识青年上山下乡是中国一代人的历史，也是新中国一段不可割断的特殊历史。

20世纪60年代末期，举国上下掀起了轰轰烈烈的知识青年上山下乡运动，数千名北京知识青年，响应国家号召，舍弃舒适的生活、优越的环境，离开亲人，来到塞北大同，把人生最美好的青春献给了大同这方热土，用他们的心血和汗水为大同社会、经济和文化的发展作出了积极的贡献。

在大同插队的北京知青中，活跃着二十多名围棋爱好者，他们中当首推大同围棋界高手金国苓，另有王乐群、李崇文、赵成栋、白菊生等紧随其后，可谓是大同围棋界的代表人物。其他较为知名的棋手还有张廷秋、卢永年、顾铁忠、王少华、张润生、陈平、黄镜平、赵建新、张潜、梅建民、孙之鹏、闫玉才以及来自浙江宁波的沈光弟等。这些棋友在生产劳动之余，相互切磋，交流棋艺，带动了当地一批年轻人学习围棋的热情，他们大多成为当地围棋的拓荒者，为塞上古城大同播下了围棋的种子。

煤城的"黑白"高手

提起在大同插队下围棋的北京知青，首先想到的是闻名中外的全国最大的煤炭企业——大同矿务局。大同因煤声名远播，素有煤都之称。大同矿务局建局早、职工多，文化底蕴深，体育活动多，特别是体协经常举办各类棋赛，围棋文化氛围十分浓厚。

20世纪60年代末期至90年代初期，大同市的围棋高手基本集中在大同矿务局，当时在矿务局工作的"北青"常下围棋的有金国苓、王乐群、白菊生、顾铁忠、赵建新、张潜、孙之鹏、闫玉才等人。其中，金国苓棋力最强，只要有他参加的全市围棋比赛，总是技压群芳，一枝独秀，其他爱好者只能是望尘莫及，自叹不如。

金国苓1947年出生，少年聪颖，打小酷爱围棋和书法，是北京十三中1966届高三4班的高才生。

1968年，金国苓（左）在大同插队

金国苓曾在北京什刹海棋艺研究社学习围棋，接受过北京诸多围棋老前辈的指导，是当年北京青少年围棋精英群体中的一员，很有实力。当年的北京什刹海棋艺研究社，过惕生老前辈指定由北京青年棋手中颇有水平的韩念文任专职教练，主要负责教小孩们学棋。1964年，金国苓参加了北京少年围棋甲组比赛，同组竞技的还有聂卫平、聂继波、金同实、吴玉林、程晓流等，可谓高手云集，一个个摩拳擦掌，互不服气，暗中较劲。决赛开始，第二轮金国苓就碰上了金同实，金国苓学棋晚，但进步较快，对上手具有了相当冲击力，加上金同实有些大意，轻视了这盘棋，被善于斗力的金国苓乱中取胜。随后，金国苓除战平聂卫平以外，又接连取胜队友，勇夺冠军。

1968年年底，金国苓从北京到大同市新荣区破鲁堡乡八墩村插队（当时属于雁北地区左云县）。工作之初在大同矿务局同家梁矿，1972年10月调入大同市税务局工作。其间在铁路工作的知青引荐了山西很有名的象棋高手华占高和象棋老前辈裴景华。他们也懂围棋，但水平有限。当时，金国芩让四子，他们仍然难以抵抗。于是邀请了大同市下围棋的人来和他一较高下，金国芩一律让四子对弈，这些人亦难以取胜。金国芩在

金国芩（右）回同指导小棋手

当时的大同围棋界，真可谓是鹤立鸡群，无人能及。工作中又相识了在当地插队的一些北京知青，如王乐群、赵成栋、白菊生、李崇文等，常常相约对弈，好不热闹。金国芩在同家梁矿期间，王乐群常向其讨教，从四子、三子、二子到让先，下棋不计其数，几年中虽总是胜少负多，但受益颇多，大有提高。

在大同期间，金国芩多次代表矿务局、大同市参加全省、全国煤炭系统的围棋比赛，并取得了骄人的战绩。20世纪80年代末，金国芩与王乐群、石建国、杨素星组队参加了第一届"乌金杯"围棋大赛。1985年8月，全国围棋升段赛在大同航校举行，金国芩担任总裁判长。下棋之余，金国芩还与王乐群、赵成栋、白菊生等热情培育小棋手，积极组织大同市的少儿围棋培训和普及工作，并得到山西省围棋协会的肯定。许多爱好者都得益于他们的启蒙，从此爱上了围棋，相伴至今。在金国芩的带动下，大伙的围棋水平提高很快，这些爱好者成为带动大同围棋发展的重要力量。

王乐群是当年活跃在"煤都"的又一位围棋悍将，也是骁勇善战，名震棋坛。他比金国芩小几岁，1966年开始学习围棋，先是与后海棋艺社的尹建平学棋，后又与众多北京籍名手如王力、金同实等对弈学艺，提高很快。

20世纪60年代末期，王乐群从北京到大同天镇县插队，1972年分配到

王乐群打谱

矿务局同家梁矿工作，后又调至云冈矿。当时云冈矿聚集了好几个"北青"，如白菊生、赵建新、张潜、王少华、张润生等，他乡重逢，爱好相同，常在一起对弈叙旧，喝酒聊天，甚为投缘。在他们的带动下，吸引了一大批围棋爱好者，云冈矿成了围棋的乐园。时至今日，这个矿的围棋水平在同煤还是居于前列，主要棋手有王晓宏、魏歌奇、马超等。

回北京前的二十多年里，王乐群经常参加矿务局、大同市的围棋比赛，那时虽然金国苓也在大同，但因棋力高超，一般并不参赛，矿务局比赛之冠，成了王乐群的铁帽子。1991年国庆节期间，矿务局围棋协会特邀王乐群、王献平等高手，举办了围棋名手表演赛、多面打、对抗赛。在全市的比赛中，王乐群也是稳坐中军，从容应对，常拔头筹。其间沈光弟、赵成栋、白菊生、李崇文等人的棋力也水涨船高，常有佳绩。沈光弟家在宁波，是早期援同干部，在矿务局六处工作。平时宿舍里经常聚人下棋，王乐群是常客，经常对弈至深夜，乐此不疲。

王乐群除在本土鏖战外，还经常代表矿务局、大同市参加山西省和全国的各类围棋比赛，如"全国煤炭乌金杯赛""西北八城市比赛""省煤炭乌金杯赛""山西省职工业余围棋赛""三省十二市棋类邀请赛"等。在"煤炭系统选拔赛"中，前三名可参加全国专业段比赛，王乐群在所下的六局棋中胜负各半，未能入选，甚为可惜。其最好成绩是在一次"八城市围棋邀请赛"中名列第五。虽然成绩不是特别理想，但通过参加各类比赛，结识了全国著名的围棋高手，如银川的刘洛生、包头的刘庸生、乌海的施为民等。在比赛中切磋棋艺，增进友谊，积累经验，共同提高，大有裨益。

进入20世纪90年代，大同围棋界可谓新人辈出，如刘英、王献平、樊志军、何于威、段景斌等。他们经常去王乐群家下棋，开始时王乐群还能稳住阵脚，略占上风，后渐感吃力，颇受冲击，让王乐群这棵围棋界"常青树"四面临风，果然在一次全市的围棋比赛中，连连受挫，名次跌至第六。长江后浪推前浪，这也是自然规律，又何尝不是棋界之幸事呢。

白菊生是大同"北青"中又一位响当当的人物。他1949年出生，与共和国同龄，满族，1967年北京十三中高中毕业。1976年1月，应招到大同矿务局云冈矿当工人。当时去云冈矿的北京知青最多，白菊生和王乐群是"发小"，也同是街坊孩子中学围棋的"有心人"。到云冈矿后，白菊生和王乐群，还有王少华，常在一起下棋，到了痴迷的程度。在他们的带动下，云冈矿下围棋的"北青"才渐渐多了起来，如王老四、顾铁忠、张潜、卢永年、赵建新、肖连碧等。

白菊生

据白菊生回忆：插队后不久的1969年冬天，白菊生去天镇县城关公社鲍家屯大队看"北青"王乐群，在他住的土坯房的土炕上摆上小桌，连下了十几盘棋。

1976年11月中旬，大同矿务局首届职工围棋赛在矿务局招待所四层举行。在棋赛中，白菊生认识了王晓华、吴岱、闫玉才等棋手。决赛时，白菊生遇到的对手正是他的"发小"王乐群。当时其他棋手的比赛已经结束，组委会就把他们这盘棋安排到一个单独的屋里。那天，白菊生和王乐群从中午吃完饭开始，一直下到日头偏西，用了五个多小时才结束。那局棋，从一开始就几乎是数着目下，黑白双方始终咬得很紧，中间还有过多次劫争，收官阶段，只剩下一个单劫，当时白菊生和王乐群都屏住呼吸数了好几遍目，算出谁劫胜谁就赢。所幸白菊生多一个劫材，以半目胜，获得冠军。

赵成栋也是大同"北青"围棋界的精英之一，1951年出生，老三届1967届初中毕业生，1968年12月与金国苓一起到破鲁堡乡八墩村插队，1972年到大同市财政局工作。多次参加大同市围棋比赛，有业5实力，曾获大同市围棋赛冠军。赵成栋曾在大同"小仿膳"饭庄任经理，酷爱围棋，乐善好施，经常组织棋友去他那里对弈，喝烧酒，交朋友，被传为美谈。

在大同的"北青"围棋爱好者还有很多。李崇文，1950年出生，1967年北京三中初中毕业后，于第二年来到大同县吉家庄公社旧桥大队插队。1972年，作为工农兵学员，到山西省太原工业学院机械系学习，毕业后分配到大同齿轮厂当助理工程师。曾在大同的一些厂矿以棋会友，消磨时光，1980年前后曾两次获得大同市围棋冠军。

还有张廷秋，1968年年底从北京来到大同县插队。1971年8月，分配到大同县供销社工作。1978年，经大同县大修厂厂长罗元孝介绍，和他们厂里的围棋高手、曾是大同市围棋赛第二名的王一颚下棋。之后，罗元孝、王一颚又介绍张廷秋与曾获大同市围棋赛第一名的电厂职工杨玉刚下棋，互有胜负。1979年，大同县体委梁主任来到供销社，通知张廷秋参加雁北地区的围棋比赛。那次比赛，大同县获

"北青"闫玉才回同与棋友交流

得雁北地区第一名。

此外，王少华、赵建新、张潜、孙之鹏、闫玉才等亦是当年活跃在百里煤海的北京知青围棋爱好者，大同"北青"们共同组成了煤都围棋的一道亮丽风景线，给塞上古城大同的围棋界留下了许多值得追忆的佳话。

相继回京

进入20世纪90年代初期，国家调整知青政策，各地知青开始返回原来的城市，并安置工作。在大同插队的"北青"围棋爱好者，如金国苓、

赵成栋、王乐群、白菊生、张廷秋、李崇文、顾铁忠、卢永年、张运生、孙之鹏、赵建新、陈平、黄镜平、王少华、闫玉才、张潜、肖连碧等也陆续回京。

回京以后，他们对围棋的热爱不变、热劲不减、痴情不改，在工作之余依然参加各种围棋比赛、教学、交流活动，与围棋的不解之缘相伴始终。

金国苓回京后，曾担任北京西城区物价检查所所长和西城区发改委调研员，北京西城区围棋院副院长、围棋队领队、教练。长期从事西城区围棋活动的组织开展、少儿围棋的普及推广、各区之间的围棋交流等工作，经常参加北京以及其他地区的围棋赛事活动。

2006年7月，金国苓代表北京参加了在太原举办的"劲松杯"第二十届全国老同志围棋比赛，并获得冠军。"劲松杯"围棋赛中还设有两场别开生面的比赛。一场是车轮大战，由陈祖德九段、黄良玉六段、陈慧芳五段等一批职业棋手与参赛的老同志对弈；另一场是老少大战，在山西的百名少儿棋手与参赛的百名老棋手之间进行。"劲松杯"全国老同志围棋比赛是为了缅怀陈毅元帅、传承中华围棋文化而设立的，这项比赛于1986年由北京市创办第一届，之后分别由上海、四川、陕西、山东、甘肃等省市轮流承办。

王乐群是1993年全家迁回北京的，回京后，继续做围棋专职教师，2000年8月担任全国协作区棋类锦标赛教练员兼领队，2001年4月被聘为朝阳区棋牌协会委员。先后在北京东方德才小学、北京朝阳区"红庙一小"（后为经院附小，市棋类重点学校，设有围、象、国象三项棋类）培育少儿棋手，成绩喜人。东方德才小学获1999年北京市朝阳区三棋等级、段位赛围棋团体总分第二名和2000年北京市朝阳区中小学生三项棋类比赛围棋团体总分第二名。"红庙一小"围棋荣获过北京市"晓林杯"团体第一名、第二名，十年中培育出1至5段小棋手数十名。王乐群退休后，仍在一所幼儿园带一两节围棋课，以期教育、鼓励小孩子学棋，为围棋的普及推广尽绵薄之力，其情可敬。

白菊生是1993年9月调回北京的。回京后先在西城区一所职业高中教语文。调回北京之初，时常跟所在学校一个叫田正顺的棋友下棋。田正顺是白菊生北京十三中的校友，是1968年到内蒙古插队的，80年代初期调回北京，在中学教化学，后来提为校长。白菊生第一次和老田下棋是在1982年春节回京探亲时，两人从初三晚上八点多一直下到初四晚上七点多，中间只是到学校对面的六铺炕商场买了几包饼干，边吃边喝水边下棋。白菊生和老田下了无数盘棋，总成绩大致平分秋色。2000年后白菊生又调到西城教育局教研中心做语文教研员，被北京市教委任命为北京市中等职业学校语文教学研究会副理事长，负责北京市中等职业学校语文教师的语文教学研究工作，一直到2009年退休。

李崇文1990年回到北京后，先后在北京轻型汽车有限公司、北京金能时代科贸发展有限公司担任高级工程师和技术总监。2010年退休。90年代与团队在北京汽车工业公司系统围棋比赛中获得团体亚军。其他回京的"北青"如赵成栋、张廷秋、顾铁忠、卢永年、张运生、赵建新、王少华、闫玉才、张潜等，也是对围棋痴情不改，常在工作之余，或邀友对弈，或指导少儿，或观看围棋比赛，或参加围棋公益活动，永结围棋情结，难解纹枰之缘。

古城重逢

"北青"陆续回京后，对大同这片曾经生活、工作过的热土情有独钟，眷恋如初，始终关心着第二故乡的发展变化。特别是一直与大同的棋友们保持着密切的联系，或书信往来，或电话联系，或微信点赞，或回同探望，可谓"黑白"情未了。

金国苓回京后，始终关心、惦记着曾经朝夕相处的棋友们，每隔几年回到矿务局，必定联系王晓华、刘大庆、石建国、刘英等棋友喝茶叙旧，摆棋对弈。

香港回归之年的8月，金国苓同北京业余高手邵光应大同鸿安棋社邀请，到大同进行围棋指导活动。大同棋友王晓华、石建国、李春敏、李东、段景斌、李宝华、郭宝贵、何于威、张眉平、孙建民、富烨、谢春红等先

2015年9月，金国苓重回插队时的八墩村

后与金、邵两位老师对弈学习。或平下或让2~4子多面打，金、邵两位老师大都取胜，实力不凡，名震古城。其间，王晓华特邀金老师回到曾工作过的矿务局，并邀其住在家里，矿务局棋友又同金老师对弈请教，受益颇多。

新世纪开年的4月，金国苓与陈慧芳、张文东陪同中国棋院院长陈祖德到大同云冈宾馆参加第六届"清远杯"全国电脑围棋赛。周杰、曹宏宇等职业棋手也前来助阵。其间，陈祖德、陈慧芳、张文东、金国苓、周杰等老师与众多大同围棋高手进行了多面打。

2014年10月，"同水杯"山西省围棋锦标赛在大同开赛期间，大赛组委会特别邀请了曾在大同地区插队的"北青"中的围棋名手王乐群、白菊生、赵成栋等，前来交流叙旧、观摩助阵。

深秋的塞上古城大同，秋高气爽，清凉宜人。10月4日中午，当年"北青"中的围棋高手王乐群、白菊生、赵成栋等，乘车从西直门火车站出发，傍晚抵同，下榻在雁北宾馆。原计划金国苓老师一同前来，后因身体原因未能成行，甚为遗憾。

多年不见，王乐群老师衣着随意，黝黑的脸庞透着红光，两眼炯炯有神，声音洪亮，京味十足，豪气不减当年。白菊生老师身材高大，不修边幅，举止儒雅，颇有学者风度。赵成栋老师穿着休闲，神态沉稳，留着大

2014年，王乐群、白菊生与大同棋友在塔山煤矿

背头，一副老干部模样。当晚，由大同市围棋协会设晚宴招待"北青"棋友，大同市棋协王玉田、张眉平、何于威、刘英、郭志强等陪同。大家多年不见，自是喜笑颜开，问长问短，不亦乐乎。

5日，王乐群、白菊生、赵成栋等到本次赛场五星级金地豪生大酒店观看棋赛，并与王玉田、郭志强、徐红卫等棋友下指导棋，大都取胜，棋艺不减当年。6日，棋协委派鲁喜忠陪同王乐群、白菊生等老师游览大同古城墙、法华寺、九龙壁等名胜古迹和大同新城，看到曾经工作、生活过20多年的第二故乡大同的巨大变化，"北青"棋友感

赵成栋探访同煤雁崖矿

慨万千，发出由衷的赞叹。

在塔山矿工作的棋友张眉平，8日热情相邀王乐群、白菊生、赵成栋等老师到年产1500万吨、全球最大的单井口井工矿井塔山煤矿参观。这些当年的"老矿工"亲身

金国苓与大同棋友在一起

感受到了煤炭企业翻天覆地的巨大变化，体悟到了现代化煤炭企业的魅力。同时邀请当年与"北青"在一起工作、下棋、多年未见的老朋友王晓华、刘大庆、石建国等见面叙旧，对弈交流，自是难得。另有李永顺、刘志刚、孙建民、李继文、鲁喜忠、李志军、苏尚武等棋友前来相聚，争相讨教一盘。张眉平利用休息空隙，向王乐群、白菊生老师了解了"北青"当年在大同插队、工作和现在的一些情况。王乐群深情回忆了在大同矿务局的生活、工作，特别是与众棋友下棋的难忘经历和感悟。

当晚，大家返回新平旺，在品极轩相聚，又是一番开怀畅饮，谈天论棋，好不热闹。谈到兴之所至，又转至体育场同煤棋社，不免厮杀一番，打了一场十二人六对六的围棋对抗赛，互有胜负，难分伯仲，虽意犹未尽，但已是午夜时分，方才在同煤国际酒店歇息。

王乐群回京后未及半月，就委托在京打工的棋友刘志刚捎来《我与围棋》手稿，深情回忆了二十多年前在大同插队时与棋友相处的难忘经历。

赵成栋回京后填词一首，表达了对大同围棋发展的美好祝愿。

白菊生回京后撰写了《我的黑白人生》一文，感叹：没想到大同的围棋发展得这么快，大同的老棋友们对围棋仍然那样情有独钟。

2015年4月11日，大同古城春暖花开，杨柳吐翠。"北青"中的围棋名宿金国苓前来大同相聚。一大早，由张眉平驾车前往金国苓曾插队的大同

市新荣区破鲁堡乡八墩村迎接，同车去的有郭宝贵、刘英。上午九点半到达八墩村口，远远望去，一位穿着休闲装、身材高大、头发花白、神态庄重，戴着墨镜的长者，正站在村委会前等候，他们忙走过去相接，正是金国苓老师，棋友相见，问长问短，格外高兴。金国苓每次回大同总要到原插队的八墩村看看，住在由北京知青援建的村经济发展指导中心。此处为一个小院，院内有二层小楼，十多个房间。楼外粉刷一新，楼内窗明几净。上下楼道墙壁上挂满了反映知青生活的珍贵历史照片，其中有金国苓当年在田间劳动的，有赵成栋回乡参观的，有知青与故乡代表联谊活动的。同去的棋友一边观看一边交谈，时间仿佛又回到了50年前那个青春的岁月。张眉平惦记着写书一事，边看边翻拍了一些照片，并提议棋友在小院楼前和八墩村口照壁旁与金老师合影留念。

　　九点多，接上金老师出发，约十点半到达同煤集团四台矿，与等候在那里的棋友王晓华、刘大庆、石建国、陈国雄、郭志强、王舜会合。大家多年不见，自是一番嘘寒问暖，热情相叙。上午大家在四台矿工会图书馆对弈手谈，金老师棋艺不减当年，自是无人匹敌。陈国雄时任四台矿工会主席，是一位书法爱好者，也是一位棋迷。不知不觉已是午饭时分，陈国

金国苓与王晓华久别重逢，对弈手谈

雄设午宴款待棋友，推杯换盏，谈棋论弈。下午继续开战，直杀个天昏地暗。晚上回到同煤总部，随行棋友又叫上孙建民陪同，在矿务局陶园食府就餐。饭后，大家还不放过讨教的机会，又转至体育场棋社下棋，金老师大胜郭志强后耐心讲解，张眉平、郭宝贵一旁观战体悟，受益良多。晚11点多，安排金老师入住同煤国际酒店休息。

第二天一早，金老师到市区活动，会见棋友，拜亲访友。上午由王玉田、郭宝贵、郭志强、薛志英等陪同，专程登门拜访了大同围棋界的老前辈刘正英先生。刘老原名刘子英，退休前是大同市粮食局副局长。刘老的棋龄要追溯到20世纪60年代，大同市的老棋手无一不与他相识，并保持着跨世纪的友情。在刘老家里，他的几个书柜储满了围棋典籍，刘老一一分类编号，包裹整理得整整齐齐。一大捆名家送他的条幅也大多与围棋相关，可见刘老对围棋的挚爱。中午在永和食府用餐，王玉田、李东、郭宝贵、刘英、何于威、郭志强、薛志英、孔广界等棋友陪同。下午在御河九号设擂开战，金老师让2子连胜郭宝贵、郭志强和张眉平，虽近古稀之年，锐气不减当年。当晚休战，郭志强、孔广界将金老师安排在市内一家酒店歇息。第二天一早，金老师乘火车返京，众棋友恋恋不舍，热情话别相送，企盼常回来相聚。

在大同插队的"北青"棋友，对这方热土的热爱早已融入了各自的生命中，他们与棋友之间演绎了无数动人的故事。

"北青"与围棋永远是古城大同一道亮丽的风景线。

"北青"赵成栋有词赞曰：

忆昔三省区五市，

纹枰几度谈兵。

同原之战始扬名。

北插播育种，

沃土待春分。

四十余年如一梦，

魏都崛起新星。

集成书画著文明。

怡情思往事，

快乐在其中！

作者：冯少鹏

第四章
谁是棋王：名城弈林争霸录

围棋既是一门艺术，又是一项体育竞技活动，只有在激烈的竞争中才更显其魅力无穷。自20世纪80年代起至今，大同地区的各类围棋赛事活动一直烽火连燃，经久不息。

本土大的比赛活动有"月亮弯杯""清源杯""鸿安杯""同煤杯""龙膳杯""永和杯""供水杯""阳光小额贷款杯""御河九号杯""书香·六合杯""书香·云冈杯"以及各大企业开展的职工围棋联赛等。

各路英豪披挂上阵，你来我往，各不相让，排兵布阵，时有妙手，投石问路，腾挪转换，电光石火耀眼，金石之声不断，上演了一幕幕弈林争霸的好戏。

棋王赛鸣金收兵　美少年独占鳌头

2011年2月8日，大年初四，大同市首届"龙膳杯"棋王赛开战，经过三天七轮的比赛，11岁美少年丁浩七战全胜，以不败的战绩夺冠，为棋界所瞩目。当他接过奖杯和5000元奖金，被簇拥在一群成人获奖选手中央拍照时，再一次印证了"自古英雄出少年"那句古语。见识了他在围棋方面的天赋：对弈时的文静从容，计算的快速和深远，敏锐的反应和对答，令人惊讶。随后，大同永和食府马建军董事长为他策划了与大同十大高手对弈，取得了8胜2负的好成绩，获得2000元奖金，震惊了棋坛。为能得到名

丁浩获大同市首届"龙膳杯"棋王赛冠军

师的指导，在马总的赞助下，丁浩再赴北京学棋，棋艺提高很快，正在做冲段努力，有望成为职业棋手。目前，在大同已经无人能敌。这次赛前，公认冠军非他莫属，大同高手党尚坦言他与丁浩对弈，仅有两成希望。

第一轮对手是作家曹乃谦，只见丁浩端坐那里，面如美玉，性沉智睿。棋下得异常轻松，在下边的攻防中，弃掉数子，转身在上方形成巨阵，曹老稍有不慎，便受到泰山般重压，不得不以卵击石，不幸被屠掉双龙，遂爽快投子告负，领教了大同第一高手的厉害。此后，丁浩又连下5局，与同样获得5连胜的党尚相遇。

外面天寒地冻，供排水集团的圆形大楼内却温暖如春，群雄激战正酣。此前，党尚与丁浩私下对局四连败，此次正式比赛，党尚从心理上已处下风。在中央争夺中，党尚执白，丁浩执黑，党尚稍有用强，一般很难看出，但被丁浩敏锐地抓住后攻击获利。此后，黑棋在角部先做成劫活，转而他处行棋，适时开劫，白棋因劫材不够而投子认负。纵观赛事，丁浩行棋思路清晰，棋风老到，沉着冷静。在与王雁宏的比赛中，角部折冲中有些损失，但他面对不利的形势，处变不惊，利用对手的失误，攻其一点涉及其余，从而扭转战局，最终获胜。丁浩与同辈棋手们斗棋玩，对手赢不了他，便用模仿棋来对付他，众小孩在旁边哄笑。丁浩是大同围棋界三十多年来，继曹宏宇之后，最有天分的围棋少年，必将为大同围棋贡献更多。

话说丁浩夺冠本在意料之中，其后亚军、季军及第四名尽被围棋教头夺得，前十名中有六名是教棋的老师，显示了教学相长的特性。亚军党尚，除了与丁浩那盘外，在与贾慧峰、刘辉、黄文亮对局时，虽受到顽强阻击，

但终归技高一筹，成为一人之下众人之上的强者。他的棋艺功底扎实，计算精准，善于腾挪转换，灵活多变，是成人中的顶级高手，获得"榜眼"称号，也在大家意料之中。

　　获得"季军"的是刘英。刘英早年成名，属功夫型棋手，教棋多年，谙熟各种定式和常型。第一盘相遇姚宝奎，执黑的姚宝奎以力战称雄于棋坛，现仍在业余联赛一线作战。双方既是棋友也是对手，只见双方摆开阵势，战不数合，便火星四溅。战火首先从左下角燃起，双方争向中腹出头，各不相让，漫延至上方，在混战中，上方的两块黑白棋又形成对杀，关键时执白的刘英判断失误，脱先他投，被黑棋扑入，刘英虽然提掉四个黑子，却

激战

被再次点入，形成白方气长无眼对黑方气短却有一眼的劫杀。白方虽然劫胜，但被收紧外气，几处得利，最终刘英以半目败北。

和阳茶语摆台设擂　七〇前后分庭抗礼

大同市"阳光小额贷款杯"擂台赛，是大同围棋界有史以来一次规模宏大的盛会。围棋擂台赛赛场所在"和阳茶语"，小桥流水，脚下游鱼往来穿梭，室幽境雅。比赛以1970年出生前后为界限，分为两个阵营进行。双方各出11人，以棋力设定出场次序。七〇前阵容是：任志全、刘延庆、李锦光、白新泉、嵇晓明、党驰、何于威、刘英、段景斌、樊志军、李东。七〇后阵容是：霍建民、赵朝阳、郭志强、刘辉、姚宝奎、贾慧峰、范东兴、王献平、王雁宏、王臣、党尚。每周两场比赛。

自2011年7月始，历时3个月，"阳光小额贷款杯"七〇前后擂台赛共进行了21场比赛。首场七〇前霍建民胜七〇后任志全。翌日，七〇前刘延庆出场将霍建民挑落，首战奏功。第三场刘延庆又将赵朝阳斩落，连下两局。第四场赛事开赛，刚从北京回来的郭志强匆匆披挂上阵执白而行，双方在左下角战在一起，都难以脱身。外面骄阳似火，室内战场似炉。刘延庆与郭志强在中腹互相断开，漫延至左下角。右边作战，牵涉中腹，显然刘延庆势好。他似乎看到了三连胜的辉煌，想到众人的掌声、棋界的赞扬，不由得心中发紧。但时间所剩无几，忙乱中本来净杀的一块白棋，却走成劫杀。其时，只听拍表声嘭嘭，刘延庆头脑嗡嗡。忽然表声戛然而止，超时！

第五、六场赛事于13日、14日进行。头天，李锦光执黑挑战郭志强，模样对实地，各有所得。观者如在波涛中漂浮，时处浪尖，时坠波谷。错出错入，李锦光笑到最后。次日，刘辉执黑挑战李锦光，左上被攻甚急，牵连下边，进入混战，关键时李锦光没能把握好战机，被逼台下。20日、21日，第七、八场赛事结束，刘辉胜李锦光后，再取嵇晓明、白新泉，成就三连霸，显示了七〇后的实力。

第九场，放出豪言的党驰，拍马上阵挑战刘辉。布局既毕，进入中盘，刘辉执白深入，执黑的党驰挖断强攻，刘辉一时难以脱身，上边的碰又损。党驰见实空领先，也不硬杀，各处定型，终局起身，面含微笑，神情怡然。第十场姚宝奎执白挑战党驰。开局后姚宝奎在角部四路连

第三届"龙膳杯"棋王赛颁奖

压了六七手，做成模样，党驰得实地。姚宝奎棋风善战，大刀阔斧。此时有地有势，有些得意，随即走出问题手，党驰抓住时机，瞬间切入白方阵营，擒获数子，白空变黑空，一入一出胜负已明。

党驰连胜两阵后，第十一场又擒获对手康佳音，达成三连霸。四、五战再奏凯歌，创造了擂台赛纪录，印证了当初的豪言，也赢得了棋友的好评，一夫"党"关，连退七〇前的五员虎将，其定力令人信服。当晚七〇前棋友再次为党氏庆功，七〇后则心气大伤，士气不振，四散而去。翌日第十四场，范东兴执白挑战党驰，双方堂堂阵势，意在斗小巧以官子定胜负。范东兴是三医院大夫，以前也曾几次在市里获得冠军，少言寡语，棋风稳健。中盘后，白棋在黑棋阵中点入，破其阵型，相互断开，拉开中原攻防战的序幕，白棋不难走。之后白棋下得稍缓，黑棋得以喘息，并对白一块孤棋形成合围之势。范东兴见优势明显，该收就收，该放就放，各处定型，终局白以3又1/4子取胜，终结了党驰的五连胜，为七〇后挽回面子。党驰绷紧的弦终于断了，神话就此结束，纪录却存留史册。

周日18号，第十五场开始。七〇后的何于威秘书长执白挑战范东兴。序盘后，普遍认为何的黑棋略好。中盘作战，互相破空，何下得虎虎生风，范东兴有些拘谨滞涩。边上，黑棋尖冲后努力出头，并争得飞，白棋冲断作战，形成乱战局面。要紧时，黑棋脱离主战场，走出缓手，被白棋冲破阵营获利不少，范东兴黑阵严重受损，而白棋的大空完好无损。白棋一角，

星位加小飞，黑棋点三三托应该是净活，范东兴却走出打劫来，劫材又不够，局面难以挽回。

9月30日下午，第十六场赛事开始，七〇后王雁宏执黑迎战何于威。布局后，执黑的王雁宏稍有不满，不得已，在下边动出残子试应手。何于威的白棋应对有疑，被包在里边，但毕竟取得很多实地。之后，王雁宏见实空不够，又在白棋角部制造纠纷，寻求战机，几个来回后，黑棋劫争虽败却赚了，以微弱优势获胜。王雁宏艺高阻敌于山下，七〇后暂时稳住阵脚。

次日，第十七场比赛打响，王献平迎战王雁宏。王献平号称"妖刀"，熟悉各种大型定式的变化，如果功力稍差的，被他一个定式下来，已经难以为继，属于力战型棋手。此役，在角部定式中，王献平虽然吃掉对方，但外围尽失，得失难论。而王雁宏分寸把握得恰到好处，不疾不缓，自在悠闲，显示了良好的心态和临战经验，最后双方中原决战，王献平因大龙愤死而罢。在党驰神奇五连霸之后，七〇前群情高涨，王雁宏关键时，降龙伏虎，连斩两员大将，止住颓势，功不可没。

10月6日下午，第十八场赛事开赛，由老将刘英上台挑战王雁宏，刘英执黑。刘教头棋风严谨，教学相长。开盘双方布成模样，以静制动。此后中原鏖兵，白棋行棋方向受到大家质疑，关键是中腹二子棋筋被吃，不得不在角部后手消劫，原来黑棋的势力范围变成实地。王雁宏见状，一时颓然，无奈地用手指敲击着案头，陷入沉思。进入后盘，虽然双方互破，但黑棋领先越来越多，白棋难以赶上。此战，王雁宏在中央大战中，出现重大失误，棋筋被吃，大势已去，终难挽回。

7日上午第十九场开始，七〇后副帅王臣出战。九点许，王臣与其哥王奇现身门外，打仗亲兄弟，上阵父子兵。开局后，王臣在对方阵营内走出小雪崩，受到研究者的一致批判，也导致了此后的苦战。感觉上王臣的"火气"很大，意在速胜，失去平常心，当然难下。而刘英却正襟危坐，十分冷静，时不时地咳嗽两声。王臣无奈作困兽斗，已现败象。此赛事七〇前群雄：刘延庆二连胜，刘锦光逆袭，党驰五连霸，何于威力阻，刘英破士相，庆贺不断，表现出良好的团队精神。

刘英斩杀副帅王臣后，对方只剩下主帅党尚一人，七〇前尚有三位顶尖高手。七〇前群雄一片欢呼，士气如虹。大家都期待着刘英与党尚的龙虎之争，究竟是刘英一人挟两胜之威独建

大同市第五届棋王赛

奇功，还是党尚一夫把关，万夫莫过，众人拭目以待。

22日，天气阴冷，上午第二十场擂台赛开赛，七〇后主帅党尚现身赛场挑战刘英。党尚在年初获棋王赛亚军，仅次于冲段少年丁浩，棋商高人一等，算路深远。双方布阵之后，执黑的刘英率先掏角，定式未完脱先，被白棋先手搜刮获利。党尚在右上打入黑阵，破掉模样，之后，刘英在左下打入白阵，结果被屠龙。后来众人复盘，摆出黑棋的活路，刘英痛悔不已。七〇后主帅阻遏颓势，在悬崖边站住脚。

翌日，七〇前大将段景斌现身茶社，原来是日前扭了脚，本不打算来了，幸好大夫说骨头没事，这才由他哥陪同送来，众皆关切询问。

9点整，第二十一场开始。党尚今日孤身上场，身后无一兵一卒，举目所见尽是七〇前众英雄，不免长叹一声，黯然落座。双方亮招后，各抢实地。序盘之后，执白的党尚活出左上三线一子，黑棋在四线连压5手，实地外势各有所得。白棋出头后向中腹飞了一手，为以后的苦战埋下隐患。黑方没有示弱，似乎只能靠断作战。双方欲罢不能，无暇大场，殊以为憾。纠缠中党尚误算，实地大损，只好尽力把棋势走向复杂，希望混乱中，有所渔利。强攻硬杀，却难成功，棋局也就结束，段景斌带伤作战，在众人的助威中，"生擒"七〇后主将，立下汗马功劳，成为擂台赛最后终结者。

中午，郭志强约大家到矿务局庆功。酒席上论功行赏，七〇前，第一功为段景斌，"生俘敌酋"，含金量最高；大功为刘英，砍去"敌酋"左膀

右臂；奇功为党驰，连擒敌阵五员上将；刘延庆为头功，开门红两连胜。以下何于威、李锦光亦各有功绩，李东、樊志军无缘立功。

棋坛霸主轮流坐庄　纹枰格局新老抗衡

猴年正月初四到初六，大同市第六届棋王赛在御河九号鸣金收兵，博弈围棋培训班当家教头王臣以七轮不败的战绩勇夺桂冠。姚宝奎、李东分列二、三名。

2016年的新春气温起伏跳跃，初四还是一派春意盎然，初五起突然风雪交加，气温降到零下24摄氏度左右，给棋手们出行带来不便。但严寒风雪也阻挡不住棋友们对围棋的热情。棋王赛和大同古城墙灯会一样，红火热闹，异彩纷呈，吸引着棋迷们，在新年之初为广大棋迷提供了一顿精神大餐。

上一年的棋王赛李东九轮全胜一枝独秀，此次则是王臣七轮保持不败，棋坛霸主轮流坐庄。冠军得主王臣是博弈围棋教室当家教头，与其兄王奇长期为少儿围棋普及而默默地努力着，比赛和教学成绩斐然。在这次比赛中，他精神状态极好，始终保持着旺盛的精力，专心致志，心无旁骛。王臣在第三轮与其学生班嘉明相遇。班嘉明曾在无锡晚报杯获A组第68名，实力不俗。双方一直咬得很紧，收官时，王臣才抓住对手的一个疏忽而获胜。第五轮与另一位少年5段滕伟琪对局，开盘初在角部定式中获利，此后

大同市第六届
棋王赛颁奖

始终驾驭着局面，尽量把棋走得简明，终以半目取胜。经受住两名少年棋手的顽强阻击。第六轮与上届冠军李东相逢，两人是多年的棋友、战友，代表大同围棋的最高水平，共同出征作战，取得了不俗的成绩。双方十分熟悉，了解各自的套路，此战谁也不敢大意，使出浑身解数斗内功，最终王臣掌控住局面小胜。前六轮战后，王臣是唯一保持不败的选手，已经提前锁定冠军宝座。最后关键的第七轮，与慧智班的贾慧峰狭路相逢。中盘作战，王臣抓住对方一块弱棋猛攻，成为劫杀，虽有所斩获，但形势并不乐观。大官子阶段，对方在右下立价值虽然巨大，但不为所动，抓住最后的机会，乘其左上大空尚未合拢之际，从一缝隙钻入，如游鱼摆尾入海，再四下搜刮，眨眼之间巨空所剩无几，由此奠定胜机。紧张时刻，只见他双目牢牢盯在棋盘上，面色微微泛红，手拿棋子不停地在棋盘上比画，几经反复才落子。此次在最为重要的赛事上再次夺冠，又一次证明了他的实力。亚军姚宝奎，是力战型棋手，以屠龙而闻名省内，此次比赛，第一轮失利后，没有放弃希望，先后战胜了班嘉明、段景斌、贾慧峰，名列第二。与段景斌的一局中，抓住对手的无理手，与之大战中腹，确定目数领先后，该连的连，该接的接，不给其可乘之机，对方使尽各种招数，终难挽回不利局面。在第六轮中遭遇贾慧峰，序盘阶段在左边蒙受损失后，痛定思痛，抓住对方的骄矜心理，示之以弱，巧妙周旋，在中腹形成一处有利劫争，对方依仗着优势全然不顾，一处看错贸然消劫，大龙被屠，被姚宝奎成功逆转。上届冠军李东由于第一轮轮空，因小分低屈居姚宝奎后。但其与另一名将对垒中，开局初抓住一个漏洞，吃掉对方数十枚棋子，仅几分钟时间便一举获胜，显示出扎实的基本功。先后又战胜了刘英等名将，位列第三名，依然占据大同棋界的巅峰位置。

大同这几年少儿培训搞得风风火火，每年的定级升段赛，门庭若市，学棋的孩子逐年增加，有段棋手不断成长壮大，逐步成为赛事的主力军。最后决战中，老少争锋，师生同台对垒。两代棋手之间的争夺日趋激烈，少年棋手向冠军宝座冲击，挑战前辈，这的确可喜可贺。全市3段以上的少儿棋手所占比例已经超过成年人，成为绝对的主力，赛场上成年人如羊群中的骆驼，散布在孩童之间。在前八名获奖名单中，少儿和成年人各占四席，平分秋色。多次夺冠的党尚在第二轮，即被去年的亚军5段少年滕伟琪所阻。之后，滕伟琪与老将黄文亮一战中，在极其不利的局面下，顽强搏斗，终于逆转获胜。与冠军王臣的交锋中，虽然序盘损失不小，但在之后的对攻中，面对强手，毫不畏惧，奋勇拼搏，逐渐将差距拉近，仅以半目落败。4段小棋手石清越在比赛中表现突出，先胜前辈"妖刀"王献平，再取李吉才，最后"生擒"队友王旭，夺得第五名。另一名4段棋手王旭先后战胜康佳音、党驰、何于威等名手，进入前六名。

第八届棋王赛颁奖

回顾赛事，霸主轮流坐庄，各路群雄并举，少儿棋手突飞猛进，为围棋事业注入了强劲的活力，推动着围棋事业不断前进。围棋的格局正在悄悄改变，少儿成长壮大，青少年冲向巅峰，辅导教师固守阵地，各路群雄坚守最后的家园。

新生代摘金揽银　老英雄守尊卫严

　　2017年1月30日至2月1日，也是大年初四至初六，大同市第七届围棋棋王赛在御河九号活动室内开赛，全市近百名各年龄段的4段以上高手聚集一堂，同台竞技，争夺棋王称号。经过三天七轮激烈争夺，最终来自博弈围棋教室的14岁少年棋手王旭力压群雄，将金杯揽入怀中，另一位博弈的少年胡锋把银牌抢走。两位少年棋手摘金揽银翩然而去，让下了大半生围棋的许多成年人深感失落，无奈中仰天长叹：后生可畏，风光不再。其余樊志军等六人名列第三至第八名。

　　大同每年有几次围棋赛事，除了棋王赛，还有职工博览会围棋赛、市直机关围棋赛，以及小棋王赛和升段赛等项赛事，但唯有棋王赛才是公认的最高水平赛事。每年赛事各有特点，本届赛事的主旋律就是少年棋手全面超越成人选手，登堂入室。

　　自古英雄出少年，此言不虚也。如果说去年的棋王赛，少年和成人之间还略有差距的话，这一年少年棋手已经完成了向成人棋手冲击的技术准备，临场经验和心理状态日趋成熟。去年有四名少年棋手进入前八，分列第四、五、六、八名，这一年在最终排名中，少年棋手占据冠、亚军宝座，

第九届棋王赛颁奖

大同市职工围棋赛颁奖

在前八名中，占有三个席位，少年棋手已经渐渐成为棋坛的主力。

冠军得主王旭14岁，5段棋手，年少沉默，不苟言笑，棋风厚重。去年的棋王赛上获第五名，而这一年在职工文化博览会上获得亚军，小棋王赛中折桂，棋王赛上更是前六轮保持不败，提前夺冠，而上届还是第六名，从名列前茅到顶峰只用了一年时间。第五轮，与自己的老师王臣——也是上届棋王赛的冠军展开了较量，师生同台对垒，不知两人以前交手如何，此时是什么样的心情。前半盘双方在边上的混战中，黑白两块棋战在一处，王旭虽然被吃数子，却利用残子在中央形成外势，之后中腹的潜力逐步显现，残子成功地完成了牵制中腹的使命，学生小胜老师，青出于蓝而胜于蓝。学生战胜了老师，也是对老师最好的回报，名师才有高徒。所谓："弟子不必不如师，师不必贤于弟子。"在最后第七轮中，面对的是"大侠"樊志军，双方战至中盘时，执黑的王旭实地较多，樊志军的白棋有些外势，此时双方在黑棋的角部形成一个劫争，围绕这个劫形成漫长拉锯战，面对纷乱多变的棋局，王旭没有慌乱，冷静思考沉着应对，显示出极高的心理素质和技战术水准。结果是王旭不但劫胜，而且还破掉对方一块空，踏足中原。樊志军不得已，动出残子将局势引向复杂局面，以求一搏。以各种手段试探、考验少年人，王旭均不为所动，且尽力破坏白棋形状，计算之精准令人佩服，小官子也收得很细致，虽然最终以半目败北，但整盘棋下得十分紧凑，棋势跌宕起伏，十分精彩耐看。王旭先后战胜了三位5段名手而问鼎棋王，是继丁浩之后，又一位在大同最高赛事上折桂的少年。

银牌获得者胡锋，是王旭的同门师弟。胡锋性格沉稳，棋风属于本格派，胜负处很敏感，敢于出手。其中第六轮对姚宝奎一局中，中盘时并不好，几块棋被分开。面对咄咄逼人的攻势，他没有直接应战，而是迂回设伏，在对手自以为得意时突然出手，拿住棋筋，棋局戛然而止。第七轮，面对实力派棋手、第五届冠军李东，同样是不温不火。中间有数子即将被吃住也不慌忙，先抢占其他要点，瞅准机会将数子救出，反将对手的棋筋锁住，之后双方围绕着此处反复计算、谋划、牵制，执白的胡锋始终把握着局势的进程，没有给对手多少机会，小胜的局面终难改变。

获得第六名的也来自博弈教室，是王旭、胡锋的小师弟——周狮旸，同样给笔者留下深刻的印象。十来岁的年纪，戴一副蓝边眼镜，神态从容，没有丝毫的紧张，比赛时不时拿起水杯喝上一口，再静静地思考，想妥了才落子，眼角眉梢透着秀气。他的淡定悠闲，给对手以无形的压力。一位成人与之对弈，被他的长考所"折磨"，输棋后抱怨对方用时太长。他在棋盘前专注认真，一旦离开棋盘，撒腿就跑，孩子好动的天性显露无遗，前

老当益壮

后两种神情着实可爱。在与以力量著称的姚宝奎一战中，击左视右，攻后瞻前，视野开阔，计算十分准确，棋下得很具有观赏性。

面对后生辈追赶的脚步，成年选手感到了无比的压力，同时也激发了他们的能量。此赛的季军获得者樊志军，是大同棋界元老人物，对围棋有很深的见地。当年与王献平同为大同棋坛的双雄，鏖战多年，留下许多传奇故事。那时留一根马尾巴，垂在脑后，风度翩翩。高校毕业后痴迷于围棋，不惜辞掉工作闯荡江湖驰骋棋坛。而今面对晚辈的挑战，自是全力以赴。最后一轮，面对前六轮保持不败的王旭，奋力紧守阵地，为老同志坚守住最后的尊严。

纵观赛场少年棋手占有多数，少年棋手逐渐占领棋坛的制高点，是多么令人欣慰！当年北京知青来大同播下的围棋火种，已经燃遍古城大地。20世纪80年代中日围棋擂台赛后，当年从聂卫平的狂胜中感受到民族自豪精神而结识围棋的青年学子，正在渐次退出人们的视线。从大同第一位职业棋手曹宏宇到现在新锐棋手丁浩，围棋在大同已成燎原之势，相信在不久的将来，大同围棋活动必将迎来更加辉煌的局面。

棋友李锦光有诗赞曰：

雁云围棋热，盛事赛频繁。
东征受鼓舞，北插推波澜。
妙手古都绘，匠心咫尺盘。
群彦逐棋王，英雄出少年。

第五章
南征北战：胜固欣然败亦喜

大同队参加山西省第二届"金厦杯"围棋网络甲级联赛

大同市围棋协会除常年在本地举办各类赛事活动外，还积极组队参加全省乃至全国的围棋大赛，以锻炼培养围棋队伍，开阔棋手眼界，提升竞技水平。

十多年来，市体育部门和围棋协会组织棋手走南闯北，先后参加了"向新杯"、"金厦杯"、"路鑫杯"、"海纳杯"、"国盛印象杯"、"乌大张"城市邀请赛等省级围棋赛和"中国怀安杯""荷花杯""乌金杯""晚报杯""黄河杯"等国家级大赛。这些围棋大赛都留下了大同棋手的身影和佳话。

相忆六城围棋赛　棋坛元老战集宁

六城市棋赛全名叫北方五省六市棋赛，简称"六城市棋赛"，是由六个城市工会组织的六城市棋手之间交流棋艺、增进友谊的盛会。棋赛包括围棋比赛和象棋比赛，原计划每年举办一次，六个城市轮流坐庄。但从1978

1978年大同棋友参加六城市棋赛留念

年起到1989年十一年实际仅举办了七次。

白菊生代表大同参加了前三次六城市围棋赛，特别使其难忘的是1978年底在内蒙古集宁市举行的围棋赛。当年大同市工会从各单位抽调了大同市围棋赛前四名、象棋赛前六名，教练、领队各一人，共十二人到集宁参赛。那年去集宁，教练是老裴，领队是大同市工会副主席老王，围棋手有沈光弟、王乐群、白菊生和王少华。

集宁是个风口城市，又是冬天，走在街上，感到风很硬，干冷干冷的。这里居住着很多蒙古族同胞，待人非常热情，所以虽然天气冷，白菊生等参赛队员心里却感到热乎乎的。

比赛在集宁工会俱乐部小会场举行，比赛规则是每人限时一小时，之后读秒，每分钟必须走一步棋，超时判负。那次围棋赛取前六名，比赛结果，集宁的项军获得冠军，王乐群获得季军。白菊生因头天在一个蒙古族年轻棋手家吃火锅多喝了点酒，输了一局不该输的棋，名列第五。

夺得第一名的项军是杭州到内蒙古插队的知青，曾获得过杭州少年围棋赛冠军，60年代项军的围棋就已经下得很有名了。那次比赛王乐群和项军下了三个多小时，双方下得非常认真，志在必胜。

那年同到集宁的，还有自费去的刘正英和原罡。刘正英70年代末期曾向原罡学棋，二人是师徒关系。刘老为人善良，待人温和，他当时在粮食局工作，在大同下了大半辈子围棋。80年代中期，刘老代表大同市参加过大同、集宁、张家口围棋联赛，参加过第三届"离宫杯"全国业余围棋邀请赛。1985年8月在大同航校举行全国围棋升段赛期间，刘正英与当年参加升段的女棋手徐莹（当年定为初段）下了一盘让子棋，战平徐莹，很难得。

在1991年12月山西省第二届老年围棋大赛中，获得季军。原罡在大同农机研究所上班。从集宁回来后，原罡常到白菊生家里下棋。人们都说，原罡的棋长得真快！

1982年冬天，大同围棋队由赵振华为领队，华占高为教练，队员有金国芩、李崇文、赵成栋三人，参加了在集宁市举行的大同、银川、石嘴山、乌海、呼和浩特、包头、张家口、集宁八城市职工围棋联谊赛，同这几个城市的棋友对弈手谈，结下了深厚的友谊。

围棋盛会聚古城　　三晋棋迷喜相逢

金秋10月，晋北大地绿色无垠，天蓝水碧，景色秀美，空气清新。"同水杯"2014年山西省围棋锦标赛于10月2日至6日，在中国九大古都之一的大同举行，来自全省八个城市的35个代表队192名棋手参加了比赛。经过4天9轮激烈角逐，最终东方红迎泽棋牌队、太原山水岳权围棋道场、太原市青年宫队，名列男子团体前三名，东方红迎泽棋牌队、康成围棋道场、太原山水岳权围棋道场分列女子团体前三名。男子个人前三名为：沙星宇、刘宇航、陈浩东；女子个人前三名为：柴晓玲、韩丽昕、刘佳。大赛特设最佳老棋手奖、小棋手奖、敢斗奖、拼搏奖各一名。

东道主大同市，曾培养了曹宏宇、丁浩两位职业棋手，为大同棋迷所骄傲。这次一共派出10支代表队62名选手参赛。大同市围棋协会和同煤集

2006 年山西省同水杯围棋锦标赛

大同棋友与江铸久九段合影

团代表队进入团体八强，位列男子团体第5、第7名。大同七中获女子团体第6名；男子个人赛中，王奇获得第15名，成绩最好，王臣、樊志军、班嘉明三人并列第18名。徐红卫获得最佳老棋手奖，樊志军获得敢斗奖。

　　王奇、王臣兄弟参加了2014年夏天的"御河九号杯"职工围棋比赛，王臣夺冠，三个月后哥哥王奇获省锦标赛第15名，王氏兄弟在棋艺上孜孜不倦的追求和在棋品上的不断磨炼令人称道。王奇与一少年对局到终盘时，对手的时间所剩无几，自己的实空虽然不够，却还有时间。如果利用时间规则打几个单劫的话，对手有可能因超时被判负，但想了好久也不忍心让对方痛失好局，那样虽然合理却有亏棋品，于是就成全了少年，自己少胜一盘。其弟王臣，输给亚军刘宇航后，虚心向对方请教，检讨自己的过失，并请求简单复盘，一派谦谦君子风度。樊志军在整个比赛中用尽了全力，每盘比赛，都几乎将时间用尽，很晚才结束。樊志军在与女子个人季军刘佳的比赛中，几次成功弃子换取外势的战术，并最终获胜。组委会以"敢斗奖"予以嘉奖。班嘉明是本市两名少年5段之一，战胜了知名棋手曾建辉等，前五轮过关斩将，只是在最后阶段败给几位太原高手，未能进入前列，还是很有潜力的。天镇的徐红卫，花甲之年参赛，以最年长的身份获"最佳老棋手奖"。党驰去年在省锦标赛中获第12名，今年不尽如人意。自言：

先"失手"于童子，心态出现问题。之后对局时一使手筋，棋筋就被吃，想杀人家的棋，自己大龙就有危机。在同城德比之战中，与姚宝奎一役，举刀屠龙。姚宝奎以为大龙要死，吓出一身冷汗，但细看后，

大同队参加"赤峰杯"中国城市围棋联谊赛

党驰的大龙也不活，对杀中竟快两气，姚宝奎自叹好险啊！回家的路上，和党驰探讨，宝剑是双刃，出鞘要慎重，瓜熟要待蒂落。

此次比赛期间，东道主大同市围棋协会还特别邀请了原在大同插队的北京知青白菊生、王乐群、赵成栋等来同。这些年过花甲的老者，回到了第二故乡，见到当年的棋友们，看到大同发生的巨变，感慨万分。在同期间，应邀观摩比赛，回忆当年在同下棋的历程，交流棋艺畅谈普及围棋的经验心得，浏览景点市容，参观访问，会见老友，结识新朋，其情其景，快乐融融。

围棋新局呈盛事　云冈书香满纹枰

2018年11月9—11日，由山西省围棋协会、大同市体育局、大同市云冈区人民政府主办的山西省首届"书香云冈杯"围棋团体锦标赛在大同云冈区举办。

时任山西省体育局局长赵晓春，省围棋协会主席郭志强、常务副主席周杰，大同市体育局副局长晋子顺，时任大同市云冈区区委书记任希杰，资深裁判江声久等嘉宾出席开幕式。

本次锦标赛为期三天，共有20支队伍60名选手参加比赛。为营造公开、公平、公正的大赛氛围，此次比赛采用中国围棋协会审定的最新围棋竞赛规则，比赛采用7轮积分编排赛，按分台定人制固定台次，一经确认，

大同围棋队参加全
国围棋之乡联赛

不得换人调台次。

　　参赛选手们沉着冷静、积极应对，智慧的交锋无声地进行，强攻运用巧妙，防守得法自如，都发挥出了自己的最佳水平。经过激烈角逐，太原市棋协队荣获冠军，太原市三友围棋道场队获得亚军，山西省智棋队获得季军。长治市围棋协会队、同煤元老队、云冈区围棋协会队和晋城市巨人净水队获得体育道德风尚奖。魏笑林、焦松岩获得第一台全胜奖。时任山西省体育局局长赵晓春向煤都棋院颁发了山西省青少年围棋俱乐部牌匾。时任大同市云冈区文化局局长濮建文、著名作家曹乃谦出席此次"书香云冈杯"围棋团体锦标赛颁奖仪式并为获奖者颁发奖牌和证书。大同市围棋协会向山西省围棋协会赠送了《大同围棋风云录——棋闻弈事》一书。

首届"书香云
冈杯"在云冈
区开赛

纹枰论道，老当益壮

让围棋走进生活，让书香飘满云冈。举办首届"书香云冈杯"围棋团体锦标赛，是大同市云冈区的一件盛事，也是"书香云冈"建设的重要内容之一，为进一步传承和弘扬围棋传统文化、加强兄弟城市间交流、增进友谊奠定了良好的基础。

同年7月中旬，山西省第十五届运动会群体项目老年组围棋赛在晋中介休开枰，来自全省9个地市及行业的36名老年围棋选手参赛。经过7轮激烈角逐，代表大同市参赛的同煤集团老年体协围棋队刘大庆、郭宝贵、张眉平、李锦光4名老年棋手，不畏强手，顽强拼搏，荣获团体冠军。其中，退休职工刘大庆年近七旬，为本次参赛选手中年龄最大的，前5轮发挥神勇，技惊赛场，取得5连胜，最终斩获季军，郭宝贵夺得亚军。

赛后，李锦光填词一首，祝贺大同队神勇夺冠：

老夫聊发少年狂。

鬓如霜，

又何妨。

气定神闲，

韬略胸中藏。

纵横驰骋十九路。

五连胜，笑豪强。

挑灯复盘备战忙。

斗志昂，围在床。

受命云中，征战有郭张。

敢与太原争高下，

省运会，始称王！

"汾阳王"移驾塞北　众英雄相聚古城

2019年9月22日，"汾阳王杯"山西省第十一届业余围棋联赛在古都大同落幕。这是山西省该项品牌赛事继在吕梁、临汾、晋城举办之后，首次来到大同。

踏上塞北高原，领略北魏遗韵。全省11个市以及包括重庆、台湾、香港在内的28支队伍会聚一堂展开较量，以棋会友，共同成就了山西围棋史上的又一次大盛会。经过三天五轮鏖战，太原市青年宫队获得冠军，刘娅莉围棋教室队和太原三友队分获亚军和季军。东道主大同组建了老男孩队、同煤队和煤都棋院队三支队伍参赛，也取得了不俗的战绩。在特邀组中，台湾队、重庆队、水泊梁山队、香港队分别获得第一至第四名。

省围棋协会主席郭志强表示："中国围棋四大天王之一的胡煜清前来参赛，组委会为四支省外的特邀队伍专门设置了奖金，联赛第一次有了商业

"汾阳王杯"围棋大赛落户大同

冠名，专门为省少年队开绿灯，参赛队扩充到28支。"

山西省业余围棋联赛创办于2009年，随着影响力的扩大，一些省外的队伍先后加盟，省级比赛逐渐变成了公开赛，聂卫平、马晓春、王汝南、江铸久、芮乃伟等中国围棋元老，以及党毅飞、芈昱廷、陈耀烨等新科世界冠军都曾作为嘉宾参与赛事活动。

比赛间歇期，全体参赛队员还参观了云冈石窟、大同煤炭博物馆，对大同的历史文化有了进一步了解，对大同美丽的市容和"大同蓝"留下了深刻的印象。

"感谢大同市体育局、体育总会和围棋协会的支持，感谢汾阳王酒业的赞助，感谢书法家苏冻为我们题写扇面，感谢白润生连续11年担任领队，感谢刘思扬连续11届参赛，感谢少年队家长们对山西围棋的支持……"在山西省围棋协会主席郭志强的一连串感谢声中，"汾阳王杯"山西省第十一届业余围棋联赛，在古都大同圆满落幕。

"晚报杯"云中健儿初出道　"乌大张"三地棋迷对弈忙

2015年大同的围棋活动延续着上一年的火爆走势，组织参加各项赛事，活动频繁，赛事连连。

1月份组队参加了第二十八届"晚报杯"全国业余围棋锦标赛。该项赛事是大同第一次组队参赛，由大同报社传媒集团冠名资助。自2014年12月份开始，每周六在报社会议室进行选拔比赛。经过数月的选拔，何于威、党尚、班嘉明分获前三名，何于威因故弃权，由第四名段景斌替补赴无锡参赛。结果，第一次参赛的大同队最终取得了不错的成绩，5段少年班嘉明获A组第68名，党尚、段景斌分获B组第70名和第72名，受到棋界关注。班嘉明是当时大同地区涌现出的优秀少年棋手，在2014年省锦标赛和市里各项赛事中都有上佳表现，逐步成为大同围棋界的骨干。

2017年8月6—7日，首届"乌大张"围棋邀请赛在全国围棋之乡张家口怀安县开赛。比赛由河北省围棋协会、张家口市体育局主办，大同市体育局、乌兰察布市体育局协办，旨在增进"乌大张"三市围棋爱好者之间的友谊，提供一个交流竞技的平台。比赛吸引了来自乌兰察布、大同、张家口的30余名业余围棋手参赛，赛事分为干部组和协会组，经过为期2天的激烈角逐，大同市代表队获团体冠军，领导组获团体亚军。党尚五战全胜，夺协会组个人冠军，段景斌、姚宝奎、李东、贾慧峰分获2—5名。李长春获领导组个人亚军，顾晓、张眉平分获5、6名。首次出战"乌大张"三地围棋赛，大同棋手就取得了如此佳绩，真是令人欣喜。第二届"乌大张"围棋邀请赛于2018年12月22—23日在乌兰察布开枰。大同围棋队（领导组）获团体冠军，嵇晓明获个人亚军，刘大庆第四，张眉平、李锦光并列第五。

　　"皑皑白雪迎宾客，颗颗精灵舞大同"，塞北古都气温虽寒，云中棋坛弈趣却浓。2019年岁末之际，第三届"乌大张"围棋城市邀请赛于11月29日至12月1日在大同市宏安国际酒店成功举办。

　　风雨已远逝，飞雪迎客来。三英论英豪，古城弈剑开。本届比赛由大同市体育局、体育总会主办，共有来自大同、张家口及乌兰察布三地以及山西怀仁市、"全国围棋之乡"怀安县五支围棋队共50多名棋手参加。经过两天的五轮角逐，大同市荣获团体总冠军和棋手组、特邀组团体分冠军。孙建民勇夺棋手组个人季军，张眉平获特邀组个人季军，孔广界获个人第5

"晋阳杯"围棋大赛

名，其余名次被乌、张两市选手所得。棋手组怀安女侠刘娟摘得桂冠，乌兰察布市赵兴明屈居亚军。特邀组冠、亚军分别为乌兰察布市张文权、张家口市王毅所获。真可谓"羿对边塞三地竞技，棋逢对手五朵花开"。参赛棋友盛赞古都大同围棋文化不断普及和推广，成绩斐然，围棋文化逐渐成为当地的特色文化品牌，三地围棋文化交流有声有色，共促围棋文化繁荣。赛后，棋友在比赛群吟诗抒情：

> 魏都新雪浥轻尘，
> 情谊浓浓天沉沉；
> 此逢正是留客日，
> 却将祝福伴枰声。
> 怀安侠女一枝秀，
> 乌盟文权勇夺魁。
> 大同地主又势众，
> 棋士齐上得团杯。

棋友杨胜利有诗赞曰：

> 楸枰敲玉论曹刘，
> 问鼎中原永不休。
> 起死回生施妙手，
> 翻天覆地展奇谋。
> 手谈尽识其中趣，
> 悟道才知方外缪。
> 花开花落浑不晓，
> 蓦然回首又经秋。

第六章

快乐围棋:"双十二"围棋活动掠影

知名作家曹乃谦等名士组成的云中十二子,秉承快乐围棋的宗旨,棋酒茶自娱,诗书歌相和,在棋界渐成气候。之后又有同煤张眉平等雅士组成的弈苑十二友与之对应。论棋力,双十二只居中游水平,论热劲,却在上游涌动。不仅自家田热闹十分,还带动了大同围棋的蓬勃发展。双方自2010年起举办了数场对抗和擂台等赛事,引起界内人士极大兴趣和关注,成为大同围棋界的一段佳话。

双十二雄纹枰初聚　擂台对抗各显神通

2010年5月9日早晨,在大同市南环路与西环路交界处,有数辆小车和十余人汇聚此地。他们一行是大同围棋界的云中十二子,应同煤弈苑十二

双十二围棋
联谊赛

友之邀，到同煤去参加围棋对抗赛。

一路上，这些人兴致勃勃地议论着主队成员的棋风及一些围棋逸闻，车子沿着新修的平坦大路向西驶去。坐在车内，只见路旁层次分明的绿化带飞速地向后退去。家乡的建设日新月异，能在这生机蓬勃的季节，行驶在风景如画的大道上，与棋友约会手谈，一种幸福闲适之情油然而生。

刘正英

松竹梅兰四君子为云中十二子中的四位元老，依时序为曹乃谦、李逸民、顾晓、王玉田。闲暇，他们轮流到各家聚会手谈，切磋琴棋书画技艺，互品厨艺。嗣后，罗欣、薛志英和苏永华，接踵而至，被曹冠以菊莲桂，成七贤人，周末时，在围棋前辈刘正英家里玩。老人年过八旬，与围棋终生相伴，出门不便，热心邀请棋友前去。老两口热心张罗棋具、茶水。不大的屋子里，床上桌上摆着两三盘棋，数人厮杀，好不热闹，墙上有曹老书写的"快乐围棋"竖轴，中午喝酒轮流做东。再后，郗耀武、李继文、刘延庆入伙，以桃李杏继之，最后党校的郭宝贵和卫校的郝伟，搭了末班车，以梧桐灵芝而续。

同煤集团的弈苑十二友，用围棋术语相关的十二属相为各自的雅号，与市区的云中十二子相对应。弈苑十二友是：刘大庆（老鼠偷油）、李锦光（胀牦牛）、张眉平（虎口）、王玉明（黄鹰搏兔）、田丰（大龙）、李广（两头蛇）、李志军（十王走马）、石建国（扭羊头）、杜同生（猴子脸）、郭志强（金鸡独立）、魏歌奇（天狗顶鼻）、苏尚武（大猪嘴）。双方几经磋商，终于促成了此次围棋对抗赛。

车子在不知不觉中已到同煤技校校区。在大门口迎接的是弈苑十二友中的郭志强，也是大同市围棋协会秘书长。会场中间悬挂着"云中十二子——弈苑十二友围棋联谊赛"横幅。同煤宣传部的张眉平，也是这次活动

双十二对抗赛

的组织策划者，开场白首先介绍了十二友情况，云中十二子中的王玉田，时任大同日报社的副书记，代表十二子表示感谢，然后大家各做自我介绍。

比赛按事先的排名顺序，捉对厮杀。云中十二子坐镇一台的是郭宝贵，围棋界的前辈，为人老成，宽厚大度，成名已久，中规中矩，与对方展开马拉松式的鏖战。二台是郗耀武，围棋教头，在内部比赛中曾获状元郎，有少林派的刚健硬朗。三台刘延庆，性情中人，有美妙歌喉，风流倜傥。四台罗欣，基本功扎实，善于捞取实地，再空降兵打入。五台苏永华，长拳短打，棋风秉承武士道精神，出招刚劲有力。六台曹乃谦，知名作家，有曹氏绝技，善于将局面搅浑，乱中取胜。七台李继文，儒雅敦厚，棋风柔和，有太极拳的推拿功夫。八台王玉田，棋界领袖，为人豪爽仗义，大局观强，善以险着取胜。九台顾晓，十足文人气派，棋风稳健，善于驾驭复杂局面，常以妙手取胜。十台李逸民，十二子秘书长，棋风朴实，韧性十足，常扮演黑马角色。

上午的比赛中，四台的仙菊，较好地发挥了其稳扎稳打的棋风，序盘即猛捞实地，收入颇丰，对方不得已，下出过分棋，抓住机会，切断对方数子，先下一城；六台的老松，布局即用其曹门绝技：对方来挂角，先尖顶，待对方立起，再夹击，而后便紧紧咬住敌人一块弱棋不放，逼其苦活，顺便攻城略地，逼敌签城下之盟；八台云中李，施展其太极拳绵密之功，神龙见首不见尾，将对方的力道化于无形，让敌俯首称臣；首台的灵芝，布局和中盘稍差，但收官时有一处劫争，没能把握住机会，最终失利；二台的云中桃，因比赛紧张，没有发挥出水平，连续缓着，终致溃败；三台的刘延庆，前半盘实地较多，还一直攻着对方，但可惜有点过，将自己的一块棋也缠进去，一着不慎形成对杀，在大好形势下落败；九台的蜡梅，前边一帆风顺，关键时刻，出现误算，威胁对方的活棋，被其脱先他投，白白损失了一手棋，虽几经努力，终无济于事，扼腕含恨。五台的云中桂、七台的云中幽兰、十台的翠竹，没能调整好状态，回天乏术，折戟而归。上午比赛结果，十二子三胜七负，不尽如人意。

午饭时，宾主相互敬酒攀谈，互致敬意仰慕之情，切磋棋艺，以棋会友，气氛融洽。午后烽烟再起，酒后人醣兴阑，再难提神，双方握手言欢。

十二友擂台两胜　十二子揪心一刻

双十二首届擂台赛于2010年7月31日在大同日报社打响。首场十二子先锋李继文拿下十二友先锋苏尚武，取得开门红。随后李广攻擂成功，战胜李继文。第三场苏永华占擂后又被李志军拿下，李志军在第五、六场又连胜王玉田、李逸民。接着十二子罗欣攻擂，连胜李志军、王玉明、田丰。至此，双方在前十场比赛中五比五战平，难分伯仲。10月17日，十二友魏歌奇攻擂，连胜罗欣、薛志英，后憾负顾晓。双方你来我往，互有好戏，首届擂台赛进入白热化阶段。

转眼间到了11月20日，在大同市启智围棋教学班内，正在进行着十二子与十二友围棋擂台赛。攻擂的是知名作家曹乃谦，为了专心写作，本已封棋许久，重任难辞，复出挑战。守擂的是同煤宣传部的张眉平。此前他曾与十二子的顾晓鏖战5个半小时，将其挑落马下。曹老是围棋宿将，善于乱中取胜，后者是同煤的干将，属于本格派，中规中矩，一向以功力服人。九点许，比赛开始，曹老执黑先行，上来就自言自语，"用咱们的曹氏定式"吧。当对方以小飞来挂星位时，尖顶住，再夹击。一般来说是稍为无理的一着。张也不在乎，马上靠下，不辞一战。只见曹老发挥其乱战特长，在中盘制造头绪，局面搞得趋于复杂，但在中腹的缠绕中左下角受损，只有一眼和一个单劫，

芳草绿茵一枰棋

要与对方有七八气的大龙对杀，缓好几气，终于败北。

下午再战，云中十二子郗耀武攻擂，郗耀武是弈友围棋班的教头，曾在十二子中得过冠军，棋风刚硬，此前与十二友对局时不曾胜过，大家略有微词，此次上阵挑战眉平，志在必得。执白的郗教头果然名不虚传，布局攻防有板有眼，到中盘时已领先十多目。但双方丝毫不敢懈怠，室内十几位观者敛声屏气，银针落地可闻。也许是过于紧张，郗耀武竟然和对方打起了劫，对方劫胜死棋复活，郗耀武将损失十余目。一霎时，十二子们嘘声四起，惜者有之，叹者有之，而十二友们则喜形于色，觉得有翻盘的可能。一阵骚动后，观众目光转到棋盘上，盯着计算双方劫材的多寡，气氛再次紧张起来。两次劫争后，黑棋救回七子，白棋也在角部得十几目的利益，双方得失相当。众高手们后来复盘，如果黑棋应对好了，很可能就翻盘。棋局结束后十二子纷纷谈论郗耀武的失误，虽有惊无险，却把大家惊出一身冷汗。晚上酒席间，众位高手聊棋局、讲逸闻，话语滔滔，其乐融融，直到九点多方才恋恋不舍地散去。

杜同生力擒双将　刘延庆三戒备战

11月28日，在市慧智围棋培训班，云中十二子与弈苑十二友擂台赛继续进行。上午9时开盘，郗耀武与前来挑战的杜同生对垒。此处是偏僻的小街陋巷，一个单元房里挤满了众位高手，一时显得人稠地窄。但大家兴致依然，静静地瞅着棋盘，默默为各自的队友加油。

猜得黑棋的郗耀武，静静地将一枚黑子搁在右上方的星位，这是行棋的规矩，白棋也下在星位，双方各不相让战在一处。在左上方的定式中，白棋没有按定式封锁住对方，走了个拆二，郗耀武不觉一愣，猜测对方不知定式，遂先在左边分投。此时，在左下方白棋以星位向两面小飞和大飞，黑棋点了三三，也没按定式小尖做活，而是小飞寻找头绪，黑方在争夺中被割下二子但走在外面，却没有阻止白方渡过，黑棋小亏。抢得先手后，动出左上方的黑棋，对白棋的脱先进行追究。白棋只好向左边黑的拆二飞镇，进行转换，黑一时应对有误，伤及角地，不得已向外逃窜，攻守逆转。

攻防中，黑棋在上方的两碰，弃大就小，加重了大龙的负担，枪法稍有些乱，中间虽有机会突围，终没成功，大龙愤死。

下午由十二子的郝伟上阵迎战杜同生。郝在队中属于中

云中十二子开展围棋交流

游，比耀武略逊一筹，大家也没抱多少希望。果然一开始就被吃了个角，以后又损失许多实地，只有半张空肚皮。正当大家以为就要一面倒的时候，杜左面的一块白棋被攻，本来丢个尾巴就可以活出，或者能扑到一手，棋筋不致被吃。可杜开盘太顺了，以为那么长的棋，根本没在意还有死活问题，只是向外扩张。等到伏兵四起，再要做活时，为时已晚。面对开盘时的大好河山，转瞬丧失殆尽，徒唤奈何，愁容可掬，沮丧之情可想而知。看看表，时间还早，自言自语，再下几着吧。无助中，在三路冲断长了一手，没想到竟然柳暗花明。郝下意识地随手双了一下，以为保险，却没有紧住气，被白棋一扳，三气对四气！一霎时天旋地转，五雷轰顶。此次两战过后，十二子只剩下副帅刘延庆和主帅郭宝贵，而对方尚有同生、建国、志强、锦光、大庆五位高手。

棋盘上虽然失利了，但十二子们没有忘了盛情款待棋友。席间宾主各尽所能，宜歌宜舞，不亦乐乎。晚宴才赶来的副帅刘延庆当场宣布，一星期闭门修炼，不酒、不荤、不色，下礼拜日定立奇功。

刘延庆泪湿衣襟　郭宝贵临危受命

且说12月5日这天，云中十二子众豪杰赶赴同煤，由副帅刘延庆挑战杜同生，擂台设在梅香春饭店西餐厅，门楣上有欢迎十二子横幅。此前同生已接连挑落十二子大将耀武和郝伟，大家不由得对杜刮目相看，几次聚

会间议及此事，个个眉头紧锁。

比赛开始，二人亮招，三五个回合过后，执白的刘延庆在左上角的争夺中，没有选择进角而是靠断作战，形势不明，左边的攻防中，一个随手大跳，被黑棋飞断后大亏。明显感觉出今天刘延庆的状态不佳。在一旁观战的十二子到隔壁摆棋，露出隐隐的担忧。此时双方目数黑棋稍多，白棋中腹有些势力。黑棋在中腹一带侵削试应手，稍嫌过分，刘延庆判断是无理手，在右上角造劫后，以中腹的攻杀做劫材，强杀黑棋，杜同生觉得中腹无忧，毅然消劫应战，先得实利，再以中腹的战斗定胜负。而刘延庆在中腹连下两招，靠长断黑归路，意欲全歼中腹黑棋。邪念一起，苦海无边，几招过后，眼看黑棋已活，又被破去实空，白棋顿时崩溃，只好投子认负。先时的白棋虽然稍亏，但也能下，依刘延庆的官子功夫，应该还有一争。无奈心态欠佳，情不能已，方寸已乱。刘延庆以必胜之心而来，杜挟二连胜之威，轻松上阵，未战胜负已定。法曰："躁而求胜者，多败。"此言不虚。

擂台赛至此，十二子只剩主帅郭宝贵了，相仕皆无，车马不存，而对方还有四员虎将，直逼中军帐下。

再说午后，主帅郭宝贵披挂上阵挑战，身后就是悬崖绝壁。好在郭帅不负众望，久经沙场，行棋老到，开局后几个回合下来，胜负已明，中原逐鹿兵不血刃，斩获颇多，形势大优。收官时，对方走哪跟哪，将优势转为胜势。晚上，众豪饮酒唱歌作乐，话题依然离不开围棋。世间最快乐的是围棋，最痛苦的也是围棋。人生如棋，变化莫测。

宝贵兄四续神话　志强弟饮恨擂台

且说上回，宝贵兄在同煤连胜了杜同生、石建国和刘大庆三员大将，极大鼓舞了十二子的士气。当天晚上在酒店喝庆功酒，有新入伙的裴雁巍书记，听后激动不已，突发奇想道，职业棋手比赛有在华山论剑的，如果大同的擂台决赛能在恒山进行巅峰对决，当亦不失为佳话。

12月19日，郭志强挑战郭宝贵。擂台设在大同日报社三楼特别对局室。

曹乃谦与李逸民

一开局执白棋的志强下得飘逸潇洒，布局快速轻灵。而宝贵行棋厚实，取位略低，实空多而稍缓。进入后半盘宝贵的实力渐渐显现，先是乘对方想救出中腹残子的机会，适时进入白空进行转换，缩小了距离，后来又对白方的大龙威胁，迫其单官连回，以一目半取胜。纵观棋局，宝贵比赛经验略胜对方，但志强布局有新意，不落俗套，后劲足。双方各有千秋，是擂台赛以来最精彩的一盘，整个比赛用时四小时，也是最长纪录。

北岳巅峰对决　宝贵笑傲群雄

擂台赛的巅峰对决，在恒山国际酒店进行。早上7点，冬日的夜色还是蒙蒙的，路上车辆行人稀少，十二子们在浩海酒店集结，乘坐一辆中巴车向着恒山脚下驰去。车子在行进，外面白雪覆盖着茫茫的原野；盘山路上，矗立的巨型水泥桥桩和隧道不时掠过，天黎高速公路正在修建。谈笑声中，

2011年12月4日，第二届双十二擂台赛在恒山决赛

大巴翻过了几座山岭进入浑源县城。

恒山风景区管委会及有关方面，将赛场设在酒店的8楼，会议室悬挂"恒山杯云中十二子弈苑十二友围棋擂台赛决赛"横幅，两侧有一副楹联"壮观天地悬空寺；笑傲江湖黑白子"，显示了主人的精心策划安排。简短的仪式后，十二子十二友战在一处，而擂台赛则在特别对局室内进行。

宽敞的对局室内除了记谱的二人外，寂静肃然。敞亮的玻璃窗外，远处的恒山上白雪皑皑，巍然肃穆，近处市井熙攘。本次向郭宝贵挑战的是十二友的主帅李锦光，只见他肩宽背厚，声若洪钟，端坐在沙发上，一派大将风度，他的棋风强悍，以善战著称。守擂的主帅郭宝贵，当年曾获过雁北地区的冠军，是雁北三杰之一，棋品如人品，扎实厚道。他俩的棋，论实力难分高下，在心理上，郭挟四连胜之威，加之在对抗赛中曾逆转胜过一局，已略占上风。此时，只见二人开局后各不相让，战不数合，各有所得。在右上角部混战中，郭的黑棋因略有过分，白棋没能抓住机会夹吃掉黑棋棋筋，错失良机。进入中盘，宝贵走厚中央，而锦光掠得实地，前半盘黑棋略好于对方。

之后数手，白棋的大龙出现隐忧，执白的锦光急忙中应对有误，大龙岌岌可危。此时宝贵有强杀大龙的机会，但最终为了求稳放弃屠龙，顺手将左边十几个黑子收入囊中，形势大优。时间在不知不觉中已近午时，三个钟头过去了，正准备封盘吃饭时，风云突变。锦光眼看形势不妙，无奈中，不顾薄棋，向下边的一块黑棋做试探性进攻，先点了一手，假意分断。此时的宝贵觉得形势不错，对于白棋的强攻，既不甘心被利用又不愿简单做活，靠

双十二擂主北岳恒山决战

压只求联络。看锦光的白方好像使了个套，有意让黑方钻。三转两转割开黑棋，倒虎补棋，眨眼之间，黑棋十几子竟无路可逃，被对手鲸吞，双方的形势立刻倒置，宝贵默然。午饭间，大家略有微词，宝贵也不说话，敬酒时说棋已经很难下了，似有放弃之意，众人也断言此局宝贵难以回天。

饭后，曹老等为恒山风景城区管委会题词，其他高手则重燃战火，正当大家以为宝贵没戏的时候，逸民进来宣布白棋已经翻盘，一石激起千层浪。原来收官阶段，再次产生了劫争，寻找劫材时，郭宝贵再次失误，将双方的差距拉得更大了。郭宝贵进行着最后的顽强抵抗，死马当活马医，步步引诱对手进入葫芦谷。劫争本来无关胜负，但锦光面对吃到嘴里的棋子，已经收不住手，还在贪占小官子，忽略了一个盲点。此时郭宝贵冷静地粘实，对方底边的一串子，成三处断点竟然成了接不归，原来被吃住的几十个棋子又死灰复燃，沧海桑田，锦光顿时傻眼，自己一时的贪心酿成了千古恨。

第一届双十二围棋擂台赛一直持续到12月底，最终宝贵兄在恒山之巅以一敌五，苦撑危局，力挽狂澜，为十二子赢得了首届胜利。

裴雁巍作《对弈》诗一首，祝贺比赛圆满收官：

左手执折扇
右手悠悠
投进一场战役
清一色马匹及刀剑
在盒子里枕戈待旦
静默又让人战栗

以烛台诱你
直到苍穹缀满明灯
以小鱼钓我，期许指尖学会鲸吞
将灯归还飞鸟

将双翼归还石头

将灰烬归还海洋

吞噬时空非大匠之门

编织飞翔

即立身牢笼

长生者

劫之余

玩这物得鼓起斗志

三届赛事烽火重燃　阻击之战"塔山"打响

转眼到了新的赛季，2012年5月20日第三届擂台赛、对抗赛在同煤大唐塔山煤矿打响"塔山"阻击战。

在同煤大唐塔山煤矿会议室，悬挂有"云中十二子——弈苑十二友围棋擂台赛对抗赛"横幅。选手们落座后，茶水等一应俱全，服务员巡视沏茶，十分周到。简短的仪式后，擂台赛和对抗赛同时开始。十二子先锋官为豹子头苏永华，对阵的是十二友先锋官田丰。余下之人抽签对抗。永华

2012年双十二擂台、对抗赛在塔山开战

与田丰的擂台赛下到后盘时，田丰一个失误，数子被歼，永华轻松获胜，立下头功。那边的对抗赛，顾晓开始本来形势不错，却在角部走出一个"大猪嘴"来，被魏歌奇扳点杀死，一时传为笑柄。罗欣不敌商玉龙，曹乃谦的曹氏定式被李锦光破解，郝伟大龙被刘大庆所屠，继文晚节不保，收官失误成全了尚武，逸民与志军大战中原，惜哉气数不够，宝贵擒下建国，耀武战胜眉平。最精彩是两位秘书长延庆和志强的一盘棋，都是本格派，一板一眼地很有章法。前半盘，延庆形势占优，喜形于色，得意中一个随手，几子被歼，形势急转直下，唉声叹气，最后官子阶段，志强在优势意识下走出缓手，被对方在最后阶段逆转。这让延庆心花怒放："什么逆转，这是完胜！"牛气十足，中午宴饮时，旁有美女佐酒，又是讲棋，又是说学逗唱，引得阵阵笑声，十分热闹。午后，擂台赛第二轮开始，十二友苏尚武登台挑战苏永华成功，双方战成1比1。尚武为十二友的实力派，人称"快枪手"，第一届比赛中对阵继文，醉酒被斩，受到组织批评。第二届比赛，接受教训，赛前滴酒不沾，与刘延庆一战，双方出手飞快，二马一错镫，战不数合，惊闻延庆败下阵来，苏尚武刀法之快，可见一斑。下午4点左右，刘秘招呼大家起身回城。塔山煤矿整洁的厂区、主人的盛情款待、精致的纪念品、杨家窑花卉大棚的蝴蝶兰，都给大家留下了美好而难忘的印象。

2012年6月9日，玉田书记主持在报社宾馆摆下擂台，由郗耀武挑战苏尚武。双方都是好武之人。布局之初，角部接触中，耀武的黑棋虽然走出两个弯三角，很难看，形势却还不错，中腹有许多实地。但收官中的一处打劫，突然出现断电现象，成全尚武的二连胜。对抗赛中，顾晓在与刘大庆对阵中，以半目侥幸取胜，不由得说道："同煤的几大高手，什么锦光、志强、大庆、歌奇等，我已经都赢过了。"笑容可掬，笑声朗朗。下午再战，由十二子的薛志英出场挑战苏尚武。中午延庆灌了尚武好多酒，希望能有奇迹发生，但志英终究没能进出火星，虽然有一个机会，可以把中腹几枚棋筋拉出来，形成一块对几块对杀的局面，却没能走出来，尚武达成三连胜。

随后同煤摆擂，顾晓披挂上阵。开盘后，双方你来我往，战至中盘，顾晓的白棋得实地，尚武的黑棋占外势。之后，顾晓侵入黑角，被断掉归路后，竟然又走出一个大猪嘴来，与上次对魏歌奇一样。可惜顾晓在一路虎，又被扳点杀，一个多月里，两次被吃大猪嘴，一时间成为众人玩笑的话题。

王玉田生吞巨龙　刘延庆衔冤饮恨

2012年10月22日，擂台赛第17场在同煤丹枫雨露茶馆举行。十二友张眉平上台挑战李继文。开战后双方都比较谨慎，但在角部的劫争中，继文丧失了一举获胜的机会。此后双方在边界划分中产生转换，眉平略占优势。最后阶段，眉平退让，继文没能下出最佳着手，遗憾小败。纵观两人赛程，眉平书记更加沉着，盘面始终领先，继文的两次机会没有把握好，稍显经验不足，有待继续磨炼。

10月27日，在城区四十五校，举行少儿定级升段赛期间，擂台赛第18场赛事同时举行。由玉田书记上台挑战眉平书记。后者先后战胜了十二子的继文与李逸民，获取二连胜。两个书记，棋力相当，棋风却不一。眉平的棋是本格派，讲究棋理，擅长持久战。玉田的棋比较硬朗，喜欢搏杀，挑起战端，攻击中获利。此役两人在小学校的课桌上，演绎了一场精彩的攻防战。开局初，双方在边上的争夺中，玉田的白棋强行将眉平的黑棋围住，外围还有许多漏洞，当时大伙儿判断不是死棋，可是眉平失误，被玉田抓住不放，硬是把一锅夹生饭给吞下，杀死巨龙，令人惊讶。局后玉田谈感想讲心得，喝酒时自然豪放，欣悦之情溢于言表。可惜之后没能延续良好状态，在第19场赛事中，被李志军阻挡。双方用时甚少，玉田很快就败下来。中午喝酒间，有人戏言"戏子盼挨刀"，总算交差了，玉田苦笑。

第20场延庆拿下李志军。12月1日，第21轮擂台赛在市区梅园开赛，由同煤的杜同生挑战刘延庆。在第一届擂台赛中，延庆就曾输给对手一局，至今痛心疾首，此役冤家路窄，自是一番硬仗。下午续战，眼看延庆就要赢了，却在要命处出现了劫争，关系着几块棋的死活，双方你来我往，混乱间延庆应对不当，转眼间，形势逆转，痛失好局，两年前的一幕重演，众人唏嘘不已，冷清收场。此役过后，十二友还有四位高手，而十二子只剩主帅郭宝贵光杆司令，人们只能寄希望于他的神勇表现了。12月15日，第22轮开赛。事先谁也没料到，今年的擂台赛会在杜同生手里终结。由于宝贵在序盘间的大缓手，最终成全了杜同生在擂台赛上连胜对方正副主将的伟业，大家估计怎么也得再下二三盘。赢了棋的杜同生，还是那样一声不响，没有一点张扬，却让十二子们叹息连连，好似看了半场电影，突然停电一样无聊。

2015年，双方创新赛事，首次举行了团体队际赛。团体赛中，采用流行的城际赛规则，各出6人，共有12人参赛。2016年和2017年又举行了两轮对抗赛。近两年来，双十二棋友中的许多人下海教棋，或受聘从教，或自立门户，开设围棋培训班，重点和兴趣转移到了教棋育人上，曾经热闹多年的双十二赛事有些冷落。还需好事热心者联络呼喊，重燃战火，以延续当年云中棋坛如火如荼的双十二赛事佳话，营造古都浓厚的围棋氛围。

棋友李锦光有词赞曰：

当年有幸结豪英，
诗集彩笔签名。
几度恒山赴会盟。
手谈相对饮，
乐事能几经。
子友分庭已十载，
棋坛盛会平城。
依然一笑对纹枰。
输赢沙逝水，
友谊柏长青。

第七章
少年英雄：童子军团的崛起

"小荷才露尖尖角，早有蜻蜓立上头。" 少年围棋爱好者层出不穷，围棋童子军团无疑是大同围棋界的希望之星。

从2009年开始，在大同市最高水平的围棋赛事中就有了少年棋手的身影。小棋手们昂首前行，继往开来，共同翻开了大同围棋发展的新篇章。

少儿围棋培训的兴起

大同围棋自从20世纪60年代末由北京知青播下火种后，一直在不断发展中，前辈们不遗余力，传道授业，培养出了一批又一批围棋爱好者，"后

全市少儿围棋定级升段赛

浪"棋手是大同围棋发展的希望所在。

追溯少儿围棋的培训，刘正英老师应是前辈，在20世纪70年代期间，师徒传艺收费是违反政策的事情，教棋大多属于内弟子模式。随着市场经

2014年大同市少儿围棋预备级比赛

济的到来，围棋培训才开始了社会招生。赵成栋、贺建民、樊志军、何于威、关子珍等都是早期的围棋教练。1989年，少年贺宁、贾慧峰等开始学棋，他们是当时大同围棋少年中的佼佼者，贺宁曾在全国少年赛中以半目战胜孔杰（现为中国职业九段），贺宁虽没走上职业棋手之路，但在当时已经属于业余高手之列。

围棋普及是需要从娃娃抓起的，大同市最早开展少儿棋类项目的幼儿园是大同市小太阳幼儿园，棋种也丰富，有围棋、象棋、国际象棋，教围棋的是刘英、于志军，李利民教象棋和国际象棋。几年后，于志军去天津发展，继续从事围棋普及教育，做得风生水起，在大同的围棋教学移交给了王献平、刘英。2017年，于志军返回大同，继续为围棋普及发挥光和热。当时的博弈围棋基地是大同市首家在山西省棋牌运动管理中心注册的辅导站，由贺建民创办，王奇、王臣、刘英、贾慧峰、党尚等好多市内高手都云集在这里，一排小平房，几个小火炉，培育出了一拨又一拨的少年高手。

大同少儿围棋的发展，得益于众多培训机构的老师们兢兢业业的优质教学，得益于众多棋友们对少年棋手的关爱和辅导。随着围棋培训市场得到社会和家长们的认可，一家家围棋培训机构如雨后春笋般纷至沓来。刘英成立了艺海围棋教室，王献平在铁路少年宫有了自己的一片天地，党尚创建了启智棋院，贾慧峰办起了慧智棋院，苏永华组建重道，郗耀武搞起

了弈友，郝连广的快乐围棋，罗欣的阳光围棋，段景斌成为矿区活动中心的专职围棋教练，郭志强开创同煤地区紫云少儿围棋培训，后期商玉龙成立的弈海，李继民的超群围棋教室，还有煤都棋院、星弈苑、新宇、顶呱呱、丹朱棋艺、育人等机构。县级区域也有了较快的发展，广灵县、浑源县相继成立了围棋协会，开设了少儿围棋培训班，大同围棋培训遍布全市，处处开花结果，共同担负起大同少儿围棋发展的重任。

棋校的发展壮大

大同少儿围棋培训从无到有，从零散的几个小学员发展到现在数万人的规模，大同的围棋培训机构可以说是如雨后春笋，发展壮大，成为培养少儿学习围棋的重要基地，为大同围棋事业后继有人，作出了突出贡献。

目前在大同市围棋协会注册的围棋机构有：

启智棋院：成立于2009年，由党尚创办，现已成为山西省优秀少儿围棋培训机构。目前有友谊校区、云中校区、滨河校区、柳港校区4家分校，本部有近500名围棋学员，现有各级教师20多名。启智的教育宗旨是：以棋启智、以棋养德。学棋艺，悟道启智，明于睿思；树棋品，养正明理志于成人。棋院拥有组织严谨、教学专业、经验丰富、热爱教育的优秀教师

"大考"之后

团队。棋院20多位老师中，有6位5段围棋高手，代表着大同市围棋界最高水平，在大同市围棋培训机构中独树一帜。多个高手老师一起倾力提携后进，培养了数以千计的优秀围棋学员。

启智棋院是大同市围棋教育的先行者，多年来，这里走出了很多高考状元、名校大学生，这里已经是优秀智力、良好品格的优秀少年汇集地。启智棋院遵守国家法律法规，努力推进棋类活动和普及工作。积极响应市委、市政府号召，在广灵县梁庄乡进行教学、文化、体育用品助学捐赠行动，共捐赠图书、体育用品几千件，并进入梁庄乡小学五个教学点进行现场帮扶。

近年来，举办了四届"春芽杯"幼儿围棋大赛，在平城区45校组织了三届校园棋王赛。棋院成为"小天下"中国少儿围棋教育联盟会员单位和发起单位。棋院拥有中国围棋协会围棋

少儿围棋升级定段赛

初级教练员资质的有2人，拥有业余5段6人、业余3段1人、业余1段6人、社会体育指导员5人。

博弈围棋教室：成立于2006年，创始人贺建民，是在山西省棋牌运动管理中心，大同市体育局、民政局、围棋协会注册的围棋培训机构，累计培训学员上万人次，已发展成为大同市知名围棋教育品牌。目前拥有多个教学基地，并与10多所幼儿园、小学、少年宫等合作。著名围棋国手丁浩的启蒙就在大同博弈围棋。

博弈围棋拥有大同地区实力雄厚、教学经验丰富的高、中、低及入门老师的师资队伍，老师多次获得大同市围棋比赛的冠亚军及山西省围棋比赛的好名次，韩姈娣和段佳佳均获得过大同市围棋女教师赛第一名。王臣

多次获得大同市围棋赛冠军，2014年至2019年，博弈共产生11名5段棋手、50多名4段棋手，多次囊括了定段组、1段组、2段组、3段组冠军。先后与城区第32小学校、第8小学校、第47小学校及铁路少年宫、汇佳、起点、恒安幼教园、爱思汇智、御河九号等合作开展围棋进课堂活动。

大同市棋院：是经大同市体育局、民政局批准成立的棋院，是大同市体育局、体育总会的会员单位，是山西省棋牌运动管理中心指定的围棋、国际象棋和各种棋类培训单位，营业执照齐全。大同市棋院受大同市体育局、教育局委托，已经和大同市30多家学校、幼儿园以及艺术教育基地，开展国际象棋、围棋、中国象棋的普及推广工作，希望能通过对围棋、象棋、国际象棋以及中国传统文化等项目的免费普及和多样竞赛活动，培养青少年对传统文化的认知，促进其智力和思维能力的开发，提升青少年和儿童的自制力、专注力、思考力、判断力、记忆力等综合能力。在积极开展成年人及青少年精神文明建设的同时，大同市棋院也没有忘记我们的同城幼苗。短短几年来，取得了丰硕成果，围棋有接近百人升段，参加围棋培训的幼儿园和学校学生接近3000人。在山西省和全国国际象棋比赛中也囊括许多奖牌。目前，大同市平城区23校、大同市平城区47校和大同市棋院已打造成全国国际象棋特色学校，受到了大同市体育局、教育局领导的

大同市棋院

高度赞扬。

煤都棋院：是2017年经山西省、大同市相关主管部门批准成立的棋文化专业教育培训机构，师资力量雄厚，教学理念先进。2017年，山西省体育局授予煤都棋院"大同市首家青少年围棋俱乐部"称号。棋院以"启迪心智、弘扬国粹"为宗旨，秉承以棋启智、以棋养德、以棋怡情、以棋育人的理念，积极推动围棋运动项目，促进棋文化繁荣发展。棋院在教学管理中，注重品德素养与文化教育双结合的方式，以行之有效的教学、别具一格的形式塑造少年儿童的综合品质。

6年来，棋院共组织并参与了全国、省、市级围棋赛事活动40余场次。承办省级规格的围棋赛事3次，均受到了上级部门的肯定。在大同市少年围棋赛事中有3人荣获市冠军，12人获得全市前八名。棋院在16所学校、幼儿园推广发展围棋普及教育，惠及少年儿童2000余名。有5名教师被评为优秀辅导员，有3所学校围棋社团被评为优秀社团。

棋院代表大同市围棋协会参加了林建超主席的《围棋与国家》、常昊副主席《落子无悔》讲座，参与了《围棋与名城》丛书编写工作会议和《围棋与大同》编写

小棋手

工作。配合同煤集团工会体协组织参加了"乌金杯"大赛、职工围棋赛，主办了"不服杯""花甲杯"等传统赛事。组织策划了云冈区新胜小学、和瑞二小、平盛三小、星星儿童学校、小星星幼儿园等校园围棋争霸赛，均受到了校园领导的好评。

大同市平城区棋院：聘请专业棋类学校大学毕业生，以及获得棋协大师资格的教练员任教，师资力量雄厚。棋院还以现代标准化企业管理模式运营管理，保证了教学质量及赛事品质。棋院秉承高标准、高规格、高平台原则，主要业务范围包括：三棋（象棋、围棋、国际象棋）培训、赛事

小棋手留念

承办和棋牌类对外交流活动。

弈友围棋：创办于2012年，创办人郗耀武4段，是大同围棋团体"云中十二子"成员之一，弈友围棋目前拥有教师团队15人，其中男教师4段5人，女老师2段2人、1段5人。本着"以棋为友，增长智慧，弈棋会友"的教学宗旨，目的是通过围棋培养学生德智体美劳全面发展。在三个分部中，目前拥有在校学员近300名，其中1段及以上学员60名。开办以来，培养出一大批优秀的学员，刘铭远5段、武宇婧（女）5段、周家澳4段、王严4段、霍林4段等，均是大同围棋少年中的佼佼者。

弈友围棋与大同市平城区一校和四十三校深入合作，开展了围棋社团课，社团学员约150人，并在四十三校举办了"棋"乐无穷校园围棋大赛。在幼儿园围棋普及方面投入了大量的人力物力，与布朗、慧凡、未来宝贝等全市26家幼儿园深入合作，课中课学员200余人，延时课学员300余人，举办了第三届少儿围棋联赛，并为家长们开设了网络课堂，为家长普及围棋知识、分享教育经验，得到了家长的赞同和支持。

艺海围棋教室：由刘英于2008年创办。目前共有60多名少年儿童学棋，累计培养学生200多名。教学理念为：授之以渔，非授之以鱼。注重全面提高学生认识、分析、解决问题的能力，使来此学棋的学生得到全面发展和提升，实现棋艺、学业双丰收。刘英从1989年从事围棋教学，曾教过曹宏宇、丁浩学棋。培育出一批学习优秀、棋艺不俗的学生，如马昱雯2段，考取华中师大；陈晓宇4段、王瑞琨3段考取大同一中；马晨晰4段、王浩4段、滕伟琪5段等，皆是品学双优的棋手。现马晨晰、韩淇、武宇婧都是5段。王瑞琨考入北京邮电大学，马晨晰考入中国地质大学，王佩4段考入合肥工业大学。

慧智棋院：慧智棋院成立于2009年，以开发学生智力、培养优秀品质以及良好的习惯为宗旨，致力于围棋教学。为了让更多的孩子接触围棋这一国粹，先后在十多家幼儿园进行围棋教学。十多年来，有一万多名孩子接触了围棋。除了普及推广围棋以外，还培养出了不少优秀的棋手，其中5段棋手1名，4段棋手11名，3段以下的棋手200多名。棋院注重教师队伍的发展和建设。目前共有10名教学经验丰富、有一定棋力并经过严格培训的老师。

为了围棋的普及和发展，棋院在多所小学进行义务围棋教学，开设了围棋校本课和围棋社团课。棋院还承办了2019年度大同市秋季少儿围棋定级赛和少年升段赛，共800多名棋手参赛，是历年来参赛人数最多的一次。2019年，棋院走进社区，免费向老年人传播围棋知识，丰富社区老人的生活。

经过十多年的努力，机构的围棋教学工作成绩突出，2012年荣获大同市围棋协会颁发的特别贡献奖、大同市少儿围棋段级位赛优秀组织奖，连续三年被大同市围棋协会评为优秀活动基地和优秀培训机构。

重道围棋教室：由苏永华创办于2011年6月，培养了众多少儿围棋选手。棋校注重对孩子进行综合素质和道的认知能力培养，让孩子们在一个重道的文化氛围中，萌发出打败对手的思考能力，积累起高起点的思维方式。绝不做照本宣科的教书匠，是重道围棋的终极目标。

浑源县围棋协会：是2017年12月经县文体局批准正式成立。浑源县围棋协会的宗旨是团结全县热爱围棋的人士，为普及围棋、推广围棋文化、提高技术水平而努力。协会名誉主席是浑源县政协原主席陈兴华，常务副主席刘晖，是法人代表。协会成立以来，创办了培根国学棋院，多次组织县里不同规模的少儿围棋赛，带领小选手去大同市参加定级、定段赛，并突破了浑源县少儿围棋零段位的纪录。目前与康乐、瑞丁幼儿园等合作进行围棋普及，大约有300多人接受围棋文化的熏陶。

阳光围棋：由罗欣在2013年3月创办，专注于少儿围棋入门初级培训。开班以来累计有50名少儿学棋。

超群围棋：创办于2015年，是大同市围棋协会注册会员培训机构，地址在大同市云冈区五一街，现有学生100多人。经过6年的普及推广，接受围棋的少儿达到600多人。现有在职教师7人，开展合作的幼儿园和学校有8所。

大同通路兵少儿国际象棋（围棋）棋苑：成立于2015年，是全市最早从事国际象棋教育的机构。时任中国棋院国际象棋部副主任孙旗男为棋苑题了字。在此期间，受到了时任山西省棋牌运动管理中心耿景林主任，省国际象棋协会秘书长杨林和山西省胡晓岑棋艺俱乐部的胡晓岑女士、吉杰老师的鼓励与支持，使得棋苑得以健康稳步发展。

几年来，棋苑致力于棋类普及与教育，共培育围棋、国际象棋、象棋、国际跳棋学员300余人，在十余所中、小学、早期教育机构、幼儿园等开展棋类普及教育，接受过培训的学生有3000人次。棋苑组织参加了30余场全

这个问题我回答

国、省、区、市及学校幼儿园的各类比赛，成绩可喜可贺。

大同矿区青少年学生校外活动中心：以科技与艺术相结合，开设围棋班已有8年，独创了自有的办班特色，注重学生的个性发展，培养少年儿童的兴趣爱好，每学期始开设新班，普及围棋知识。

育人围棋：大同市工商局和大同市围棋协会正式注册，是推广普及围棋的机构，致力于少年儿童围棋的培训教育。该机构位于大同市卧虎湾拥军北路1号，原3528工厂院内。机构负责人江俊显是围棋资深爱好者，多年来一直活跃在大同围棋界，并从事围棋教学工作，现机构从业人员3人。

围棋进校园

围棋历经几千年的发展，从孔子眼中的"小数"演变为"四艺"，已成为中华民族传统文化的象征之一。早在2001年，教育部与国家体育总局就联合发文《关于在学校开展"围棋、国际象棋、象棋"三项棋类活动的通知》，充分说明围棋作为少儿教育的工具已经得到了社会各界的认可，教育要从娃娃抓起，围棋更应如此。

大同市的棋类项目进学校很早就有，当时由于师资力量薄弱，没有很好地继续下去，好在有一批热心围棋教育的老师一直在默默地耕耘着。2011年，大同市围棋协会新一届组织机构成立，将围棋进学校正式列入协会工作重点，在大同市体育局、大同市平城区教育局的大力支持下，先后在平城区第一小学校、第四十五小学校、第九小学校、第二十四小学校及第四十三小学校纳入了教学试点，学校按年级划分，每周一次棋类教学，由协会各培训机构派遣优秀老师授课。经过教学，学生们对围棋产生了浓厚的兴趣，单所学校报名学棋的人数最多时突破了500人，棋类普及教育得到了社会、学校、家长的一致认可。

目前，全市共有80多所学校、幼儿园开设了棋类课程，学棋少年上万人。2013年，山西省棋牌运动管理中心、山西省围棋协会授予大同市平城区第一小学校、第九小学校、第二十四小学校、第四十五小学校"棋类教育示范基地"，大同市围棋协会授予平城区第四十三小学校"围棋教育推广示范学校"。2018年，大同市同煤一中、大同市平城区第四十四小学校被中国中学生体育协会棋类分会授予"全国棋类特色学校"。获批的理事单位有大同市云冈区和瑞第二小学校、大同市云冈区新胜第一小学校、大同市云冈区新平旺第一小学校、大同市平城区第十八中学校。2021年9月，云冈区平盛第三小学校、平城区第四十四小学校、大同逸夫小学校、大同市云冈德氏潜能开发幼儿园，分别被中国围棋协会授予全国特色学校、特色幼儿园称号。

　　大同市自开展围棋等棋类活动进校园后，为学生的课余活动注入新的活力，为学生的素质教育提供了很好的平台。

自古英雄出少年

　　大同市少儿围棋赛始于2006年，其间一直没有间断过，赛事组织上也越来越趋于规范和成熟。2007年，大同市春季少儿级位赛在户部角举办，条件虽不是很好，但毕竟有了自己的少儿比赛，当时有70多人参加，参赛选手大部分来自博弈围棋基地。当时市级围棋协会只允许承办级位赛，升段赛只能去省里参加。2008年的少儿赛得到了围棋协会领导马建军、宫铁宇的大力扶持，移师到了西门外的永和茶餐厅举行，冠名"龙膳杯"，小棋手雷沛霖、姚杰、丁浩、宫乘、李辰等崭露头角。雷沛霖是大同市第一个本土培养出来的业余5段，其余的也都取得了业余4段证书，这些孩子中后期大都放弃学棋专心攻读学业了。2007年开始学棋的丁浩，2013年晋升为职业棋手。同煤地区也涌现出了如马琪、贾渊、马智睿、胡海鑫、韩博天等优秀少年棋手，部分棋手后来都成了名牌大学的围棋高手。

　　2009年初，经山西省围棋协会批准同意，大同市的少儿围棋赛可以颁发3段证书，少儿围棋培训也步入了稳步发展阶段。山西省教师等级制也开始了认证，首批1到3级教师有10人，在省里注册的辅导站有博弈、艺海、铁路少年宫、紫云、慧智五家。当时，同煤地区下棋的成人很多，但少儿培训只有紫云围棋辅导站一家，学棋少儿连50人也没有，为了营造氛围，做好普及发展，2010年夏季，同煤围棋协会搞了两次大型少儿围棋交流赛，一次是在休闲广场上进行的公开赛，一次是在交警五队会议室举行的少儿普及赛。从2011年开始，大同市少儿围棋赛每年进行三次，分别是春、秋季定级升段赛和"矿区实验杯"少年围棋锦标赛，比赛最高可晋升业余4段，根据协会规定，比赛裁判必须具备国家二级裁判资质。全市围棋培训机构也增至10家，参赛人数每年递增，大同市少儿围棋培训正式步入了规范化、制度化管理。

为了给高段少年棋手提供更好的锻炼平台，从2012年开始，大同市围棋协会每年进行一届小棋王赛，设奖金500元，小棋王获得者班嘉明、滕伟琪也由此得到了很好的锻炼，2015年，他们代表大同市参加了在杭州举行的全国定段赛，班嘉明还入选了第28届全国"晚报杯"业余围棋锦标赛大同队，与全国300多名业余豪强同场竞技。大同小棋手们南征北战，棋艺得到了长足的进步，已经对成年棋手形成了强有力的冲击。大同市每年有两项赛事最为棋友们所关注，一个是春节期间的棋王赛，另一个是总工会主办的职工文化博览会围棋赛，少年棋手具备业余3段才可参赛，由于对参赛者棋力有了要求，比赛也更加激烈了，少年棋手们毫不逊色于成人高手，每年的前十名里少年棋手逐渐增加，马识途、杨涵裕、周翀旸、高图南、胡海鑫、陈胤之、王志宇、李坦坪、冯志博等小棋手爆发出了惊人的实力。

2015年后，大同少年围棋发展呈现出了蓬勃发展的新局面，陆续诞生了周翀旸、刘铭远、高图南、石旭冉、贾得一、隋昱博、武君昊、王旭、石清越、万晋良、华永杰、王锦东等一批5段棋手。尤其是大同小将梁景鑫，在2019年"荷花杯"全国围棋公开赛中晋升为业余6段，获得国家一级运动员称号，这也是大同围棋界继曹宏宇、丁浩成为职业棋手后，第一个业余6段。代表大同女子围棋最高水平的武宇婧和广灵县的柴思琪曾联袂取得了山西省女子团体冠军。

围棋夏令营

围棋小棋手是大同围棋发展的未来和希望，为了使他们在学棋时期有一个美好难忘的童年，受到围棋文化的熏陶，同煤集团紫云围棋教室的围棋文化夏令营每年举办一次。

2011年8月，首届"紫云杯"山西大同—北京"放飞梦想"围棋文化特训夏令营，在北京华艺春秋围棋培训中心的精心组织安排下，正式启动。吴新宇职业6段到场祝贺，并对孩子们提出了希望，双方老师对孩子们进行了叮咛和嘱托，让他们以围棋为桥梁，增进友谊，互相学习，互相促进，取他人之长，补自己之短，本着"经纬指引、德艺双修"的原则，孩子们切磋了棋艺，增进了彼此间的友谊。

第一届围棋文化夏令营的成功举办，给学棋的孩子们留下了美好难忘的记忆，也激发了少年儿童热爱围棋、学好围棋的热情和信心。在随后的2012—2015年，分别在江苏省无锡市秀行围棋道场、山西省太原市胡晓苓棋类俱乐部、大同市夕阳红老年大学、煤都棋院举办了第二届到第六届围棋文化冬夏令营。著名职业棋手胡晓苓、岳亮、蔡竞、丁浩、鲍云、赵威等对小棋手们给予了悉心的指导。

第七届少年棋王赛，第八届少年围棋锦标赛，少儿春、秋季段级位赛，还有培训机构的传统比赛，如春芽杯、围棋宝贝杯、未来之星等赛事，大同各类少年围棋比赛的举办，得益于一批老师的辛勤付出和爱好者们的热

少儿围棋普及赛

忧参与。大同市围棋协会每年举办的少儿围棋预备级比赛和定级升段赛，吸引了近2000名棋手参赛。

围棋这个凝聚着中华民族传统精神的文化项目，就像百花园中盛开的奇葩，吸引着孩子们去探求。多少孩子都梦想着成功，让梦想插上翅膀，展翅高飞，借助相互交流、沟通的舞台，创造出属于自己的奇迹！

棋友李锦光有词赞曰：

坐隐稚气还未消，
枰上高手过招。
桃李逢春竞妖娆。
张弛尽有度，
年少初弄潮。
忆昔儿戏桌枰旁，
输棋泪湿襟绡。
漫将远志作柯朴。
学棋须努力，
弱冠又英豪。

第八章
黑白梦想：职业棋手与云中棋坛

　　大同围棋的发展壮大，离不开许多职业棋手的关心支持。20多年来，先后有陈祖德、吴淞笙、王汝南、聂卫平、华以刚、俞斌、王元、陈慧芳、江铸久、芮乃伟、张文东、吴新宇、黄奕中、於之莹、周泓余、方天丰、蔡竞、仇丹云、胡晓苓、周杰等50多位职业棋手，莅临古城大同指导围棋爱好者，对推动大同围棋的发展与提升，发挥了重要作用。

职业棋手云中行

　　对于围棋爱好者，职业棋手就是他们心中的偶像和明星。在大同这个围棋还不太发达的城市更是如此。每当有围棋大赛，特别是有职业棋手前来献艺的时候，无疑就是棋迷的盛大节日。

陈祖德与大同棋友在一起

新世纪开年的4月14—15日，由中国棋院主办的"清源杯"第六届全国电脑围棋赛在大同云冈宾馆二楼多功能厅拉开战幕。时任中国棋院

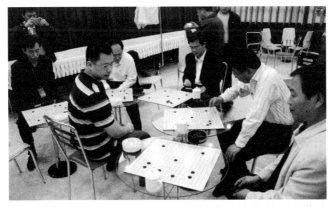

黄奕中七段指导业余棋手

院长陈祖德，张文东九段、山西省围棋协会常务副主席陈慧芳和周杰等出席了开幕式。

大同市政协主席刘政宪、时任大同市副市长解廷香到赛场祝贺。陈祖德致开幕词，他说：古老而传统的围棋与现代的电脑相结合，是一件非常有趣的事，电脑围棋目前尚处于初级阶段，相信将来一定会实现电脑智能化，中华民族定会在电脑围棋上取得重要突破。开幕式结束后，来自北京、广东、河南、山东、山西等地的选手，开始在电脑上捉对厮杀。9套软件共举行了五轮对弈，获得十次电脑围棋世界冠军的陈志行担任裁判长。

其间，陈祖德九段一对三，张文东九段一对八，与大同围棋爱好者展开车轮大战，为广大棋友进行了现场指导，陈慧芳、周杰也与棋迷展开"多面打"，可谓盛况空前，非常难得。

吴新宇、仇丹云老师同煤都棋院棋友合影留念

同年9月，韩国光州业余围棋代表团一行16人抵同访问指导。该团由吴圭喆八段、黄焰三段担任领队。中国六七十年代著名棋手吴淞笙九段也应邀随团来访，并与大同市小棋手进行了让子棋辅导。

2009年9月，正值祖国60华诞和大同煤矿建企60周年之际，由同煤集团体协、同煤围棋协会主办，同煤大学技师学院、紫云围棋辅导站共同承办的首届"同煤杯"围棋名手邀请赛，在同煤技师学院拉开战幕。来自北京、河南、内蒙古以及太原、大同等地的16名围棋业余豪强参加了比赛。组委会还特邀了两名少年棋手和一名女棋手同场竞技。比赛采用计时包干、单败淘汰制进行。经过4轮紧张激烈的角逐，大同机车厂的李东夺得桂冠，

胡晓苓指导大同棋友

河南三门峡市的胡学海获得亚军，同煤集团的段景斌取得第三名。

大赛组委会特邀著名职业棋手黄奕中七段、吴新宇六段和山西职业棋手周杰二段，为参赛队员和棋迷朋友们进行了围棋指导，并作了精彩的挂盘讲解。

"同煤杯"大赛期间，黄奕中先后与当地业余豪强党尚、段景斌、王臣、范东兴、胡学海下了让子棋，除负党尚外，均获胜。还让5子与田丰、张眉平、石建国、宫铁宇、李志军、王玉明进行了车轮战，大获全胜，展现出了一流高手的风采，令棋迷大饱眼福。吴新宇也与孙建民、王献平、丁浩、霍建民摆开了车轮战，除负孙建民外，其余均胜出。空余时间，周杰二段为棋友进行了复盘指导。整个赛事活动成为棋迷的一次盛大节日，至今被大家津津乐道。

职业三段胡晓苓女士，东方红胡晓苓棋艺俱乐部掌门人，有一年只身来到大同，不顾旅途辛苦，在酒店大厅里与六位棋友做多面打，一旁还有

周杰二段辅导小棋手

许多棋迷围观。她身穿一件粉色的上衣，披发、戴眼镜，神情中透出一股秀气与爽快。在一群男士的包围圈中，她站立中央，在六台棋盘间徘徊，同时为几位业余棋手作指导。她的棋才、魅力和温柔，为山西棋界增光增色，为棋界所瞩目。从晚上9点多连续作战到深夜。有个小棋手不甘失败，还在做无用功，为挽救败局竟想杀死老师的活棋，她也毫无怨言，一直奉陪，直到小孩被人劝退才罢。她对后代的精心培育和敬业精神感动了在场的所有棋迷。

为了推动大同围棋运动的发展，丰富矿区职工群众体育文化生活，2017年12月30日至2018年元月1日，大同市首届"书香矿区·六合"杯围棋公开赛在矿区举行。本次赛事荣幸地邀请到了中国著名围棋国手江铸久九段和围棋世界冠军芮乃伟九段莅临赛场指导。巧合的是本次比赛裁判长由江

"十八段"夫妇为棋迷签名

方天丰八段辅导少儿棋手

铸久的姐姐江声久女士担任。

开幕式后，江铸久九段作了题为《吴清源老师与近代围棋史》的围棋文化讲座。比赛期间，江铸久、芮乃伟两位老师为棋迷朋友进行了大盘讲解，与参赛的小朋友和成年棋手下了指导棋，并为棋迷朋友签名赠书、挥毫题字。

同煤集团职工子弟、大同市第一位职业棋手曹宏宇专程从北京赶到赛场，与家乡的小棋迷们讲述了学棋历程，并与参赛棋手下了"多面打"指导棋，为矿山围棋发展助力。

在第三届、第五届"金厦杯"围棋网络甲级联赛上，王汝南、江铸久、芮乃伟、华学明亲临赛场指导大同参赛选手，与棋友进行车轮战和大盘讲解。

在大同市围棋协会举办的少儿围棋冬令营活动中，曾获全国少年赛冠军的岳亮五段，来同为少儿棋手进行围棋指导。

众多职业围棋高手前来大同进行围棋指导活动，为古城大同的围棋发展注入了强劲的活力，可谓职业高手播育种，塞上高原硕果丰。

女子围甲约名城

围棋同名城结缘，围甲与大同相约。2020年第八届"中信置业杯"中国女子围棋甲级联赛于7月26日至31日，首次走进名城大同，开启了新一轮中华文化的寻根之旅。

中国围棋协会主席林建超，中国围棋协会原主席王汝南，中国围棋协会副主席、棋圣聂卫平，中国围棋协会原副主席华以刚，中信置业有限公司党委书记、董事长胡东海，北京围棋基金会理事长、国家围棋队总教练俞斌，中国围棋协会副主席雷翔，中国女子围甲联赛组委会执行主任马小曼，华舰体育控股集团党委书记、董事长赵晓春，山西省体育局副局长袁乃平，山西省社会体育管理中心主任尹永京，山西省棋牌运动管理中心主任张振东，山西省棋牌运动管理中心副主任周杰，山西省围棋协会主席郭志强，省委常委、大同市委书记张吉福，大同市市长武宏文，副市长郭蕾等领导和嘉宾出席了开幕式。（此段中各领导的职务均为参加开幕式时所担任的职务。）

时任大同市委书记张吉福宣布本次联赛开幕，时任大同市市长武宏文致辞。

武宏文在致辞中说："近年来，大同市持续加大力度推动围棋的普及和发展，现在的大同围棋赛事不断，影响广泛，享誉三晋。围棋是中华优秀传统文化的精神标识和文化精髓，中国女子围棋甲级联赛是中国最高水平的女子围棋赛事，这次大赛选择在大同举办，实现了围棋和名城的结合，充分体现了对大同厚重历史文化的高度认可。"

中国围棋协会主席林建超在开幕式致辞中表示：女子围甲的重启是在全国围棋行业积极开展非聚集型网络围棋运动的基础上，响应国家体育总局关于科学有序恢复体育赛事的工作号召和部署，走出的重要一步。山西围棋文化基础深厚，有着以大同为代表的北魏乃至北朝围棋文化盛况的遗存，此次把女子围甲联赛首站选在大同，就是给棋手们创造一个深入了解历史名城的契机，践行民族文化自信，树立民族文化自豪感。

开幕式上，播放了中国女子围甲大同站电视宣传片，棋圣聂卫平向大同市赠送签名棋盘，王汝南赠送山东缫丝画，大同市人民政府、华舰体育控股集团回赠广灵剪纸。参加开幕式的领导、嘉宾共同启动了代表本届联赛山西大同站的鎏金沙盘，歌舞《黄土情韵》、独唱《来吧，一起加油》、舞蹈《天下云冈》等精彩节目为本次大赛及各参赛队伍助兴、加油。

中国女子围甲组委会为推动女子围甲分站赛主办地的学校围棋活动开展，目前已在全国各地创建了23个希望围棋教室，在代王府院举行的希望围棋教室捐赠仪式上，大同平城区第45小学校荣幸地成为女子围甲第24个围棋希望教室。希望围棋教室受赠物品包括：希望围棋教室牌匾、100套棋具、200套棋书、一台学棋电脑、100套爱思通学棋软件、100套佳弈围棋课堂书籍等。

跟随中信置业杯女子围甲联赛的步伐，今年商界棋王的第一场活动也选择在大同。开幕式这天，新一届商界棋王赛在大同永和文瀛山庄打响揭幕战。大同市围棋协会副主席、永和红旗美食城有限公司董事长马建军，以及上海东源公司董事长王肖飞应新浪体育的邀请，欣然出战，首次尝试"还棋头"的对弈方式。

2020年7月27日，中国女子围棋甲级联赛组委会在大同代王府举行了公益指导棋活动。本次由王汝南、聂卫平、华以刚三位围棋前辈带领24名职业棋手，与等候已久的150位大同围棋爱好者下公益指导棋。指导棋使用的棋盘和棋子由女子围甲联赛组委会作为一份特别的礼物赠送给棋迷们。大同籍棋手、2019年CCTV电视快棋赛冠军丁浩和大同第一位职业棋手曹宏宇专程回到故乡，与家乡的棋迷朋友对弈指导。

正式比赛于7月28日至31日在大同代王府落子，会聚了世界顶尖女子棋手的10支队伍，纹枰对决，这也是围棋巾帼英雄们继疫情后第一次奔赴战场，各队女将怀着久违的激情来到历史名城大同，在王府宅院中用指间黑白打开围棋赛事的复工之门。

大同市围棋协会组织40多名棋友积极参与了本次大赛的裁判、赛务等工作。大同围棋元老、北京知青金国苓先生受邀担任本次联赛的仲裁。大同市围棋协会何于威、王宝婕、王玉田、张眉平、马建军、刘延庆、郭志强作为本次组委会成员，会同主办方、协办方和市围棋协会的所有成员，全程参与大赛的组织、筹办工作。

有感于大赛的成功举办，大同市体育总会的徐振清创作了《沁园春·观女子围甲》：

    塞外明珠，雕塑之都，文化寻根。看南北英才，齐聚王府；首站平城，棋圣亲临。各路豪杰，切磋竞技，磨砻淬砺展风采。看擂台，庭院中央摆，气势恢宏。

历史长河浩荡，凤凰城里锁钥雄边。昔魏太武帝，雄才大略，酷爱围棋，主明臣直。魏孝文帝。遣使南朝，弈使南朝失颜面。看今朝，童子军崛起，前程似锦。

入段少年曹宏宇

曹宏宇是大同首位进入职业围棋行列的棋手，为大同职业棋手第一人，毫不夸张地说，在大同棋界具有划时代的意义。

曹宏宇是1996年冬开始学习围棋的。他的爷爷、爸爸和叔叔都会下围棋，但水平一般。他的围棋之路始于爷爷，爷爷可以说是他最早的启蒙老师。爷爷离休后，闲来无事，便教孙子学习围棋。几个月的时间，爷爷发现从让孙子九个子的棋局，到已经要输给小对手了。他觉得孙子是个下围棋的好苗子，于是建议孙子放弃手风琴改学围棋。三个叔叔与他对弈后，也建议他应该找个围棋老师，在围棋方面可能有大的发展和建树。

由于宏宇学围棋进步很快，父母也动了心，觉得孩子在围棋上有天赋，经过再三考虑和家人商量，同时征求宏宇的意见，而宏宇早已想改弦更张了，乐于学棋。于是，父母在大同市范围内努力寻找围棋老师。当时大同市的围棋不像现在这样普及流行，找围棋老师是比较困难的事。偶然在《大同日报》的副刊上发现大同市少年宫有个围棋社。周六，宏宇和爸爸妈妈一起去咨询，当时打理围棋社的是党尚，棋社面积大约四十平方米，有八九个棋桌，布置得井然有序，下棋人不多。其中有个比宏宇大两岁多的孩子叫范立坤。党尚非常热情地介绍情况，鼓励宏宇与范立坤对弈一局，并推荐宏宇拜刘英为师学习围棋。下午三点多钟，刘英来到了棋社，观看宏宇和范立坤的对局。范立坤是刘英的第一个得意弟子，当时已经有两年多的棋龄，曾经获得过省少年围棋赛甲组第三名及大同职工围棋赛靠前的名次。这局棋从下午三点半一直下到五点半，宏宇被对手杀得满盘皆输，

曹宏宇（右）学棋

只做活小小的一块棋，眼泪顺着小脸颊不停地往外淌。爸妈看着儿子心里也很不是滋味，刘英问宏宇还想学棋吗，宏宇坚定地说"学"，并立誓要战胜范立坤。从此，曹宏宇正式走上了学习围棋的道路，而且在两年后，即12岁那年得到了陈祖德、聂卫平、王群、方天丰等国手的高度赞誉，是当时中国棋坛年龄较小的棋手。

刘英是曹宏宇学棋路上的第一个辅导老师。刘英作风严谨，对待学棋的孩子，以身严教，克己自律，使孩子在学棋过程中，不仅学到了围棋技艺，同时也懂得了很多做人的道理。刘英在教学中，能够观察到每位学生及家长的心理状态，对症下药，循循善诱，使孩子很快进入状态，并迷上围棋。在授课中，他毫无保留地将其所有知识传授给学生，使他们对棋理、棋势、全局观、大局观以及围棋的各种战略战术，有了深入的理解，进而在对局中充分应用，举一反三。

曹宏宇最初的进步，得益于刘英的辅导，他当时并没有办学习班，只带曹宏宇和范立坤两个弟子，而且未收一分钱学费。当时他的小孩只有一岁，平时利用晚上和周末到他家里学棋，每次授课两小时以上，寒冬腊月，风雪无阻，从未间断过。在短短的一个冬季，宏宇的棋艺可以与范立坤一较高低了。看到宏宇的进步，大家都很高兴，为了使宏宇的棋艺有更大的提升，刘英帮助引荐了大同市一批围棋高手指导他下棋，有王献平、党尚、何于威、范东兴、樊志军等。每逢周末，父母都会请几位老师到家里与宏宇对弈，下完棋后复盘指导。其中，王献平是宏宇的第二个辅导老师。王献平是一位为人耿直、心地善良、勇敢倔强的棋手，人称"妖刀"。宏宇围棋的搏杀能力，与王献平的影响有很大的关系。

1998年5月，宏宇开始了在海淀棋院的学棋生活。当时，海淀棋院每月的学费是2600元，住宿费及生活费等每月1000元左右。曹宏宇的任课老师是方天丰八段，班主任是胡晓苓三段。宏宇白天去棋院给联系的北京万泉河小学上学，晚上及周末学习围棋，方天丰每周四次课，其余由胡晓苓辅导训练。后来，改为王群八段授课。在海淀棋院，宏宇如鱼得水，在老师们的精心辅导下，加上自己的刻苦努力和钻研，围棋水平突飞猛进。这期间，宏宇父母，尤其是母亲，几乎每月都去北京看望儿子，大同市棋协马建军、张眉平等都到棋院看望过，给予了宏宇很大的鼓励和支持。

1998年8月，在海淀棋院学棋仅三个月的曹宏宇，在暑假参加北京业余段位赛，取得个人第七名的好成绩，没有段位的他直接被中国围棋协会授予业余4段。12月获海淀棋协个人联赛第七名。1999年2月，获北京少年儿童培训场所优胜赛（甲组）个人第四名，6月在北京"大宝杯"围棋赛中获得第四名，并取得了参加全国职业段位赛的资格。

这期间，宏宇有一段时间变得少言寡语，身体也消瘦了许多，他妈妈看在眼里，疼在心上，便去北京陪读。刚开始在海淀棋院做生活老师，后来去华奥商厦打工，虽然工作很辛苦，但每天晚上照着《发阳论》及日本、韩国著名棋手对局棋谱书，在棋盘上摆几道练习题，等儿子集训结束回来，

2008年第一届世界智力运动会曹宏宇（左）做围棋裁判工作

做出正确答案再睡觉。长时间陪读，逐渐也学会了下围棋。她一直坚持与儿子一起做题，从未间断过，直到将书上的题目全部做会，并能凭记忆复摆在棋盘上。她还利用休息日，带宏宇奔波在北京各个围棋道场或棋院，参加各种讲座和比赛，培养锻炼宏宇的观察能力、心理抗压能力、应对复杂棋局的能力。

1999年7月，在全国围棋段位赛上，宏宇以第十八名的成绩，跻身职业棋手行列。那年，宏宇是北京市参赛棋手中唯一获得职业初段的选手，也是大同市第一位围棋职业棋手。当年的《大同日报》《大同晚报》《围棋报》《体坛周报》等媒体以《翩翩围棋一少年》《曹宏宇一鸣惊人》《新棋士纪实》为题，及时报道了曹宏宇打入职业段位的喜讯，在大同又一次掀起了学习围棋的热潮。

宏宇的职业段位始于此，也止于此。当时海淀棋院已经没有合适的指导老师。中国围棋棋手有转会机制，想走得更高，需要转会，而以其家庭情况难以支付转会费。再次，他的父母不希望他放弃文化课的学习。此时，由于宏宇围棋晋级职业初段及优秀的学习成绩，打动了名校人民大学附属中学，该中学向曹宏宇抛出橄榄枝，曹宏宇以围棋特长生的身份免赞助费进入了北京学生向往的中学。他是被人民大学附属中学录取的第一个外地户口和第一个围棋职业棋手的中学生。

2000年以后，曹宏宇参加过多项职业棋赛：中国围棋甲、乙级联赛、农心拉面杯、围棋棋圣战、乐百氏杯、NEC杯、阿含桐山杯等国内外职业比赛。连续两年的全国升段赛都是仅差一盘棋就可升段，到了高一就基本停止了职业赛事，选择以文化课学业为主。其间，他代表人大附中围棋校队参加了北京市高校围棋联赛并蝉联团体冠军。2005年参加全国高考，以文化课成绩班里排名第三的优异成绩考入北京大学物理系。进入大学后，曾任校围棋协会主席，组织校内外的各种围棋活动，并代表学校参加比赛，获得团体奖和个人奖。其间也参与了2008年北京奥运会志愿服务和第一届世界智力运动会，担任围棋项目的裁判。

2010年9月—2013年6月，留学法国图尔市综合理工大学，并获得计算机科学技术专业硕士学位。其间参加了当地的围棋协会，开展教学，推广、普及和宣传中华传统文化。时至今日，他仍然深深地喜爱着围棋，围棋已经深深扎根在他的心中，可以说是他这辈子取之不尽、用之不竭的精神财富和力量源泉。

丁浩入门初学棋

2006年冬天，刚好是星期天。丁浩的爸爸丁俊华与爱人在东风里沿街的商铺转悠，打算给丁浩买一张学习桌。在西马路拐角处看到一所学校挂着"马斯特艺术学校"的牌子，教设课程有围棋培训班，心里一阵兴奋，就走了进去。当时贺建民正在这里教围棋入门课，说明情况后，他让丁俊华下周末带孩子来试一试。就这样，丁浩围棋启蒙用了一个多月。2007年寒假刚开始，丁浩和其他三个小伙伴转到了贺建民在利群制药厂旧址办的围棋班，由刘英授课，他们是围棋班的第一批学生。现在回想起当时的教学环境，真的很简陋，尽管屋里生着大火炉，但是因为房子太大，太阳落山后屋里还是寒气逼人。好在孩子们在老师的引领下"棋"乐融融，丝毫没受到影响。慢慢地，学棋的孩子多了起来，有二三十人，课程也由每周一次改成每周两次。

因为学棋的孩子少，且又分布在不同的围棋班，再加上丁浩的水平提升较快，能和他下棋的小伙伴越来越少，平时就是他和李宸下得最多，这也是围棋基础薄弱地区学棋孩子们普遍遇到的问题。在班里棋下得少，又想大量对局，只能在网上找对手了。当时家里有一台电脑，丁浩每天晚上快速做完作业后就在网上下棋。平时放学后，父母规定他晚饭前必须先完

小棋手丁浩

成文化课作业，晚饭后休息一会儿，才开始做围棋死活题，一切以不影响文化课学习为前提。由于在网上下棋，时间长了，丁浩的视力明显下降，丁浩爸爸就在电脑旁摆上棋盘，丁浩在棋盘上摆一子，爸爸就在电脑上下一手，这样就避免了电脑强光对他眼睛的刺激。本来是很好的方法，只是后来因为爸爸忙中出错，经常点错位置，把好好的一局棋断送了，丁浩大哭。

这一年的暑假，有三件事值得一提。第一，围棋班为了强化训练，把当时市里水平最高的十多个小棋手组织起来开设暑期集训班，每天进行强化训练，这在当时已经是最好的训练方式了，而且热心棋友老朱主动加入和孩子们一块儿训练。第二，刚放暑假，有一天贺建民提议让丁浩参加在太原举行的全省中小学生三项棋赛，说机会难得，想涨棋就得多参加比赛，多和高手较量。同行的有李宸和景荣琪，有个伴儿也能壮壮胆。比赛是按年级分组的，这次比赛丁浩获得第十二名，比想象的要好多了。因为贺建民的一句话，丁浩开始走出大同参加全省甚至全国的比赛。第三，有了这次去太原比赛的经历，丁浩参加比赛的欲望更强烈了。接下来在大同市里举行的小棋王赛上，丁浩以仅输一盘的成绩夺得第一名并和其他十位小棋手同时被授予业余1段。现在看拿到段位证书并不是多么了不起的事，但是在那时大同市除了姚杰以外，还没有一个小棋手有业余段位，在这之前只有在太原参加升段赛才能取得业余证书。紧接着，9月份在太原举行的升段赛上，丁浩又顺利升到业余2段。从这次比赛开始，大同的这批小棋手登上了太原这个更大的舞台。

2008年5月，丁俊华带着丁浩踏上了去太原参加升段赛之路。比赛结束，丁浩如愿以偿拿到3段证书，同时丁浩爸爸还打听到在体育馆里有一个省围棋少年队，教头是全省赫赫有名的李魁和韩晔两位职业棋手。跟职业棋手学棋，而且少年队里都是全省最优秀的少年棋手，能在这样的环境里学棋，想来让人特别兴奋。

晚上回到小旅馆，丁俊华彻夜未眠，一直坐到天亮，一是丁浩拿到3段给他们带来了信心，坚定了来太原学棋的决心，二来最现实的问题是少年队能否接收丁浩，还有来太原学棋的费用也是一笔不小的开支。丁俊华因为离开原单位后一直没有稳定的工作，平时家里的生活也主要靠妻子的工资维持，日子本来过得紧巴巴的，若来太原学棋，生活就更困难了，好在只打算在太原学一暑假，经济负担还不算太大，回家后与爱人再三考虑，决定试试。要是当时打退堂鼓的话，丁浩也许就不会走围棋这条路了。丁俊华把想法和刘英说了以后，刘英非常支持，立即给省围棋协会秘书长周杰打了电话。6月中旬，丁俊华带着丁浩坐夜车来到太原，这次来的心情跟前几次完全不一样，心里非常紧张，担心因水平不够而被拒绝。当天下午由刘娅莉让3子一对二，最后，丁浩和另一个小棋手都输了，刘老师对丁浩的评价是有强3段的实力，不过基本功较差，可以在预备班训练。

等期末考试结束后丁浩就来到太原正式训练了。为了节省房租支付学费，丁俊华在离体育馆远一点的地方租了一间十平方米大的房子。楼道里光线不好，两边堆放着杂物和自行车，进出都得侧着身子。预备班有十几个孩子，老师是傅东波、李树文。每天下棋、做死活题，和在大同一样，不同的是同等水平的对手多了，竞争更激烈了。丁浩成绩总在前一两名，离进少年队的希望更近了。为了周末也能下棋，又在傅老师的三友围棋道场报了名。三友离他们租住的地方远，骑自行车得半个多小时，7、8月份又是最热的时候，每次赶过去都是汗流浃背，就这样坚持了一个暑假。

通过一个暑期大量的死活题强化训练，丁浩的计算力明显提高了，暑假结束离开三友时韩晔给丁浩的评价是棋力4段，计算力有5段，这也为他后来进入少年队水平飞速提升打下了良好的基础。

少年队每天的训练内容就是对局、做死活题、老师复盘。记得那时候李老师和韩老师每天下午给孩子们留死活题作业，谁先做完谁下课，全做对的奖励5元。丁浩经常都是第一个做完，而且准确率很高，因此获得了不少次奖励。尽管每天对局完了老师都给孩子们复盘，但是给丁浩安排的复盘却非常少，有时候一个月只有一盘，也许老师觉得他水平低所以给他复得少一些，丁俊华当时心里挺着急，有一次问儿子复盘少了影响大不大，他说没什么影响，看老师给别的同学复盘同样也能学到很多东西。

2008年临近寒假，丁浩已升到A组，终于有和解学斌等高手交手的机会了。但是成绩不稳定，有时也掉到B组，总体上看上升速度挺快的。放寒假的时候，丁俊华为了让丁浩能保持高的对局水平就找到党尚，请他和丁浩下指导棋。当时党尚刚从北京回来，自己在家里开了一个围棋班，正值寒假，党尚课程也排得满满的，白天实在抽不出时间，对局就安排在晚上进行。后来党尚说，每次和丁浩下完棋都很累，每盘棋都得全力以赴，要不然很难赢他的。下完棋还要给丁浩复盘，常常到深夜。一个假期下来，丁浩的棋力又有了明显的长进。丁俊华常说：如果没有刘英、王献平和党尚等老师对丁浩的付出，还有好多热心棋友陪丁浩下棋，他是不会走到今天的。

2009年7月，丁俊华夫妇商量后决定回大同。在回大同前，8月份有两个重要的全国比赛，一个是在晋城举行的全国黄河杯赛，另一个就是全国少儿赛。第一次参加这么重要的比赛，可想而知丁浩有多么兴奋了，多年以后还对这次比赛记忆犹新。丁浩在比赛中碰上了几个冲段少年中的佼佼者，如夏晨琨、汤靖轩、张瀚晨等，这几位第二年都成了职业棋手。还赢了当时已小有名气的谢科，与丁浩同龄的谢科年龄小，名气却不小。后来两人同在葛道学棋的时候谢科对丁浩说，那次黄河杯上输给丁浩后，他爸爸还罚他做了500个蹲起。最后一盘对阵汤靖轩，旁边不远处就是胡煜清，小家伙激动不已，跑过去看人家下棋去了，结果自己的赢棋下输了。这次6胜7负，总排名89名，算是少年队成绩最好的。

京城深造

2010年过完春节，丁俊华带着丁浩去参加了一个聂道的大循环赛，检验一下这半年来的训练效果。在总共90多人中丁浩排名第35位，这个成绩让丁俊华喜出望外，看来差距没有想象的那么大。孩子那么热爱围棋，进步速度又挺快，该给孩子一个提高的环境了。于是他和爱人商量先学两个月，正好到暑假，如果效果没有想象的那么好就回来继续上学，短期学棋费用压力也没那么大。这样在2010年4月底，丁浩来到北京葛玉宏围棋道场。北京的房租真的很贵，只能找合租房，幸好有陈浩东妈妈帮忙给找了个三家合租的房子。好在丁浩很努力，全日制围棋训练，中午一小时，妈妈用电脑远程帮他补文化课，晚上还有自修和复盘，节奏异常紧张。

2011年春节，回同参加第一届"龙膳杯"棋王赛获得冠军，拿了5000元奖金，也可解燃眉之急。这一年是丁浩棋力厚积的一年，因为经济原因，有的大型比赛没有参加，参加的大赛中虽然没有可圈可点的成绩，但跟自己相比一直是进步的，在道场里的进步更是突飞猛进，2011年11月更是升到一、二组。要知道按往年成绩，葛道的前三组基本上都具备了冲段的实力，这个速度比想象的要快多了，以至于有的家长说丁浩是坐着火箭往上蹿的。2011年7月，丁浩第一次参加了在合肥举办的定段赛，正好有个亲戚在这里工作，为了节省住宿费，丁俊华每天带着丁浩坐公交往返于赛场和亲戚家。7月的合肥正是最炎热潮湿的时候，北方人很难适应这种天气，而且坐公交来回将近两个小时，段位赛时间又长，预赛加本赛长达半个月，就是在这种情况下，丁浩的第一次定段赛成绩还算令人满意，不仅预赛出线而且是在本赛赢三盘后被淘汰的。

2011年9月，经人介绍丁俊华有幸认识了桂老师。桂老师在自己家里开了一个围棋班，不光有业余棋手，还有不少职业棋手在那里训练。当年桂老师坎坷的学棋经历曾经在中央五套播出过。从此，丁浩白天在道场训练，晚上去桂老师家和其他棋手一块儿摆棋。2012年，丁浩在大赛中已经成绩斐然，2012年6月"黄河杯"获第6名，升为业余6段，从此道场减免了学费；在当年的定段赛上进入本赛前50名；10月代表大同永和队参加山西省"隰县杯"围棋锦标赛，获个人第三、团体第二名；11月代表山西胡晓苓

小棋手丁浩

队，参加"商旅杯"杭州国际城市围棋赛，获得个人第五、团体第二名，所得奖金大大缓解了家庭压力，丁浩的棋力也逐渐接近了定段水平。

扬州定段

"天下三分明月夜，二分无赖是扬州。"在这个历史文化名城，所有同去的家长，心里牵挂的是自己这一年的心血和孩子的努力所接受的考验，根本无心游览名胜。报到时，好多家长第一次见到丁俊华陪儿子参赛，调侃说：敢来陪这个比赛的，都是内心强大的，你是新手，没经过心里折磨，正合适。其实，丁俊华虽然在比赛中从未露过面，但在精神上同样备受煎熬，每一次千转百回，感同身受，那些强手的名字都知道。到了正式比赛前20分钟，棋手们鱼贯而入，丁浩坚持不让爸爸送，自己去赛场，每次出门前都跟爸爸击手自励，丁俊华就在宾馆高层的房间窗前目送他走进那个神圣的地方。四连胜后休息一天，丁浩表现出过度亢奋的情绪，有点按捺不住自己，就想着出去玩，丁俊华打算带着儿子到附近的博物馆平静一下，结果下起了雨，他就在房间里自己摆棋、做死活。午饭后雨停了，丁浩又提出跟孩子们一块儿打羽毛球，但丁俊华不同意，丁浩跟爸爸顶撞起来，局面一再僵持不下，始终没能如愿。接下来的第五轮输给代智天，丁浩心情很失落，丁俊华看到有的孩子前面连输两盘后就在馆子里打乒乓球、挥汗如雨，后面反而越下越好，心里暗自自责：是不是对孩子唠叨太多影响了他的情绪？孩子面对连胜的喜悦和升段的压力，也是需要释放的，说不定活动一下出出汗，反而容易放松和平静。愧疚之余，决定让孩子适当地玩，不管输赢，一定要给儿子拥抱以鼓励。然而事与愿违，丁浩接连输给陈思源、何语涵，这些都是平时跟他水平差不多，甚至胜率没他高的对手，八轮后五胜三负，必须在后面的五轮中胜四盘才有定段希望！第11轮输给寇政岩后，丁浩很沉默，躺在床上说：看来我注定与职业无缘了。丁俊华一阵心痛，忙安慰说："你已经具备了这个实力和特长，或许走上学的路会更好，上了学想定职业段也可以！"在房间等待的三个多小时是最漫长的，带了自己的专业书也根本看不进去，只好站在窗前，希望看到儿子的身影。

赢了第12轮之后，丁俊华心里不踏实，就去找葛玉宏请教，葛老师告诉他，最后一轮与钱留儒是对冲，谁赢谁定段，谁赢也正常。葛老师让他别告诉孩子对手是谁，关于比赛的话题什么也不要说，丁俊华照做了，丁浩睡得很好，而丁俊华一夜无眠。

7月28日上午，丁俊华一直在另一位家长房间等待丁浩的比赛结果，因为那个房间的窗户正对赛场门口，能第一时间看见谁先出来。10点半以后，开始有棋手出来，大家在猜测谁定段。不一会儿，丁浩回来，很淡定地说了句"我升了"，就去别的房间跟孩子们玩去了。俊华以为到底是孩子，情绪没怎么影响他，后来无意中在丁浩的一篇日记《定段赛回顾》中看到："最后一盘对钱留儒，开始下得并不好，后来干脆放下了心情拼一把，对手反而下得紧张，最终赢了！当我从赛场出来，脚下迈着看似轻松的步伐，心里却有种劫后余生的感觉。"读到这里，丁俊华鼻子一酸，泪流满面，此时才知道孩子当时的心理压力有多么大，只是没有明说而已。想想他小小年纪却经历了成人才会有的心理煎熬。这次比赛以9胜4负第12名的成绩定段，从此，丁浩坚定地走上了职业围棋之路。

职业棋战

定段后参加的第一个比赛是国少队选拔赛，条件限定在15周岁以下。虽然年龄都不大，但其中高手也不少，以丁浩当时的实力很难入选，不过这也是一个很好的锻炼机会。比赛结果在有20多人参赛的排名中丁浩只排在第15名，无缘国少队。没入选国少队就只能选择去道场训练，以前职业棋手在北京有两个地方可以训练，是龙一道和野狐研究会，这两个地方规模都挺大，几乎集中了所有没进入国家队的棋手。丁俊华和其他家长商量后就让丁浩和其他几个小棋手进了野狐道场。相比业余时期在葛道的训练，职业棋手训练更多的是靠自觉，虽然也有管理老师，但气氛更轻松些，竞争还是很激烈，但压力没有冲段时那么大了。丁浩每星期晚上还是去桂老师家几次，由于这一年新定段的棋手有不少人愿意来桂老师家训练，所以晚上也热闹起来了，十多个人开始组织起循环赛，俨然一个小道场，只不

过从野狐换成了桂老师家。

站在领奖台上的丁浩（中）

丁浩第一次登上围乙联赛的舞台，在第四台。从中午12点半开始，在总共七轮的比赛中，丁浩都是很晚才从赛场出来，有时候和对手一直下到全场最后一盘结束，这个时候很多棋手已经吃过晚饭了。每盘棋的胜负都牵动着所有人的神经，围乙联赛的激烈程度丝毫不亚于围甲。丁浩从赛场出来直喊累，连饭都不想吃了。尤其是第七轮对阵杭州队，这一轮结束后将有两支队伍冲上围甲，现在有四支队伍有冲甲的希望，赛场气氛骤然变得紧张，只听见此起彼落的落子声和一阵紧似一阵的读秒声。丁浩以四胜三负的成绩完成围乙的第一次亮相，平煤队获得总成绩第六名。

7月份正是围棋的定段升段赛，成为职业棋手后升段赛相对轻松一点，压力没其他比赛那么大，总共十二轮比赛达到一定的胜率就能升段。在一段组丁浩发挥不错，七胜一负最早升入二段，接下来的五轮四胜一负，为第二年升三段打下基础，同时等级分也大幅度上涨，这次比赛收获不小。

就在这一年8月，丁浩在国少队选拔赛中获得第六名，终于入选国少队，同时也有了参加国际比赛的机会。当年决定从太原回到大同上学的时候已经准备放弃围棋，谁知道几年后不仅成为职业棋手，而且进入了国少队，真是沧海桑田。

一个月后，成都举行了全国个人赛。这是丁浩第二次参加这个比赛，同样还是在乙组。在十轮比赛中以八胜二负的成绩获得第五名，如愿以偿取得了第二年参加甲组比赛的资格。

2015年对于丁浩来说还是非常满意的。这一年参加的各种比赛也不少，有时候在预赛最后一轮才被淘汰，虽然可惜但已经比往年成绩好多了。在龙星战的比赛中杀进本赛，最后倒在64强，这也算是历史性的突破。不过今年最大的亮点是成功进入"梦百合"杯十六强，对于丁浩来说已经是超水平发挥了。十六强对手是李世石，这是一个传奇人物，记者谢锐在抽签仪式上替丁浩抽到李世石后引起全场的笑声，因为谁也不愿意这么早碰到李世石。李世石也笑了，抽了个好签，可对于丁浩何尝不是好签呢?能在这么重大的世界比赛中碰到顶尖高手，这种学习的机会太难得了。

对弈

赛前人们一致看好李世石进八强，这也正常，但丁浩有自己的想法，他说只要能下出有质量的棋就满意了。比赛当天，大同双十二棋友正好聚在一起组织活动，大家在网上观看，非常关注，期望丁浩能有新的突破。结果虽有些遗憾，但都希望丁浩总结得失，把那次比赛作为新的起点，振翅高飞。

2019年4月9日，CCTV电视快棋赛决赛在浙江平湖开枰，丁浩与许嘉阳展开决赛对决。丁浩执白以四分之一子的微弱优势小胜许嘉阳，捧得本届CCTV快棋赛冠军，在晋升为六段的同时，又获得了代表中国队征战2019亚洲杯电视快棋赛的资格，可谓双喜临门。2019年6月23日，第31届亚洲电视围棋快棋赛决赛在日本东京举行，丁浩六段遗憾不敌韩国申真谞九段，获得亚军。在11月份中国等级分排名中，丁浩以2604分排到第12位，创造职业生涯新高。2019年12月12日，本年中国围棋甲级联赛闭幕式上，丁浩收获最有价值棋手奖项。2021年，丁浩先后荣获第17届"倡棋杯"冠军、第1届"文投杯"冠军，并问鼎首位"大棋士"，同年升为职业九段棋手。

棋友张眉平有诗赞曰：

国手云中行，送宝又传经。

弈精品更高，殷殷黑白情。

丁曹美少年，双圆职业梦。

坚信假时日，世冠揽怀中。

作者：薛志英（棋友）

第九章
手谈之旅：以棋会友万里行

围棋的发展，不能止于竞技小圈子，应该搭建起围棋交流的平台，架设相互交流与沟通的桥梁，通过对弈、对话、对接的方式，铺设增进了解与友谊的新通道，让围棋文化在各地扎根发芽，让更多的人喜欢围棋运动。

大同围棋协会在搞好本土围棋赛事的同时，加大了对外围棋交流活动，先后组队出访内蒙古呼和浩特市、河南三门峡市、太原市、长治市、忻州市等，与当地棋迷朋友纹枰论道，还热情接待了北京、内蒙古、河南、忻州等地围棋界的新朋旧友。棋友们因棋结缘，在交流中开阔了眼界，提升

手谈之旅

大同棋友与太
原棋友交流

了棋艺，增进了友谊。

大同呼市棋友互访　弈林好汉英雄相惜

2011年9月23—25日，大同市围棋协会组织20人到呼和浩特市交流。头天因地理不熟，直到7点多才坐到饭店里，呼和浩特市围棋协会秘书长陈星霖等为棋友们接风。众棋友呼朋唤友，举杯豪饮，畅谈围棋人生，别有滋味。

第二天，双方各出16人配对厮杀。领导级别相应，选手段位相配。何5段在优势情况下，被对方逆转。王雁宏战败了呼和浩特市第一高手。刘延庆上午赢的对手是刘小宇，一样的造型，同样聪明的脑瓜。上午赢的还有雁宏、宝贵、延庆、志强、锦光五人。下午，党驰抖擞精神战败了呼和浩特市第一高手，在高手间大同队占上风。其余雁宏、志军、宝贵、新泉、晓明、顾晓都胜了一盘。

2013年5月的大同，风和日丽，道旁绿化长廊里，桃红柳绿，风光旖旎。13日，呼和浩特市围棋协会棋友受邀来大同交流。

东道主坐镇第一台的是刚刚在职工博览会围棋比赛中唯一保持不败的冠军党尚，客方出场的是金天中6段。第二台，大同出场的是亚军贾慧峰，

呼和浩特市交流

对方是呼和浩特市第一高人曹英章。前六台,双方派出最强阵容捉对厮杀,其余以身份级别来对位。第一台的对局中,党尚在中盘拿住对方数子,中腹形成模样,并最终成空,官子虽稍有损,还是以小胜结束了双方主将之战。第二台,执黑的曹英章心态出现问题,序盘不久,在对方模样中打入过深,被对手一通猛攻,不得已,孤军逃出,黑暗中前行,听得一阵锣声,伏兵四起,忙乱间两队人马已经被吃掉,棋局戛然而止。下午,与曹英章对阵的大同选手为段景斌,在年初的棋王赛中勇夺冠军,称雄棋界,实力不凡。中盘时,段的白棋始终在追击着黑棋的一条龙,不幸,混乱中自己的一块棋也被卷入。可惜曹英章时间不够,在嘀嗒的钟表声中,计算不周,一个疏忽,形成了劫争,打来打去,时间越来越少,被白棋躲过一难,输掉第二局。

在一天两轮的比赛中,共下了28盘,东道主以28比20获胜。

出访呼和浩特市

三门峡纹枰论道　众高手捉对厮杀

2012年4月18日下午，棋手们在车站广场集结，几经酝酿的三门峡之旅终于成行了。成员有何于威、王玉田、李东、刘延庆、党尚、姚宝奎、郭志强、李锦光、刘大庆、石建国等22位好汉。

20日，群雄们与当地高手切磋。来之前就听说，当地第一条好汉叫胡学海，功夫甚是了得。曾胜过党尚，败于李东，此次点名要与李东对弈报一箭之仇，而党尚也想为自己正名，此次比赛，三人的对弈是重头戏。据李东说，胡的功夫很老到，那次赢党尚那一盘，非常稳健，与自己的一盘棋，在开始选择定式有些疑问，导致其后的不利，自己获胜有些侥幸，胡的棋力应该略高于己。一般下棋人常常高估自己，低估对手，李东这样说，一是他的棋品高，二是胡氏确实厉害。说到棋品，雁宏说过，李东的棋品曾折服了太原人，比赛时，对手拍完表出去方便时，李总要等他回来才拍表，把时间算在自己头上，尊重对手、敬畏围棋，是棋手必备的品行。

头天接风时见到了胡学海，身体矮胖，嘴唇稍厚，戴副眼镜，话语不多。下棋时，显得从从容容，抽烟不止，很沉稳。上午，胡学海与李东坐镇第一台。序盘后，双方的几块棋争向外面出头，李东的棋略显勉强，有些滞重，脱不开身，与对手拉开距离，后盘颓势加剧，完败。党尚坐镇第二台，对手因头天喝醉而没有露面。樊志军的对手姓季，也相当厉害，直到最后才决出胜负。樊的大局观好，处处争先，技高一筹，以一目半胜出。而对方在结束时还觉得自己赢了，樊认为胜负在半目间，判断的功夫如此厉害，结果可想而知。当地棋迷，看到大侠行棋时该弃的弃、该舍的舍，开合自如，不禁感慨道："潇潇洒洒，真是大侠的风度啊。"姚宝奎接口道，他的外号就是大侠，樊也颔首，颇有些自得。樊大侠棋艺高超，大局观尤其突出，棋感敏锐，局后复盘，三言两语，往往一针见血。而且学识渊博，天文地理、星象算卜，无所不知。

上午的比赛，党驰、于威、宝奎、慧峰、志强、罗欣、锦光、建国、玉田也都取胜，战绩10比7。下午比赛继续。党尚出战胡学海。前半盘，胡虽然将党的数子割下，但因自己角部不活，留下隐患。后半盘双方在中原鏖战，党在敌人角部做出有利于己的劫争，自己死棋复活，还吃掉对方数子，目数领先。后来自己的角部也被搅出棋来，应对失误，双方形势拉平，最后因时间关系没能下完，可惜一场精彩的对局没有结果。

翰香楼台谁敲子　闻达云代两名城

2016年5月1日，风和日丽，春光明媚。同煤棋友应代县围棋协会邀请，前往历史文化名城——代县，以棋会友。成员有眉平、李广、志强、大庆、尚武、田丰、志刚、继文、富烨、西鸽、建国、玉龙、建民和锦光。

清晨，7点一刻，五辆车鱼贯出发。车驰高速路，人沐爽和风。远树逐窗近，危岩隧道通。雁山横代北，狐塞接云中。相见恨应晚，两重情亦同。心随蛤框窈，急欲取头功。

9点一刻，车行穿过代县繁华的中心街道，来到郊外，缓缓驶入一处叫韩街村的柳絮纷飞的村庄，在一处浓荫幽静的大宅门前停了下来。代县众棋友已迎候在那里，其中还有少年棋手。走过长长的花径，进入迎宾楼。寒暄过后，分宾主落座。首先由时任代县人大常委会副主任、县围棋协会会长郑建斌致欢迎词，继而由县体育运动管理中心侯发平主任介绍代县围棋发展情况。特别有意思的是，郑主任亲兄弟三人今天全部披挂上阵，而且他们的水平都很高，尤其是郑建军更是代县棋界的佼佼者，兄弟三人联袂出场实不多见。大同围棋协会副主席、同煤集团棋牌协会主席、时任塔山矿党委副书记的张眉平，介绍了大同围棋及当天参加比赛的棋友情况，并对代县围棋协会的热情邀请表示感谢。

步入赛场，首先映入眼帘的是挂在楼台上的大红横幅，上书：迎"五一"代县——大同"翰香杯"围棋联谊赛。再环顾四周，但见：

　　　　飞檐绣柱，画栋雕梁。
　　　　小桥流水，台榭亭廊。
　　　　绿树掩映，鸟语花香。

芳草如茵，蝶舞絮飏。

幽映白日，清辉照裳。

好一派南园风光！真可谓：翰墨飘香富贵苑，柳色春藏名人家。此韩家大院，从占地规模开局，到仿古建筑定式，再到园林布局，最后收官，来宾无不称奇。赛场安排在绘有三国故事彩绘的长廊里进行。十四张桌子丁字排开，旁有古筝弹奏。赛制是：除预先双方指定的主将对垒外，其余的人全部抽签决定。代方主将是位老师姓寇名晋文，我方由建民执牛耳。随着裁判长宣布比赛开始，赛场宁静起来。

对弈

但见：

风兰送香气，云子敲籁音。

琴棋悦耳目，芳蕊沁脾心。

时过正午，只有主将一盘棋仍激战正酣，双方局势细微，最后代方主将凭借深厚的官子功底，迫使同方主将签订城下之盟。上午战罢，同方还有李广、田丰、西鸽受挫。比分10比4，同方占得先机。

午宴安排在村子附近一家饭店进行，席面丰盛，特色浓郁，风味独具。由于下午要继续比赛，席上无酒，只有罐装红牛饮料。主人对这次比赛的重视程度，可见一斑。

下午由锦光作为主将出战，其他人仍是抽签。最后李广、田丰、富烨、继文、建国咸遭败绩。总比分为19：9。大家都认为代县棋友围棋实力还是很强的。

　　晚宴仍在那家饭店，席面更加丰盛。郑建斌致闭幕词，张眉平也讲道，在这次比赛交流中大同棋友学到不少东西，提高了棋艺。再次由衷感谢主人的热情款待，并诚挚邀请代县棋友做客大同。与中午不同的是，东家用代县名贵的黄酒来招待。席上觥筹交错，气氛热烈。情是手谈起，兴由竹叶发。

　　棋友锦光即席吟诗一首，以助酒兴：文帝发祥邑，拓跋坐朝班。关南绿滹水，塞北乌金山。心慕两隔望，手谈一线牵。载棋觅春色，传酒尽开颜。相逢恨日短，不舍邀期还。

　　席散后，棋友回代县城里，住进一家酒店。当晚有位在北京的代县棋友邀请我们网上下棋，玉龙、富烨随车前去网吧，结果同方双双败北。

　　代县名胜古迹众多。由于时间的关系，大同棋友第二天上午只游览了县城内三处胜地。最先到达文庙，大门口将两根千年古槐的树干，雕刻成孔子、孟子全身像，栩栩如生。从文庙出来，第二站是湿地公园，滹沱河蜿蜒穿公园而过，别有一番景致。最后去的是鼓楼，鼓楼分三层，比大同鼓楼大很多。因其地处南北咽喉要道，名曰鼓楼，堪称雄关。

　　回到同煤，月明星稀。带队者张眉平再忆赛况，夜不能寐，欣然赋诗一首：

> 塞上弈苑入雁门，忘忧清乐雅无声。
> 翰香楼台谁敲子？闻达同代两名城。
> 双雄对决论输赢，网络连线也怡情。
> 更有郑氏三兄弟，留得佳话满纹枰。

　　后有代方围棋掌门人郑建斌回赠诗文：言之眉平老弟情融诗韵，游子之情，跃然纸上。诗曰：

> 同煤弈苑十四友，相约棋会古代州。

以棋会友

　　　韩家大院列战场，三尺纹枰见宇宙。

　　　黑白相争千跌宕，妙手常使对手愁，

　　　闲敲云子声声脆，翰香楼前写风流。

　　同代棋友纹枰论道，以棋会友，诗文唱和，"棋"乐融融，留下一段令人难忘的围棋佳话。

擂台"云欣"平分秋色　队际"秀容"占得先机

　　2017年6月17日，天气晴好，蓝天白云，三辆车轻快地行驶在大同至忻州的高速路上。时值半夏，车窗外，清风徐徐，绿树成荫。远看山清水秀，如屏似画，美不胜收。车里人人面带喜色，谈笑风生。他们是应忻州围棋协会邀请，前去切磋棋艺、以棋会友的大同棋友。队伍里有大同围棋协会执行主席王玉田、副主席张眉平、副主席兼秘书长郭志强，也有刚获得大同市棋王称号的少年棋手王旭，还有多次获得各项比赛的冠军党尚、姚宝奎，以及元老级的刘大庆和中坚力量孙建民等人。

　　上午9时，车驶入忻州市繁华大街，来到一家晋商银行门前，此次活动得到了这家银行的大力支持。会议室里，双方棋友一见如故，握手言欢，互致仰慕之意，咸有相见恨晚之感。寒暄已毕，宾主在长桌两侧分别而坐。

正中上方高悬大红横幅，上书金色大字：忻州——大同围棋文化交流活动。下方坐着山西省围棋协会副主席兼秘书长周杰。周杰虽身居要职，但平易近人，讲话幽默风趣。会场首先由忻州围棋协会李主席致欢迎词，并向来宾介绍忻州围棋发展概况，介绍与会的忻州棋友。大同围棋协会王玉田副主席也讲了话，对忻州围协的热情邀请表示感谢。张眉平副主席介绍了大同棋友的情况，并以老乡身份发表了一段热情洋溢的讲演。最后又举行了一个特别仪式——向忻州围协赠送《棋闻弈事——大同围棋风云录》一书留念。众人携手步入赛场，整洁的桌子上摆好了崭新的棋盘、棋具。一处类似吧台的地方，一个像茶师的工作人员在打理茶水，十几盆鲜花点缀的厅里华丽而不失典雅，让人感到主办者精心的布置和准备。

比赛是按双方所列名单、段位对应排兵布阵，王玉田、张眉平两位领导对两个小棋手，花甲、弱冠纹枰对弈，特别凸显围棋独有的魅力。随着裁判长宣布比赛开始，赛场气氛凝重起来，对局双方都不知对方底细、风格，弈得十分小心谨慎，丝毫不敢松懈。只见：茶烟袅袅、清风习习、花香阵阵、落子声声……赛罢统计，6比6握手言和，皆大欢喜。

下午是队际赛，其他人自由组合下棋。队际赛的比赛方法是：每方分

同忻州棋友交流

同朔州棋友手谈

三组，每组二人下联棋，第一组下40手后换第二组上场，第二组下60手后第三组上场，直至终局。对阵如下：

郑建军、杨更胜——孙建民、李锦光

张文坚、任文伟——王　旭、姚宝奎

李宜峰、党景岳——党　尚、富　烨

最后主队配合默契，以微弱优势胜出。压轴大戏是周杰老师的精彩大棋盘讲解，他抽出上下午各一盘棋，针对性地讲解了几个方面，一个是取地或取势要贯彻初衷，切忌中途半端。一个是一步棋虽打不了满分，但行棋方向对，就不是坏棋，还有定式要根据周边配合，灵活运用，以及如何最大化发挥子效，看似废子、残子如何利用，让子效发挥到极致。一些大家认为错综复杂、扑朔迷离、进退两难的棋，经他深入浅出地讲解，摆几个变化，立刻呈柳暗花明之势。许多人无不有恍然大悟、如梦方醒之感，讲到精妙之处，引起众人阵阵喝彩。傍晚，主人为客人在酒店安排了宴席和客房，席上觥筹交错，欢声笑语，尽欢方散。第二天一大早，大同棋友要赶去参加同煤集团麻家梁矿围棋协会成立大会，并和朔州市棋友共同交流棋艺，匆匆和前来送行的忻州棋友依依惜别。

大家每次来忻州，都有宾至如归之感，心情特别愉快，不但交流了经验、提高了棋艺，还结识了各地众多棋友，建立了深厚的友谊。有诗为证：

> 同忻携手亦同心，互访穿梭过雁门。
> 关南五台菩提树，塞北恒岳祥瑞云。
> 淡雅徐徐排雁阵，清香细细品楸纹。
> 名宿华发功老到，棋王少年技超群。
> 争棋失礼分你我，好客休言逊他人。
> 欣有名局相与论，不须妙曲共金樽

另有山西行《满庭芳》唱和：

> 少长咸集，楸枰滴翠，棋钟急促人忙。排名新定，谁弱又谁强？多少棋闻弈事，曾记否？手谈四方。灯花落，寒消暑长，两鬓已飞霜。思量。
>
> 犹难忘，好局惜让，悔之何妨。又何须耿耿，漏断更长。几度登台领奖。有得意，眉展舒张。魏都往，纹枰美酒，莫负好时光。

千里之行访知音　手谈览胜怡心身

2018年8月23日，车轮飞转，传出有节奏的声音。一节卧铺车厢的几个下铺上都摆放了木质围棋盘，盘上摆满了黑白棋子。他们正低着头，全神贯注地对弈，吸引了不少旅客好奇地驻足观看。

这些对弈者是大同市棋友，他们是应几个市县围棋协会的邀请，组队前往，以棋会友，交流经验。由大同市围棋协会副主席张眉平、郭志强二人带队。棋友有李锦光、富烨、孙建民、苏尚武、嵇晓明、鲁喜忠、马超，还有业5少年棋手周狮旸以及亲属，共计14人。

是为：千里之行访知音，手谈览胜怡心身。三足鼎立群彦汇，几郡切磋一家亲。

第一站：洪洞县。中午时分列车到达洪洞，"大张七段"为我们摆酒接风。大张七段名曰张志勇，是临汾地区围棋界无人不晓的知名人士。席设酒店二楼，窗临大街，洪洞县繁华景象尽收眼底。吃完饭，一行人不顾旅途劳顿，立刻前往大张的围棋学校。学校分两层，二楼中间为大厅，两边分列几间教室，早有几十个小棋手整齐划一地坐在棋盘前，也许是第一次见到这么多远道而来的老师，其中还有少年老师，孩子们都很兴奋。大张还宣布，能赢了老师的有重奖！一对三、对四的让子指导棋一直持续到很晚。

次日一大早，大同棋友来到闻名遐迩的大槐树寻根祭祖。此地人称华人之根，每年全国各地的华人纷纷到此寻根祭祖，络绎不绝。一行人陆续参观了碑亭、千年槐根、移民情景雕塑、祭祖堂、望乡阁、献殿等。特别值得一提的是，大张七段围棋学校的小棋手们，都带着棋盘、棋子，在园内几棵大槐树下席地而坐，专等大同棋友游览归来再下指导棋。手谈之际，吸引了许多游客驻足观看，给园内又添一抹风景。

从大槐树园出来，众人乘车来到另一个5A级景区——霍山，山上有广胜寺，山下有知名度很高、流传故事很多的霍泉。印象最深的还是上寺的飞虹塔，又称琉璃塔，是中国现存最大、最完整的琉璃塔。回到县城，一行人又参观了著名的明苏三监狱。

第二站：吉县。次日一早，大家分乘两辆商务车去游览位于苹果之乡吉县的黄河壶口瀑布。大张一直和我们同行。坐上景区管内大巴，还未看见黄河，巨大的轰鸣声已传了过来。河的上游是开阔的水面，到了壶口，万顷波涛一齐涌向千万年来由河水冲出的深涧，怒涛翻滚，飞流直泻，声震九天……给人的震撼非笔墨可以形容！回到车上，已接近中午，我们立刻向吉县进发。吉县围棋协会刘会长，率一干人等在一家酒店迎候我们。二十几人在一张大圆桌前，分宾主坐定，互致问候，尽诉仰慕之情。大张和吉县棋友是老相识了，一见如故。席面丰盛，酒杯频举。宴罢，众人一齐来到县围棋协会。
协会占据了一座二层
楼上北侧一排房间。
一上搂是接待室，往
里是会所、活动室、
教室……看到县围棋
协会有如此规模完备
的设施，大家都称赞
不已。在放了西瓜等
果品的活动室，双方

出访少林寺

进行了友谊赛。孙建民、苏尚武一家，马超和富烨配合，四人忙里偷闲，
下了一盘联棋。筹码是一箱雪糕。马超在紧要关头下了一步自以为是妙手
的棋，结果是恶手，大龙被擒，局势一泻千里。

　　第三站：晋城市。车到晋城时，已是明月东升，华灯初上。晋城市围
棋协会名誉主席高总率众热情招待大家。苏冻主席因在太原参加金厦杯未
到场。饭毕，众棋友带上棋具，一齐奔志强订好的快捷酒店而来，就在酒
店几个房间里的床上、茶几上摆放棋盘，捉对厮杀。

　　第四站：新乡市。下午列车到达新乡站。到新乡是参加河南著名讲师
秦正安举办的围棋论坛。宾馆环境上佳，里面有标准的游泳池。秦老师安
排丰盛的晚宴迎接来客，三四十号人围坐大圆桌前，互致问候，互相敬酒，
欢声笑语，其乐融融。席上又遇报名参加论坛的大同李七云夫妻，夫妻二
人在大同开办了一所围棋学校。当晚众人齐聚大同棋友住的几个房间，大
过棋瘾。参加论坛的棋友来自各地，南方来的不少，也有东北来的，大多
是围棋学校的校长和自己办班的老师，其中不乏5段、6段高手。后来有意
分成南北两大阵营对抗。

　　次日休息，会议安排大家旅游，全体人员坐上大巴车，来到河南与山
西的交界处——太行山名曰八里沟的旅游胜地。

　　但见：风景秀丽，游人如织。两面山上，松柏、桃杏、栗榛、檫榆等

禅棋

十几种树木，郁郁葱葱，遮天蔽日，碧瓦红墙若隐若现。中间宽阔的河面上，巨大的怪石星罗棋布，犹如天降怪兽，前呼后拥，参差而来。流水潺潺，波光粼粼，清风习习，真乃人间仙境，世外桃源。

　　第五站：少林寺。论坛结束后的第二天早上，大同棋友乘坐中巴车，向少林寺进发。少林寺棋院院长、释延勇师傅派小徒弟远远迎接。延勇师傅是2017年在鄂尔多斯围棋大会上结识的，分别时邀请大同棋友去少林寺做客。中巴车从侧门直接开到后院，延勇师傅在门口等候。延勇师傅看上去不到四十岁，像个白面书生，和颜悦色，磁石般略带音乐感的语音，给人留下深刻的印象。寒暄已毕，进入一间雅室。室内窗明几净，一尘不染，

围棋友好城市

几张精美的红木桌子上摆好了棋盘，棋盘很厚，泛着金黄色亮光，侧面还有少林寺盖的印记。不巧的是，棋院其他几位师傅因佛事不能来下棋。延勇师傅提议上山下棋，那里更清静。于是众人离开少林寺，向少室山进发。师傅领着，乘缆车来到少室山上一处名曰二祖庵的寺院，也是延勇师傅的修行之地。堂里也有四五个棋盘，和山下的一模一样。引人注意的还有到处都堆着书，拿起一本线装书看，是李太白诗集精解。大师不但研习佛经，而且经史子集无不涉猎，使人对大师又多了几分敬重。大同棋友也向大师郑重地赠送了棋书。延勇师傅的棋力在业4左右，分别同张眉平、鲁喜忠还有少年郎周翀旸手谈几局。之后，延勇师傅又让小徒弟领我们下山继续游览少林寺。

第六站：古都洛阳。告别释延勇大师，驱车到洛阳时，天已傍晚。第二天早上，来到洛阳市围棋协会。协会坐落在一个大型体育场内，秘书长刘霞女士亲自来迎，并介绍了洛阳围棋的发展概况。张眉平副主席代表大同棋协向洛阳棋协赠书，并表示谢意。进到能容几百人同时比赛的大厅，正面高挂大红欢迎横幅，左面墙上挂满了珍贵照片，贵宾对局室摆放着棋盘，小会议室里有琳琅满目的奖杯。

9点比赛正式开始，毕竟双方实力相差悬殊，大同一方只胜两盘，嵇晓明是十二子教练组教练，客队中实力最强，也未取胜。对方业5居多，有一个业6，主队没让来的高手悉数上场。中午东家用洛阳最有名的"水席"招待。午饭后，直接去参观洛阳围棋博物馆。馆内收藏有大量古今中外围棋名人的画像，文史资料，经典棋谱，具有代表性的棋具、奖杯、奖状，以及与围棋相关，具有收藏价值的书画、诗词……使棋友们目不暇接。大同棋友向该馆赠送了《棋闻弈事——大同围棋风云录》一书。参观完毕，又在馆里有空调的棋室和住在博物馆附近的八九个洛阳棋友对弈，这回双方实力接近，旗鼓相当。桌子上用果盘盛着各种水果，炎炎夏日，品茶论道，纸扇轻摇，甚是惬意。正是：

车驰高速路，人沐爽和风。

远树逐窗近，高山隧道通。

古槐留倩影，壶口听涛声。

洛阳水席美，晋城如大同。

太行醉游客，少室觉高僧。

手谈行万里，何日共云中。

　　这次出访，行程远、时间长、交友广。不但手谈览胜，每到一地，还赠书留念，展现了大同围棋的风貌，提高了大同的知名度。

　　棋友李锦光有词赞曰：

晋豫妖娆，景色宜人。

情何限，处处销魂。

手谈览胜，逸事棋闻。

恋太行山、黄河水、

中岳云。

共道长途，遍访知音。

又话别，难舍难分。

以棋会友，天涯比邻。

记酒之醇、棋之乐、

情之深。

第十章
情系纹枰：也应似吾对棋心

　　琴、棋、书、画是我国古代的四大艺术殿堂，"古今之戏，流传最久远者，莫过围棋"。围棋，是中华民族文化遗产中的艺术瑰宝，历经数千年文化积淀而不衰。在现代社会，人们把围棋作为一种高级的、趣味特浓的智力竞技活动，吸引了越来越多的爱好者。

　　"国运兴、棋运兴。"大同围棋的兴旺发达，离不开大同市体育局、体育总会和各企业体协的大力支持，离不开棋协的积极组织，离不开企业有识之士的热心相助，也离不开广大棋迷的广泛参与。

大同市第二届全民健身运动会围棋超级联赛颁奖

围棋协会的壮大发展

围棋协会是一个社会团体，由一群有着共同兴趣爱好的人士组成，宗旨是：以棋会友，乐在棋中。

大同市的棋类运动在20世纪六七十年代就开展起来了，最早成立过棋类协会，爱好者人数也不少，但由于各种原因，棋类协会没有更好地发展下去，活动较少。八九十年代，大同市围棋协会的工作也是时续时断，时冷时热。直到2006年，大同市围棋协会在一拨铁杆棋迷的大力支持下，正式注册成立，主席由李日斌担任，马建军任常务副主席，王玉田、宫铁宇、刘辉、张永州、刁庆华任副主席，何于威担任秘书长，贺建民为常务副秘书长。协会的注册成立标志着大同围棋爱好者自发的群体组织，发展成为具有资质和规范的社团组织。

近几年来，大同围棋协会组织开展了一系列的赛事活动，步入辉煌期。全市先后有两名棋手晋升为国家职业选手，1名获得了国家业余6段，注册会员200多人，业余5段棋手36人，注册教师79名，国家级围棋裁判1名，国家一级围棋裁判3名，国家二级围棋裁判94名，国家三级围棋裁判3名，一级社会体育指导员1名，二级社会体育指导员32名，三级社会体育指导员9名。注册围棋培训机构19所，全市共有80多所学校、幼儿园开展了围

20世纪90年代棋友聚会

棋普及课程，围棋爱好者突破万人大关。

　　早在 1985 年，大同市就承办过全国升段赛，有上百名围棋高手会聚古城，纹枰论道。围棋赛事活动得到了相关部门的大力支持和热心关怀，每年大同市都要组队参加省运会的棋类项目及山西省围棋锦标赛，成绩斐然。大同围棋的发展一直在全省享有盛誉，整体水平也在全省前列，围棋比赛开展得热火朝天。段位赛、职工赛、对抗赛、职工文化博览会、"供水杯""保险杯""清源杯""鸿安杯""古城杯""御河九号杯""阳光小额贷款杯""劲酒金标杯""智慧舍得杯""泸州老窖杯""董酒杯""书香·六合杯""同煤杯"等，每年各类赛事热闹非凡。在承办围棋赛事上，大同市在全省也是名列前茅，承办了两届全国协作区五项棋大赛，省级赛事有"同水杯""清源杯""云冈杯""书香·云冈杯""汾阳王杯"等。

大同市围棋协会第三届委员会代表大会

　　2011 年 12 月，大同市围棋协会进行了换届，李日斌、马建军分别连任主席和常务副主席，聘请张旭为名誉主席，曹乃谦为总顾问，副主席由王玉田、张眉平、宫

表彰

铁宇、叶向东、张明元、刘辉、李东担任。何于威连任秘书长，增补了副秘书长刘延庆、郭志强，专职办公室主任由樊志军担任，设立了由贺建民、郭宝贵等19名理事组成的理事委员会。

2013年，时任大同市副市长曹慧斌担任围棋协会名誉主席，增补了副主席王桂武、贾淑梅。2015年，在年初的代表大会上，推选王玉田为协会执行主席，何于威任副主席，增补了刘延庆、郭志强（兼秘书长）为副主席，提名王奇、郗耀武、苏永华担任副秘书长。同年，大同市城区成立了体育总会，李东兼任城区围棋协会主席，郭宝贵、刘延庆、郭志强任副主席，苏永华担任秘书长，鲁喜忠为副秘书长。

2018年5月，大同市围棋协会召开第六届委员会理事会。时任大同市体育局副局长晋子顺，协会领导王玉田、何于威、张眉平、李东、刘延庆、郭志强参加会议。7月，大同市围棋协会第六届委员会代表大会召开，协会领导及各机构负责人参加会议。王玉田作协会工作报告。审议通过《围棋协会章程》，调整了协会领导机构，选举王宝婕女士担任协会执行主席。在2019年初省围棋协会第五届委员大会上，王宝婕当选为省围棋协会常务委员。同年，大同市入选首批全国77家"围棋与名城"丛书编写城市，并成立《围棋与大同》编委会，积极组织参与该书的编写工作，向全国同行宣

获奖

大同市围棋协会参加全国围棋之乡工作会议

传展示大同市的围棋活动风采。

　　大同市围棋协会的工作可谓卓有成效，各种赛事活动进入了新的高潮。比赛形式丰富多彩，创造了多项第一，受到了全国棋界的关注。主办了九届棋王赛、八届"双十二"对抗交流赛，每年都要按时举办少儿锦标赛，春、秋季少儿定级升段赛。组织队伍先后外出参加了"尧王杯""晋阳杯""路鑫杯""海纳杯""金厦杯""森栖谷杯""古县牡丹杯"等省级围棋锦标赛，两次承办"王府至尊杯"全国协作区五项棋大赛，连续十年参加了"金厦杯"山西省业余联赛，并组队赴怀安参加了全国围棋之乡邀请赛、陕西"博弈文化杯"公开赛、无锡全国"晚报杯"锦标赛、"中和杯""汉

20世纪90年代，矿务局棋友在勘探街棋社下棋。

裁判员培训

杯""赤峰杯"全国公开赛的重大赛事活动。2021年7月，大同市组队参加了中国围棋之乡联赛，并在中国围棋之乡工作会议上介绍了大同开展围棋活动的情况，得到中国围棋协会领导的肯定。《围棋天地》《围棋报》等报刊多次报道了大同市开展围棋活动的情况。大同市的少儿围棋普及和教师、裁判员队伍也在不断发展，教学上也有了显著的成果。协会还举办了女子围棋教师赛讲和比赛，这项赛事也堪称全国首创，得到了参赛教师的一致好评。

大同市围棋协会在教棋育人的同时不忘回报社会，选派优秀教师对大同特殊教育学校的学生进行了围棋公益普及，联合同煤文工团、大同市电视台，在协会中开展爱心无界、大爱无疆捐赠活动。协会还积极响应国家"扶贫攻坚助力脱贫"号召，按照大同市民政局的要求，和大同棋院、煤都棋院、重道围棋教室、浑源培根国学棋院、广灵县围棋协会共同为广灵县南村镇榆沟村捐款捐物3000多元。协会副秘书长苏永华及棋友裴占海、冯培功，广灵县围棋协会负责人全胜福共同参加了捐赠活动。

大同围棋的发展得益于上级部门的支持和帮助，给予协会从组建到赛事的组织、策划、业务等方面的指导。宣传报道方面，《大同日报》、《大同晚报》、大同教育电视台、大同电视台等也给予了更好的阐释。赛事活动在人力、财力、场地等方面得到了大同市体育局、体育总会、总工会、同煤体协、云冈区文化局、城区教育局、学校等部门和单位的大力支持，大同围棋的发展驶上了快车道。

同煤集团的围棋活动是大同地区围棋发展的重要组成部分，是围棋活动开展较好的驻同企业。早在20世纪七八十年代，同煤围棋协会就开始活跃起来了。1994年，大同矿务局业余围棋协会成立，制定了章程。王德成为名誉会长，王晓华、刘大庆为顾问，石建国任会长，李锦光、李春敏、张胜民、何于威任副会长，张眉平任秘书长。1997年，大同矿务局围棋协会成立，局工会主席晋珊元任名誉会长，王晓华任会长，张眉平任副会长。棋协制定了协会章程，实行会员制度，颁发了会员证。随后，局工会又在体育场为棋社提供了一间房子，棋社得以喜迁新址，棋迷们坐在宽敞明亮的棋室对弈，无不欢欣鼓舞。职工群众文化体育活动历来是工会组织的重点工作，围棋赛事是其中的一个重要组成部分，每年的职工围棋赛搞得如火如荼，在20世纪90年代就有近百人参赛。

1999年，矿务局围棋协会组织换届，晋珊元、郭忠任名誉会长，王德成、李福仁、柳青昶、刘纯贵任顾问。王晓华任会长，张眉平任副会长兼秘书长。2004年10月，同煤文体发展中心协会管理科对围棋、象棋、桥牌等18个单项协会进行了整顿，各协会制定了章程，颁发了新的会员证。郭忠、金智新担任围棋协会名誉会长、王晓华任会长、张眉平任常务副会长兼秘书长。同煤集团工会、文体发展中心、体协的领导，经常过问棋协的管理、活动情况，提供便利条件。曾任同煤集团总经理金智新、党委副书记郭忠、总工程师刘纯贵几位领导，作为围棋爱好者，也在百忙中关心、支持同煤集团围棋事业的发展。

同煤集团围棋活动的开展特点是持续性较长，最为突出的应属全国煤炭系统"乌金杯"棋类大赛，此赛事由中国煤矿体协主办，参赛选手以职业棋手和地市业余豪强为主，同煤集团队参加了20

大同云冈区"不服杯"围棋赛颁奖

晋能控股煤业集团员工围棋赛颁奖

多届，成绩最好取过第三名，实属不易。

谈到同煤集团围棋的发展变化，有一个人可谓功劳大矣，那就是同煤围棋界的领军人物王晓华。王晓华在矿务局乃至大同围棋界德艺双馨，威信很高，影响很大。他曾在矿务局工会工作，长期担任矿务局围棋协会会长，经常组织参与矿务局围棋赛事活动，培养了许多年轻棋手，拓宽了对外交流路径，多次带队参加全煤"乌金杯"、全省围棋锦标赛等，取得过不菲的战绩。

自2016年起到2021年，同煤棋迷自发集资连续举办了六届"不服杯"围棋大赛。每年的活动形式新颖，趣味浓厚，或为大循环，人人见面；或为分季赛，四冠争锋；或为擂台赛，轮番上阵。可谓你争我抢，各不相让。首届比赛结束后，举行了别开生面的颁奖仪式。

组委会为优秀棋手准备了颁奖词：

——马超：荣获微信网红奖

曾为五虎上将，奈何虎落平阳。转战微信圈，网红也是奖。

——富烨：荣获最佳复出奖

一经复出，便也辉煌。心中的挚爱，围棋从未远去。

——李继文：荣获最佳敢斗奖

虽为客座，胜似家人。千里单骑磨意志，敢斗精神满纹枰。

——王文辉：荣获秋季赛冠军

尽管远离棋坛，已然有你的传说。江湖现身日，秋季夺冠时。

——孙建民：荣获夏季、冬季赛冠军

酒与棋辉映豪侠仗义气，夏与冬两度问鼎不服杯。

——商玉龙：荣获春季赛冠军、年度总冠军

春风里不服，瑞雪中连胜。弈苑好汉似林冲，决战摘金商教头。

企业家与围棋

晋商起源于山西，是对三晋大地商家的美称，其文化内涵享誉全球。在大力提倡企业文化的时代下，大同围棋的发展也与时俱进，得到了社会各界人士的大力支持，从20世纪80年代就有一批热衷围棋的商家及各界人士慷慨出资，不求回报，无私资助大同围棋活动。

大同永和餐饮公司董事长马建军是山西省围棋协会委员、大同市围棋协会常务副主席，也是铁杆围棋迷。大同市永和餐饮公司成立于1992年，是大同市餐饮界的知名企业，拥有三家分店：永和美食城、永和文瀛山庄、永和快餐振华店。20多年来，永和餐饮一直大力支持大同市的围棋事业，出资举办过三届大同市"鸿安杯"围棋比赛，连续多年承办"永和杯"围棋赛事，并成立永和围棋队，坚持参加省内围棋大赛，屡创佳绩，成为棋界熟知的老牌劲旅。马建军还特别注重培育、资助少年棋手成长，大同的曹宏宇、丁浩两位职业棋手在学棋的关键时刻，都曾得到马总的鼎力相助。1998年正月，曹宏宇获得了大同市围棋成人比赛的第六名，马建军等围棋协会的领

参加"永和杯"围棋赛

导都认为曹宏宇在围棋方面很有发展前途，应该送出去深造。马建军不仅派人去北京调研，还亲自出马为曹宏宇学棋的事奔波，当从《围棋天地》看到北京海淀棋院招生时，马建军立刻与曹宏宇联系。在丁浩学棋进步的关键时刻，马建军组织了一个丁浩与大同市前十位围棋高手的挑战赛，结果丁浩以8∶2胜出，马总给予了重奖。2010年4月丁浩在北京围棋圈久负盛名的葛玉宏围棋道场学棋期间，马建军慷慨解囊，把2万元送到丁浩父亲手上，表示对丁浩学棋的支持，可谓雪中送炭。

大同龙膳食品公司董事长宫铁宇长期担任大同市围棋协会副主席，竭尽全力支持大同围棋的发展。龙膳食品公司生产糕点类产品，包括面包、生日蛋糕、月饼、蛋糕、中西点、新春礼点，近200个品种，也是大同市民营企业中的佼佼者。从2011年起创办了大同市首届"龙膳杯"棋王赛，至今已举办了9届，每年初四至初六雷打不动，成为大同围棋的一项极有影响的传统赛事。

马建军董事长、宫铁宇董事长热心支持大同围棋事业，关爱资助小棋手，先后赞助曹宏宇、丁浩赴北京学棋直至成为职业棋手，使大同围棋的发展进入最好时期，为大同围棋发展作出了重大贡献。

早在20世纪90年代初期，大同市"月亮湾"饭店老板李月明就多次赞助围棋赛事，为广大棋迷所熟悉。2001年春天，清远电脑城总经理赵刚亲力亲为出资搞比赛，邀请中国棋院院长陈祖德、职业九段张文东莅临古都手谈交流，受到了棋友们的赞誉。此外，"同水杯"省级赛事得到了协会主席李日斌的大力支持，是山西省颇具品牌的精品赛事；深特公司张志伟董事长出资赞助大同市男、女

"董酒杯"围棋赛场

子围棋队，在2013年山西省围棋锦标赛中荣获男、女团体冠军；阳光集团董事长张明元开创了具有历史性的七〇前后"阳光小额贷款杯"超级围棋擂台赛和名手邀请赛，全市24名业余高手和19名文人学者参加，堪称围棋的饕餮盛会；大同市鸿安大酒店多次举办"鸿安杯"围棋赛，影响广泛。在协会执行主席王玉田的积极策划下，大同日报传媒集团大力支持，于2015年首次组队参加了第二十八届"晚报杯"全国业余围棋锦标赛，在大同围棋史上留下了浓重的一笔。同煤集团棋牌协会主席张眉平积极筹办的"同煤杯"四省六市围棋名手邀请赛，成为众多棋友难忘的一次围棋盛会。

协会还积极拓展思路，大胆创新，让围棋与社会结缘，让围棋文化与各类文化相融合，先后与欣美房地产御河九号、品之易泡茶机、0352房网、万昌汽修公司、苦荞酒业、青稞酒公司、泸州老窖酒业、智慧舍得酒

与刘正英老先生（右二）留念

业、汾阳王酒业、大同车友会等多家企业团体成为战略合作伙伴，开创了大同围棋文化与商家的联姻之路。

棋手逸闻趣事

古人常把围棋比作"木野狐"，这真是一个绝妙的比喻。在大同围棋界，对围棋达到痴迷程度的也不乏其人。棋友在交往对弈中既结下了深厚的友情，也留下了难以忘怀的逸闻趣事，花絮颇多，令人捧腹。

其一：赌鸡赛棋

20世纪七八十年代，在象、围棋界，有一高人，不得不提。此君姓沈

名光弟，后人皆尊称沈老。沈老20世纪30年代出生，祖籍浙江宁波。作为早期援同干部，曾在矿务局六处工作，80年代退休回宁波。沈老既是象棋高手，曾获矿务局冠军，又酷爱围棋，常与"北青"及矿务局高手对弈。平时宿舍里经常聚人下棋，王乐群、白菊生、刘大庆等是常客，经常对弈至深夜。因当时年轻毫无倦意，兴之所至，相约"赌鸡"下棋，凡输棋者必买鸡一只，回至宿舍煮鸡、酌酒、聊天，再下棋至天昏地暗，兴趣不减，甚是热闹。

其二：地震下棋

白菊生回忆谈及，在云冈矿工作期间，他常与王乐群对弈，当时最"热心"的观众就是顾铁忠，顾铁忠下棋有股钻劲，但是脾气倔，下棋"一根筋"，就是说只要是他认准了的棋，就照直走下去，哪怕碰得头破血流也绝不回头，故而人送绰号"顾铁头"。无论白菊生与王乐群在哪下棋，顾铁忠只要不上班，就一定要过去看。那时，白和王下棋往往下到痴迷的程度。记得1976年7月27日晚上8点多，白与王坐在云冈矿职工大食堂后边的一张饭桌旁下棋，顾铁忠眼睛瞪得大大的坐在旁边看。棋一直下到28日凌晨4点多钟，顾铁忠突然高喊："快别下了！地震了！地震了！你们看，上边的挂灯直晃！"白和王抬头一看，可不是！这时，连下棋用的饭桌也晃动起来，桌腿蹭着地面，咔咔直响。若不是顾铁忠这一声喊，白菊生和王乐群还一头埋在棋里呢。

其三：冻坏白菜

20世纪80年代末期，刘大庆、石建国、张胜民三位棋友在矿务局运销集贸市场合租了一间门面房，本意是做点小生意。三人虽经商，可棋性未改，常聚王晓华、李春敏、李锦光、孙建民、张眉平等若干嗜棋之人，杀至星星满天。其中李锦光与孙建民被同煤棋友称为棋坛"哼哈二将"，李锦光行棋老辣，惜子不弃，以小见大，善于在无棋处出棋。孙建民棋风硬朗，酷爱搏杀，信心满满，长于组织整体战役。一个寒冬的下午，孙建民骑车买了几颗大白菜，没送回家中，却拐至运销集贸市场，先是看棋，后来上阵，直杀得日落西山，鸡鸣狗叫，早将自行车后放的白菜忘在脑后。等要回家之时，可怜几颗白菜早已冻得结结实实，无法食用。那时也没电话，其妻等菜下锅，不见人影，只好将就一顿。当然，建民也免不了其妻的一顿责怨。也怪棋友无人提醒，只顾吃棋，不管吃菜。还有妻子让丈夫出去买米买面，而丈夫却因看棋误时误事的。

其四：掀翻棋盘

说起下棋，有一人不得不提。此人就是北京的杨兴中，棋友都叫他杨二段或老杨。老杨20世纪90年代前后常住同煤为某公司催煤，与王晓华熟悉，后又与其他棋友相识。老杨来同后，常与被誉为机关"三剑客"的张眉平、刘志刚、周晓东下棋。老杨满口京腔，声高音亮，为人爽快，胜负心极强。平时与人下棋，不准看棋人出声，就连咳嗽、哼哈也在禁止之列。有时尿急，起身未走两步，怕看棋人支招，马上返回。众人笑曰："我们也去，小心憋坏家伙。"一次，老杨与眉平相约在矿务局工会红云旅馆下棋，二人棋力相仿。对杀之际，老杨棋子刚落，随即拿起，如此两次，张并未在意，也未阻止。在随后的行棋中，张有一手棋自觉不妥，也想拔着，老杨说啥不依。张深感不公："你能悔，我怎不能？"杨道："你没落子我才拿的。"二人理论半天，越说越急，直争得面红耳赤，一气之下，张将棋盘掀翻，棋子散落一地，愤愤然走出房间。老杨一脸茫然，不知所措。服务员闻听争吵声，先是一惊，得知真相，一笑而去。

老棋友相聚

其五：屉中围棋

陈国雄与张眉平既是同学又是棋友，都是同王晓华学的棋。王晓华是矿务局围棋界的代表性人物，长期担任矿务局围棋协会会长，与刘大庆、石建国、李永顺被称为同煤围棋"四老"。特别是在20世纪80年代中后期党校学习期间以及在矿务局机关工作时，陈与张是王晓华家的常客，常在一起对弈切磋。二人在安监局借调撰写安全电视片脚本时，所在办公室有一个大办公桌子，中间有个大抽屉，里边正好放一张塑料棋盘纸，两位老兄棋瘾一上来，就拉开抽屉悄悄杀上一盘。一次，二人正在偷偷下棋，领导突然推门进来，二人一急，急忙关抽屉，不想用力不匀，将抽屉卡住，无法关上，慌忙中只好把报纸挡在棋盘上。也不知领导发现二人的异样举动没，或是知而不点明，只是交办了几件事就转身离去。二人满头冒汗，相视偷笑，不免互相埋怨一番，自是有趣。

其六：不速之客

1995年夏天，矿务局的几个铁杆棋迷集资，在新平旺文化街集贸市场租到了一间不足12平方米的小房子，买来桌凳、棋具，简单的庆贺仪式后，一个自发的棋社就此诞生了。刚开始的几天，有一个名叫夏明亮的棋友天天泡在棋社，简直到了如痴如醉的地步，甚至晚上也不回家，爱人以为他失踪了，到处寻找。一次，小夏正埋头同小马对局，二人旗鼓相当，杀得难解难分，小夏的爱人在家久等不回，就抱着褓褓中的婴儿气呼呼地冲进棋社，二话不说，"咚"的一声，把孩子扔到棋盘上，说："跟你爸和棋去过吧！"众棋友面面相觑，不知所措。惊愕过去，连忙相劝，不欢而散。棋之魔力，枉不为虚，难怪古人将围棋喻为木狐狸，可见其诱惑之大。

其七：烧塌锅底

矿务局的刘大庆和张眉平也是一对老棋友了。刘比张年长，学棋亦早，棋力也在张之上。20世纪八九十年代，张常邀刘对弈请教。1987年春节期

90年代大同市区一
家棋社棋友下棋

间，张又约刘到家中下棋，张当时住在矿务局礼堂旁边一间自建小平房内，
虽新婚不久，家中却十分简陋，小土炕、水泥地，地上有一电炉，做饭之
用。因无座椅，二人盘腿坐在小土炕上杀将起来。壶中无水，张将满铝锅
水放在电炉上，一下烧不开，二人边杀棋边等水开。谁知，张、刘杀得兴
起，早将此事忘得一干二净，炕上棋杀得难解难分，地下水滚得热气腾腾。
直到棋局终了，方觉口渴，二人一看铝锅，早已惨不忍睹，满锅水早已化
作蒸汽，烟消云散，铝锅底部全部烧塌，成为筒状，套在电炉上边，炉火
正旺。水也喝不成了，免不了内当家的一顿唠叨埋怨。下棋之专注，心无
旁骛，由此可见。

其八：赛场哭声

2001年之夏，"云冈杯"全省围棋锦标赛在同煤集团体育馆开战。这次
比赛参赛人数多、水平高，竞争激烈。"啪——啪——"，赛场内围棋的落
子声清脆悦耳，此起彼伏，比赛正在紧张进行。"呜呜……"突然，传来一
阵阵哭泣声。大家循声望去，原来是太原青年宫年仅12岁的少年棋手张宏
杰，一着不慎，错失胜机，伤心得痛哭失声。工作人员和其他队员赶忙过
去耐心安慰，总算"雨过天晴"。无独有偶，2014年之秋，在"同水杯"全
省围棋锦标赛古城大同赛场，也有一名小棋手在关键处一着随手棋，断送
大龙不活，一霎时悲从中来，伏案抽泣不已，众人连连相劝，其情其景让

人怜惜，大家无不被小棋手这种认真、执着的精神感动。

其九：兄弟棋迷

常言道：打虎亲兄弟，上阵父子兵。在围棋界，有好多兄弟棋迷、夫妻棋迷、姐妹棋迷、父子棋迷，很是有趣，为人们所称道。如江铸久、江鸣久，方天丰、方天刚，金国苓、金柏苓等兄弟棋手。黑嘉嘉、黑萱萱，敖立婷、敖立贤等姐妹棋手，聂卫平、孔令文，邱鑫、邱峻等父子棋手，曹大元、杨晖，江铸久、芮乃伟，常昊、张旋，梁雅娣、罗洗河等夫妻棋手，不一而举。在大同，也有许多兄弟棋迷，像铁路的王臣、王奇，机车厂的常东明、常东亮，柴油机厂的段景斌、段景录，市区的党尚、党驰，同煤的王文辉、王晨辉，杜同生、杜同长，熊西鸽、熊西祥等。还有姐弟棋迷武宇婧、武宇哲。他们对弈手谈，黑白相随，形影不离。在大同的围棋大赛中总能看到他们的身影。有时候同台竞技，各展风采；有时候联手对弈，共同抗敌；有时候狭路相逢，自家相争；有时候各为其主，互不相让。2012年龙年伊始，有好事者撮合党氏兄弟与王氏兄弟联手对弈，棋局几经反复，王氏兄弟获胜，成就了大同围棋界的一段佳话。

其十：作诗打趣

2013年9月8日，大同"双十二"围棋对抗赛在115队打响，24名队员一字排开，捉对厮杀。抽签中十二子中的曹乃谦与十二友中张眉平相遇，两人也是老对手了，寒暄猜先，曹黑张白，拍子战在一处。曹老下棋也不布局，专注搏杀，棋风硬朗，为人耿直，棋如其人，多才多艺，又是山西的著名作家，在全国也颇有名气。此局没几回合，黑白两条大龙缠绕一起，曹老舞动的黑龙占据有利地位，气壮势强，眉平经营的白龙左冲右突，困兽犹斗。观看的棋友目不转睛，屏住呼吸，静待其变。眼看白龙身困浅滩，危在旦夕，曹老自知胜定，一时兴起，口中唱道："大龙大龙你睁睁眼——白龙白龙你看看天——"。这边眉平眉头紧锁，不为所动，瞄准一线生机，继续行棋，死龙全当活龙舞，只等咸鱼能翻身。关键处曹老手软大意，应对有误，眼睁睁看着白龙起死回生，痛失好局，懊悔不已。局后，观棋的田丰短信作诗打趣："大龙被困苦呻吟，闲敲茶杯似无心。曹老那厢冷眼看，半日不闻落子声。"眉平回复短信戏言："神龙畅游无须吟，自遣妙着巧用心，虽有曹老唱新歌，难阻弈苑传佳音。"

大同的围棋赛事近年来快速发展，棋手在各级比赛中展现出自己的独特风采，赛事培训年年有创新，外出内联形式多姿多彩，各类培训机构日趋壮大，围棋正进入越来越多的学校和幼儿园。围棋这门中华文明传统艺术，在大同这座古老的新城必将放射出更加夺目的光彩。

歌词作者苏虎有词赞曰：

抚一曲高山流水，

邀三五知己相随，

鞠个躬，坐相对，清茶几杯，

半颗子，一盘棋，吾心已醉。

看满天雨斜花飞，

品一夜手谈几回，

方寸间，大世界，千古智慧，

谁能解，黑与白，人生况味。

酒酣再下一局棋

人生难得痛快一醉，

棋罢不管人世换，

千山远，情永在，我心扉。

清坐独与君相对，

知音能有几多位，

局里局外情无限，

胜与败，来与去，都很美。

—下　篇—

弈苑集萃

我与大同围棋界的渊源

金国苓

金国苓参加大赛

到山西雁北插队的北京知青填补了大同围棋一段时期的空白。这段时期是20世纪70年代初到80年代末近二十年的时间。我就算是个代表人物吧。我曾在什刹海北京棋艺研究社学围棋，接受过北京诸多围棋老前辈的指导，曾获得1964年北京少年围棋比赛冠军，算是当年北京青少年围棋精英群体中的一员。

1968年末这些北京青少年围棋精英随着上山下乡运动分散于天南地北天各一方（如东北、内蒙古、宁夏、山西、陕西）。他们大多成为围棋活动的种子，在其后的时间里成为当地围棋的拓荒者。

我于1968年底从北京到雁北地区（当时属于左云县，现在属于大同市新荣区）插队，1972年10月调入大同市税务局工作。工作前，在大同市红会堂招待所培训了一个多月，其间通过在铁路工作的知青引荐了山西很有名的象棋高手华占高和象棋老前辈裴景华。他们也懂围棋，但水平有限。通过交流，当时让四子他们仍然难以抵抗。这样的结果让他们喜出望外，于是邀请了大同市一些下围棋的人来和我对弈，我一律让四子和他们对弈。这就是当年大同市老一辈围棋人的情况，人数少水平也不高，年龄还普遍偏大，交流活动也只局限于很小的范围。

工作之初我在较偏远的同家梁矿，当时也没有有组织的围棋活动，因此，与大同市围棋人的交往也不多，只与较熟悉的北京知青围棋爱好者有所交往（如王乐群、赵成栋、白菊生、李崇文等）。他们在我的带动下围棋水平提高很快，之后成为带动大同围棋的主要人物。

前面提到的华、裴两位棋坛前辈，凭借他们在山西棋界的关系将我推荐到山西省体育部门，很快得到省体工队有关领导（王品璋）的重视，于1973年10月将我借调到山西省围棋集训队。此后三年，我在太原参加了围棋队集训，并代表山西参加了全国比赛。虽然没有什么成绩，但与当时年龄尚小的江铸久、方天丰等下了不计其数的指导棋，可能对他们的成长有所帮助吧。王品璋评价我："只凭兴趣爱好下棋，缺少专业和争胜精神。"那时，江铸久、方天丰等少年棋手已成长壮大，于是让我回到了大同原单位。这三年的专业训练也使我的棋力有了很大的提高。而对于大同市来说，我作为大同人入选山西队参加全国比赛，大同围棋人为此感到骄傲和受到鼓舞。

1978年，我参加了刚刚恢复的高考，被山西财经学院录取，我的人生又一次转折。

1982年，我毕业分配又回到大同，在大同市财政贸易委员会工作。之后的几年时间，基本上大同市内的围棋比赛，体育和工会等主办单位都请我做组织和服务工作，不要求我参加比赛。大同市以外的围棋比赛也委托我组队并参加比赛，至于参加过哪些围棋活动和比赛我已记不清了。

在大同的最后一年多时间，我在大同矿务局工作，结识了矿务局的围棋爱好者，特别是王晓华这位既热心又热情的人。也曾代表矿务局参加全国煤炭系统的围棋比赛。

我在大同市工作和生活近二十年的时间，大同是我的第二故乡。那段时间，由于围棋的大环境还没有热起来，围棋爱好者基本上没有增加，少年儿童也没有开始学习围棋，我基本上只是在北京知识青年的小范围内提高了一些人的围棋水平。而开始认识并推荐我的大同围棋老前辈也许觉得水平差距大，对我只是敬而远之，很少有机会交流。

陈老总说："国运兴，棋运兴。"随着中日围棋擂台赛掀起的围棋热以及围棋项目市场化的发展，围棋爱好者不断增加，在少年儿童中也掀起了学习围棋的热潮。大同作为中国历史文化名城有着深厚的文化底蕴，围棋作为中华传统文化必然会在大同发扬光大。

古人云："夫人之有一能，而使世人尚之如此。"我只是一个业余围棋爱好者，始终坚守围棋的兴趣爱好，不经意间在还是围棋荒漠的大同留下一点足迹，而今还被大同围棋人称道，令我倍感荣幸，就让这足迹成为大同围棋大发展的起点吧。

運交華蓋欲何求　未敢翻身已碰
頭破帽遮顏過鬧市　漏船載酒泛
中流橫眉冷對千夫指　俯首甘為
孺子牛躲進小樓成一統　管他冬
夏與春秋　自嘲　魯迅　金國芩書

金国芩书法

云中十二子

曹乃谦

当我们还沉浸在快乐围棋"松竹梅兰"四君子时期，有一天顾晓跟我说，大同市委党校李校长他们都想要我的签名书。我家里没书了，就到书店给他们每人买了两本，一本是我的短篇小说选《最后的村庄》，一本是我的中篇小说选《佛的孤独》，签好名给了顾晓。顾晓说："李校长他们也都喜欢下围棋，要不我给联系联系，咱们去党校一趟。"我问水平怎么样，顾晓说："李校长跟咱们能下，郭宝贵比咱们厉害，不好赢。"后来我知道，宝贵在大同和雁北没合并前，曾经多次拿到过雁北地区围棋比赛的冠军。

顾晓提前联系好后，在一个星期六，我们"松竹梅兰"四人都去了。我们在党校玩了一天，四个人都跟宝贵下了一盘，正如顾晓说的，我们谁也不是宝贵的对手。

棋虽然是输了，但是通过那一次，我认准宝贵是个谦恭、低调、厚道的正直人。大概也是缘分吧，他给我留下了非常好的印象。

顾晓跟宝贵在很早之前就认识，他们之间常有来往。有一个星期日，我们快乐围棋十君子在生态园下棋时，顾晓把宝贵也领来了。我们推举延庆跟宝贵来一盘。延庆输是输了，但也不是太悬殊，只是差着几目吧。

除了延庆，我们十君子里下围棋的还有两个，一个是耀武，再一个是罗欣。他们是尽着能力地不乱来。尤其是罗欣，无论你再逗，他也不跟你杀，该守就守、该补就补，稳健推进，一会儿看看全盘形势，一会儿数数目，能杀也不杀你，因为人家知道，赢一百目跟赢半目是一样的。耀武对角上的死活最有学问，大猪嘴呀小猪头呀什么的，研究得通通的。

志英也想学着下围棋，在家背棋谱，可下的时候没走几步就不行了，因为对方没照着棋谱应对他，他就不

本文作者（左）对弈

知道下一步该如何应对，他就想呀想呀，想不出来，只好就那么胡乱地放一个子儿。如果是不熟悉他的人，就会被他这莫名其妙的一着儿给吓一跳，可熟悉的人都知道，他的棋整个儿是一个花里胡哨，最后往往是输得一塌糊涂，被人们戏称作"大薛崩"。

有时志英意识到自己走的是废棋后，嘴里念叨说："呀，没用。"

就像延庆好说大同话一样，志英好说个普通话，可他说"没用"这个词时发的音是"没润"。也不知道他这是哪方的普通话。大家伙儿听着觉得"没润"这个音好玩儿，也都学他，也是在每当意识到自己走了一步废子时，两手一摊、两肩一耸说："呀，没润。"

一会儿这个"呀，没润"，不一会儿那个也是"呀，没润"。此起彼伏的"没润"声，逗得大家直乐。

经常是"没润""没润"的，正能说明我们这伙棋手的水平，如果每一步都"有润"的话，那我们不也就成了大同市的高手了吗？我知道，大同市的所有棋手如果真正地来个排名的话，那我们……甭说我们了，就说我本人吧，最多也只能是排到个九九八十一名。

顾晓自称是"比赛型"的人，他说平时下的时候不待要跟你费脑子琢磨，一旦比赛，就跟你认真呀。

顾晓嘴上说平时不跟你认真，可实际上恰恰相反，他下棋总是小心翼

翼，看不清楚的棋绝对不走，每走一步要思考好长时间。拿起子儿摆呀摆呀又把手缩回来，摆呀摆呀又把手缩回来，你眼看着他捏着的那颗棋子儿要跟盘上放，可差那么一厘米的距离时，又把手拿起来，或者就干脆把棋子"噔"的一声，重新丢进了棋盒里。搓搓手的同时，嘴里说："嗨哎，咱们点根烟。"要不就是："嗨哎，咱们喝口水。"

顾晓在我们这里属于中流，但他的长考有时还真能走出步好棋来。当对方"好棋好棋"地夸他走了好棋时，他说："你才好棋呢。"夸他这步真漂亮，他说："你才漂亮呢。"后来大家也都学着他的样子，倒着夸对方。

"你才好棋呢。""你才漂亮呢。""你才厉害呢。"这和志英的"没润"一样，常能把大家伙逗得开怀大笑。

快乐围棋真的好。

逸民也学着顾晓，要长考。他长考时手不上，他怕上手会让对方看出自己的棋要跟哪儿搁，他才不想暴露心眼儿里头的那点子机密。逸民的长考是腰板挺得直直的，坐在那里给棋盘相面，端详来端详去地端详个没完，有时候边端详边还拧眉。但是我品验了，逸民的长考不行，不如顾晓，逸民往往是考虑来考虑去，最后却是下了一着儿我最希望他走的那一步。

反正我是最好跟逸民杀了，一路地杀过来杀过去，有时还能奇迹般地出现死棋杀活棋的现象。

逸民吃了几次亏后，总结出一条经验，那就是趁天不黑。

"趁天不黑"意思是，赶快动手，抓紧紧气。可是他经常是嘴里说着"趁天不黑，趁天不黑"，实际上是紧张罗着，天黑了。一数气，差一口。气得逸民哇哇叫，但那表情还是笑着的，虽然是有点苦笑的样子，但总还是在笑。

玉田自称是"遇强不弱，遇弱不强"。后一个阶段他走棋最大的特点是好脱先，这儿跟你杀得好好儿的，"叭！"一个棋子放在别处了。撇开这儿不管了。你苦苦地经营了半天，不舍得撒手，于是又在原处加强了一个子。这时，他又是"叭"的一声，又到另一地点占了个大场。你一看，急了，只好也赶快脱身，让他牵引着，又到别处去忙乱。

"高者在腹，中者在边，下者在角"，我下棋好走个大模样。可继文的观点是"金角银边草肚皮"。

他最拿手的战术是"四角穿心"。他把四个角都占住后，就笑眯眯地、轻轻地给你的中腹放个子儿，逼得你只好跟他拼杀。紧拼慢杀的，一只眼有了，再一步应不对，两只眼有了。要不就是，不仅要做活，而且要捎带着吃你一块棋。

我的这个"高者之腹"经常是叫他这个"低者金角"给捅破、给戳穿。在一旁观战的志英评价说，继文的这种做法是：我的是我的，你的是伙的。

天冷了，不能在生态园下棋了，永华给大家找了个好去处。

他的二哥有一套房闲着，我们就进驻了那里。那是一处独家小院儿的二层土楼，上上下下有十多间房，家具全全的，还有床铺。没吃早点的，还能煮方便面。更好的是院门外不远，还有一个黄糕馆儿，能吃午饭。

吃有吃处，要有要处，要得乏了还能躺在床铺上或者是沙发上休息。我们把永华二哥的这套房叫作"快乐棋社"。

我下棋喜欢独立思考，最怕别人给扳步儿。可有人就好给人扳步儿，比如罗欣。你紧着往走推他，他还要远远地探着身子、伸着胳膊指点一下。

凡是别人教给我该走哪步，我偏偏不走。我方的要点也是敌方的要点。我不听，敌方就听了。吃大亏的那就是我了。吃大亏我也不听，宁愿输棋也不听。有了永华二哥的这处快乐棋社，我跟对手下棋时就能做到单独一间房，把门一关，不让别人看。

延庆在水泊寺派出所当教导员，工作单位跟宝贵在的党校距离不远。宝贵的家就在党校旁边的家属院。延庆一到值班时，就把宝贵请到单位陪他下棋。中午吃饭时把宝贵的夫人冯老师也约来，后来他就管冯老师叫冯姐，管宝贵就叫姐夫。

延庆跟宝贵每下完一盘，还要复盘。

我曾经引经据典地说，"吴国人好下棋是因为吴国人有文化"，实际上是想说，我们这个快乐围棋里都是些有品位、高素质的人物。

我不说我。

我先说竹。逸民是大同市检察院的文化人。他的杂文《叹周昆》文笔犀利、一针见血，在报刊发表后，引起广大读者的关注。他的书法也了得，一个"忍"字悬挂在检察院举办的"书画大赛"展厅后，引起许多人仰头观看。

再说梅。顾晓是大同市委的笔杆子，他给市领导写的发言稿摞起来有一人高。他的散文《大姐》发表在《大同日报》后，读者们读着读着便感动得流下了热泪。顾晓的硬笔书法也好，潇洒流畅，舒展大方，"有点为水，空挑是言"，大有王羲之之风。虽然风格不一，但要叫我看，跟庞中华可有一比。他还喜欢吹横笛、品竖箫，在十君子里，他的爱好和才艺跟我最接近。

再说兰。玉田原来是大同市委宣传部文艺科的科长，没文化能当了这文艺科长吗？我是个写小说的，可论写小说，玉田是我的前辈。玉田的古体五言诗，即兴拈来，朗朗上口，大有"夜来南风起，小麦伏垄黄"之风。玉田的书法写得也好，"供儿读书早，奉母尽孝迟"，一副自书挽联，使我赞叹，催我泪下。

再说菊。罗欣虽是干部子弟，但没有纨绔习气，就凭这一点也能说明他是个有品位、有素质的人。他讲起历史的朝朝代代，有头有尾，首尾相连，好像都是他亲自经历过似的。他讲起司马迁、陶渊明、欧阳修、文天祥等历代文人的生平故事，有声有色、声色并茂，好像这些人都是他家的亲戚。他肚子里的唐诗宋词也不知道装有多少，你说哪首他都能背得出来。

再说桃。耀武是个欣赏家也是个鉴赏家，通过他家的摆设和陈列，就能看出来他是个懂艺术的人。他的脑子里还储存着好多的歌儿，不管是流行的通俗歌儿，还是经典的老歌儿，你只要随口那么一哼哼，他就知道是哪首曲子，歌名叫什么。

再说李。继文是个警官。一看就是个在机关部门上班的那种文职警官。实际上，他是工作在第一线的交警。那微微的笑容、稳稳的举止、谦和的仪态，就面相来说，我们十君子里，最数他像个君子了。他还是个才子，他的小说《华容道》，语言朴实，寓意深刻，读后让你久久不能忘记那里面的无奈和哀伤。

再说杏。延庆也是个警官，也是工作在第一线。他会做人的思想工作，是派出所的教导员。但他有很高的表演才能，没去当演员是失策。他讲笑话自己不笑，可别人却被他逗得肚疼。他天生有一副好嗓子，唱的军旅歌曲不如阎维文悠扬高远，却如刘斌高亢豪放，他如去参赛唱歌，一定能得大奖。

再说桂。永华是个藏书家，他家的藏书足有上万册，以文学为主，还兼有历史、地理、天文、哲学；他还是个武术家，最精通的是散打，对方还不知道是怎么回事，就已经被打倒在地；他还是个散文家，他的散文在省级刊物杂志上多有发表。永华还写武术评论，发表在国家级别的《中华武术》的那篇《关于中国散打之我见》，获得界内好评。

再说莲。志英内秀。从相貌上看不出他的才情，但他的大笔书法写得那才叫个好，有点魏，有点欧，非魏非欧，自成一体。他的短文还写得好，叙述清晰，描写生动，有时还有点小夸张、小俏皮、小风趣。他是十君子里的文笔秘书，他把快乐围棋的活动都记录了下来，贴在网上，他如果愿意的话，以后能出版厚厚的《快乐围棋史话》。

上面，我如实地、简略地说了说十君子围棋以外的才艺，但这里我再说说郝伟。

郝伟虽不是十君子里的，但我跟他认识得最早，也最熟悉。他称呼我从来都是"乃谦，乃谦"的，而我也从来没叫过他郝校长。我和他的关系就像哥弟兄那样，已经是不必要客套了。我老说他下棋下不过我，他也老不承认。他让我佩服的才艺是弹钢琴。我家也有钢琴，那是给外孙女买的。我一并给买了两架，一架放她家，一架放我家。但我不会弹。郝伟会弹，他虽然弹奏不了世界名曲，但一般的歌曲可谓驾轻就熟。

说罢棋以外的才艺，下面再返回来说棋。

近朱者赤、近墨者黑，老跟高手下棋就能长棋。

延庆常跟宝贵下棋，他的棋力就大长。我开始时也一盘两盘地赢过他，后来干脆连半盘也赢不了了。

延庆也常用小车拉着宝贵，到我们快乐棋社来玩耍。

宝贵来了以后，有时也跟我们这些低手下，他不因为你弱而走无理棋，他不管跟谁下，都很认真地走好每一步。

宝贵跟大家越来越熟悉后，一次在黄糕馆儿吃饭时，延庆提议说："曹老，也给我姐夫起个雅号呗。"我一下子蒙住不知道他说的姐夫是谁。后来想起，是指宝贵。

我说："宝贵人家那么高的高手，稀罕参加咱们这个低级别的群体？"延庆说："我问过，参加呢。"

我扭头问宝贵："你参加吗？"宝贵说："我怕的是曹老不要我。"

我说："哎呀呀，你是该在蓝天翱翔的鹰，我们可都是些蓬草窝儿的麻雀。"宝贵赶快掬手说："曹老饶我，曹老饶我。"

我笑着说："其实我也早有这个想法了，既然是常在一起耍围棋，那就不是外人了，再说我们这些个散兵游勇，也该有个正规的教官来指拨指拨了。"

逸民提醒说："也正好给郝伟同时取上一个。"

我对大家说："那你们帮着想，看取个什么好。"

大家有说这的，有说那的，但都是单字。最后我还是觉得他们两个取个双字好一些。我就建议一个是"梧桐"，一个是"灵芝"。

我说，"松竹梅兰灵芝菊，桃李杏桂梧桐莲。这样顺口些。"

大家都说好。

谁是梧桐、谁是灵芝呢？郝伟不在场，那就让宝贵挑吧。宝贵让我给定，我就给宝贵定了个灵芝，给郝伟留个梧桐。

逸民、顾晓、玉田和罗欣他们四个人又给我们这十二个人商定了一个总的号，那就是：云中十二子。云中，是我们大同的古称。

志英说："金陵有十二钗，云中有十二子。"永华说："一天有十二个时辰，一年有十二个月份。"耀武说："人还有十二个属相。"

云中十二子。好！

宝贵说为了感谢大家的"接纳和认同"，他要专门在大同的一流饭店永和食府请大家喝酒。永和食府的雅间得提前一个月预订，可他订的那个时间，我正好受中日文化友好协会的邀请，到日本访问去了。我回来后，他又特意在家里操办了一桌，

曹乃谦签名赠书

说是为我洗尘，请十二子在家里红火了一整天。

这天，同煤才女，张枚同老先生的女儿张亦芹女士，也被请来了。

亦芹和我们都熟悉，常常为我们的活动义务摄影、写文章。这天她有感于我们活动的丰富多彩，健康快乐，于是便欣然命笔，作七律一首：

岁寒三友松竹梅，一杆玉子敲云碎。

枝头桃李戏红杏，月下幽兰出尘埃。

梧桐影疏灵芝秀，桂子添香菊莲瑞。

快乐围棋十二子，踏歌起舞云中来。

她把我们十二子的号全部嵌在诗里了。

又有一次中午喝酒时，郝伟也参加了。这次人全，十二子都在场。喝酒中，大家又从云中十二子，说到了金陵十二钗。

志英是红楼通，他能把金陵十二钗的判词一一背下来。

大家有说喜欢十二钗里的这个，有说喜欢那个。他们问我最喜欢哪个。

在大观园里我最喜欢的是晴雯，但她不在十二钗里，我想想说："十二钗里我最喜欢的是妙玉。"

志英说："云中十二子金陵十二钗，正好对应，不管你喜欢谁都不算，咱们抓阄儿，让天意来定。"

志英一提议，大家都赞同。好，抓阄儿！

十多年前，我和逸民、顾晓抓阄儿定谁是"松竹梅"，当时我写阄儿他俩抓，结果他俩给我留下的是松。这次又是我来写阄儿，他们十一个来抓，最后给我剩一个阄儿。

我拿了阄儿没往开打，一个一个地问他们都抓了谁。结果谁也没有把妙玉抓走。这时我打开手里的阄儿一看，哇……妙玉。

他们给我留下来的这个阄儿，正好是妙玉。

真是无巧不成书。

逸民连连地感叹说："上次是这样，这次又是这样。曹老兄就有这命。"

棋友慧峰喜结良缘，我们都去参加他的婚礼。席间好多棋友到我们这桌敬酒，其中有一个精练的年轻人也来敬酒，人们说这是同煤集团围棋协会秘书长郭志强。

志强的出现，促成了大同围棋的又一段佳话。

同煤集团很大，下围棋的人很多。志强回去以后，把我们云中十二子的情况向同煤集团围棋协会主席张眉平说了，眉平立马动了心："咱们同煤这么多下围棋的，也组织十二个人。"于是他俩商量人选，最终确定出十二人，定名为同煤集团"弈苑十二友"。因为我们云中十二子都有"松、竹、梅、兰"等雅号，他们就以围棋的"镇、挖、飞、跨"等十二个术语分别作为他们的雅号。弈苑十二友也通过抓阄，很有新意地以十二生肖的围棋术语作为他们各自的别称。

公平地说，就整体实力而言，"弈苑十二友"在我们"云中十二子"之上，甚至应该承认，他们平均比我们高出了一个段位。

但就宗旨来说，都一样的，那就是：快乐围棋。

与围棋结缘

王乐群

作者在研究棋局

余自1996年学棋，沉浸在围棋之无限欢乐的世界里，先是与后海棋艺社名尹建平者学棋，后又与众多京籍名手如王力、金同实等学艺，受益匪浅。

我自天镇县插队，于1972年被招工于大同矿务局同家梁矿，因酷爱围棋，访得三矿税征处有金国荟者，为京城知名高手，曾入围山西体工队围棋队参加全国专业比赛。至其处讨教，授我四子，此局我胜。而后相识遂熟，便经常对弈，至三子、二子，甚或让先。凡几年中胜少负多，多得其教益，虽未正式拜师，但也以师生相待。

后于大斗沟矿识"北青"张润生，此君棋力一般，又结识大同矿务局沈光弟、陈平及白菊生等人。沈光弟家在宁波，是早期援同之干部，在六处上班。平时宿舍经常聚人下棋，我之加盟又添兴盛。我们经常对弈至深夜，因年轻毫无倦意。后相约"赌鸡"，凡输棋者买鸡一只，回至宿舍煮鸡、酌酒，再下棋至天昏地暗，盎意不减。

后我调至云冈矿，其时白菊生也至云冈矿上班，我俩经常下棋，招引一大帮"知青"下棋，其中有赵建新、张潜、王晓宏、王少华、石建国等人。后从70年代起至我1993年调至北京，凡二十年间，经常参加矿局、大同市比赛，又结识大同市赵成栋、李崇文、黄镜平、袁罡、刘正英、王忠、裴永康，雁北张永洲、郭宝贵、秋子、杨维力等棋手。

那时虽金先生也在大同上班，但因棋力高超并不参赛，我印象里，矿、局、市之比赛，我常拔头筹，好像有两三次取得大同市第一名，年代久远，具体是哪一年记不清了。其中沈光弟、白菊生、赵成栋、李崇文等人棋力也了得。毫厘得失，有时在临场发挥。

时值得一提之事为刘正英、赵成栋先生。刘正英时为粮食局之领导，周末经常组织众棋友去他单位下棋，赵成栋先生为大同"小仿膳"饭庄之经理，也经常组织大家去他那里对弈，时70年代并无电脑对弈，凡上举确为大同棋手下棋提供方便，为大同围棋事业作出贡献。

各类比赛，如70—90年代矿务局之棋赛，我拔头筹之时比较多，市比赛印象里大约有两三次冠军。八九十年代，我还经常代表局、市随众棋友参加山西省乃至全国各类比赛。印象里有"全国煤炭乌金杯赛""西北八城市比赛""省煤炭乌金杯赛""山西省职工业余围棋赛""三省十二市棋类邀请赛""煤炭系统选拔赛"等。其中成绩大部忘却，但总不理想。我之成绩，最好是某一届"八城市赛"名列第五，"煤炭系统选拔赛"六局我三胜三负，无缘参加全国专业系统赛事。其他比赛，全煤"乌金杯赛"名列33名，都不算太好之成绩。

但通过各类比赛，结识了全国著名的围棋高手，如银川刘洛生、包头刘庸生、乌海施为民、张家口小林子、大同金国苓。凡煤炭系统诸高手（年代久远记不清了）在比赛中互相对弈、交流棋艺，无论输赢对己之提高棋艺大有帮助。

在大同之际，我在矿参加少年围棋普及工作，当时方天罡老师自太原审查我之棋班，大为褒奖，或曰资金以支援等。又在同家梁家教了几名儿童。

进入90年代，大同围棋出了新人，如刘英、王献平、樊志军、何于威等人，他们经常去我家下棋，开始时我占上风，后逐渐感觉吃力，新人们带来了围棋之新气象，让我这"老棋"也受益匪浅。果然，在一次大同市围棋比赛中，我名列第六，新人们占领了上风。正应了那句"江山代有才人出"。

1993年，我因"知青"政策全家迁至北京，继续做围棋专职教师，服务于北京朝阳区"红庙一小"，后为经院附小（时为市棋类重点学校，设围、象、国象三项棋类）。凡十年，所教学生夺过北京市"晓林杯"围棋比赛团体第一名、第二名之成绩。东方德才小学荣获2000年北京市朝阳区中小学生三项棋类比赛围棋团体总分第二名，获1999年北京市朝阳区三棋等级、段位赛围棋团体总分第二名。个人十年中培育出1段至5段小棋手几十名。

我现已退休，仍在一幼儿园带一两节围棋课，以资教育、鼓励小孩子学棋。2000年8月，担任过全国协作区棋类锦标赛教练员、领队。2001年4月被聘为朝阳区棋牌协会委员。

此次受大同围棋协会之邀请，我们这些"老知青"返同，受到大家热情之款待。并知道大同市又出新手，竟如雨后春笋，实乃大同围棋之幸事。任何一项事业，离不开众"推手"之功。如举凡刘正英先生、赵成栋先生、王玉田先生、张眉平先生，尤其是金国苓先生、王晓华先生、沈光弟先生及刘英、刘大庆、郭志强、石建国等人都对大同围棋的"推动"作出了贡献。又睹大同各类儿童棋班之广大，比之我在同之际简直不可同日而语。众老师以教学教棋为己任。改革教程，编述新撰，务不使"贻人误己"之理，培育出了一批批小棋手。举凡我辈之"老棋手"无不拍手称快，此又一盛事。张眉平先生、王玉田先生代表大同围棋协会编撰《棋闻弈事——大同围棋风云录》一书，此又一盛事。凡此种种，吾辈无不心潮澎湃，又添新力。唯望大同围棋界之同人，奋发有为，助大同围棋事业百尺竿头，更进一步。

总之，纵述我这多半生，总与围棋结缘，无论比赛、教棋、研究教程，都给予我无限之乐趣与享受。深知围棋之深邃或奥妙，又知凡教育必以"桶水之资杯水相付"之理，应努力钻研围棋理论，争取培育更多之新人。

我的"黑白"人生

白葡生

2014年9月24日，郭志强发来短信，说："由同煤集团围协主席张眉平等人牵头策划的《大同围棋风云录》一书正在撰写中，其中部分章节是关于北京知青在大同期间工作和生活的逸事，大同围棋的发展，你们是最大的功臣，应该留下这浓重的一笔。借国庆期间在大同举办山西省围棋锦标赛的契机，大同棋协诚挚邀请您和金国苓、王乐群及其他在大同生活过的前辈一起来同会友、叙旧、约稿、交流，共同回忆几十年间的美好时光，大同所有老棋手都期盼着你们的到来。"

10月4日中午，我和王乐群、赵成栋乘汽车从北京西直门火车站出发，傍晚抵同。10月5日至9日，在大同逗留5日，10日返京。在大同5日，受到张眉平、王玉田、郭志强、刘英等人的热情款待，游览了大同新城和修葺一新的法华寺，参观了塔山煤矿，还去大同矿务局体育场，在郭志强办的围棋班教室里打了一场十二人六对六的围棋对抗赛。在大同5日，以棋会友、叙旧，其乐融融。从1976年到1993年，我在大同工作、生活了十七年，此次大同行，过去十七年的围棋往事又浮现脑海，一些围棋旧友的面容也渐渐清晰起来……

一、我是怎样下起围棋来的？

我是"文革"前夕才知道什么是围棋的。1966年春天的4、5月份，那时我读高二，学校组织全校师生到顺义农村参加义务劳动。当时是坐火车

去的，是那种木板座的硬座火车，现在北京早就没有这种火车了。从北京站坐火车到顺义要一个多小时，火车上总得找点事情做，我的同学肖志淮带了一副围棋，是那种横竖各11条线，共121个交叉点的小围棋盘，牛皮纸做的，正好可以放在火车的茶桌上，下棋消磨时间。当时除了肖志淮，我和其他跟他下棋的五六个人都不知道什么是围棋。肖志淮就跟我们几个人边说边下，这样，我才初步知道了围棋的基本规则和简单的死活。

从顺义劳动回来后没多久，"轰轰烈烈"的"文化大革命"就开始了，学校里先是成立了革委会，后来学生们又成立了各种红卫兵组织……我和几个街坊的孩子（其中有王乐群、刘德民、沈立福、宋长利、吴中尧等），不想参加任何组织，因此也不去学校，就几个人凑钱买了一副围棋，两毛九一副，玻璃子的。有了围棋后，我们几个孩子每天除了游泳、打篮球就是下围棋，白天在马路边下，晚上到路灯底下下，一下还真上了瘾。

二、吴清源的围棋书

好像学围棋的人都有这样一个阶段：下棋下得上了瘾，到了废寝忘食的地步。我和街坊几个孩子初学围棋时就是这样，下棋时互相都较着劲，谁也不服谁。外号"十八路弹腿"的刘德民，下棋时眼睛总是眯缝着，手托腮帮子、手指捏着棋子苦思冥想。人称"二祥"的沈立福，下棋时，胖胖的、圆乎乎的脸泛着红光，眼睛睁得大大的，死盯着棋局，赢了棋，嘴一咧，那个得意劲儿就甭说了。

但是，对于围棋，当时几个街坊孩子中只有我和王乐群是"有心人"。

为此，我买来吴清源的六本围棋书《白布局》《黑布局》《定式要领》《序盘战术和打入要点》《中盘战术死活和收官》和《星定式和对局精要》认真研读，为锻炼记忆力，对"对局精要"中的名局，先看它每一步的解说要点，再记忆，之后在棋盘上背着打一遍棋谱。我知道想提高棋艺光纸上谈兵不成，这样，我就白天找人下棋实战演练，晚上夜深人静时在路灯底下打棋谱，有好几次打谱打到第二天凌晨四五点钟。当时我母亲在饭馆工作，每天凌晨5点钟就得起床到单位去烧早点，她起床后扒着门的窗户看见我还在对面马路灯底下打棋谱，就喊："菊花（我的小名），赶紧回家睡觉啊！"那情景，至今还历历在目。

三、"大力丸"和王力

打棋谱、下围棋大约有半年后，我的围棋在与我一起下棋的街坊孩子中除四群（王乐群的小名）以外，已经找不到对手了。

后来在打篮球时我认识了"大力丸"。大力丸学名叫尹健平，他瘦瘦的身材，长脸，颧骨很高，留着长发，个儿有一米九多，无论进谁家屋门他都得先低头才能进去，由于他特别能"侃大山"，说话就像天桥卖把式的，所以人送外号"大力丸"。大力丸不仅篮球打得好，而且围棋、象棋也下得不错。当时他自称下围棋是"尹老虎"，意思是专吃"大龙"；下象棋是"尹半先"，意思是总不失先手。他说在邢台汽车制造厂工作时，参加厂里的围棋比赛，拿过冠军。

刚开始，我与大力丸下棋，他让我六个子我也赢不了他。大力丸下棋的口头禅是"高者在腹"，他棋下得很快，下棋时总时不时地念叨"高者在腹"，还不停地用细长的手指将棋子重重地放在棋盘上，啪啪地响。有好几次我的大龙被他吃掉，当时我想，他真不愧是高者在腹的尹老虎啊！输了棋，我就回家对照名局棋谱研究他下的棋哪些符合棋理，哪些是骗着，然后再与他下。这样我慢慢找到了他行棋的弱点，比方骗着，该补棋时不补等，再跟他下棋，我就能一举制胜了。两三个月后，我不仅可以与他分先下，而且可以让他三子了。

后来，大力丸把我介绍给王力，说王力是他的围棋老师，非常厉害，说让王力和我下几盘指导棋，看看我的棋力到底怎样。

提起王力，20世纪六七十年代的中国围棋界恐怕没有谁不知道他的名字。当时，中国老一辈围棋国手有吴淞生、陈祖德、王汝南等，王力那时还年轻，专业五段，是中国围棋的后起之秀。他曾于1964年代表中国去日本参加围棋赛，取得了优异的成绩，回国后一下就出了名。

记得第一次大力丸带我去找王力，是在王力的家里（小石桥胡同26号）。当时王力还没成家，他家里只有一张床、一个茶几、一个书柜，书柜和地上摆满了围棋书，全是日文的，地上尘土厚厚的，被褥也没叠。王力当时也就二十七八岁，一米七六左右的个儿，瓜子脸，瘦瘦的，不修边幅，络腮胡子，但眼睛却炯炯发光，显得特别有精神。我们在他家喝了点茶，就到他家胡同的路灯底下下棋。棋是他从日本带回来的，高高的棋桌，棋子是用贝壳制成的。"我应该让他几子？"他问大力丸。"六个吧。"大力丸说。于是，王力让六子和我下了三盘棋，结果我两负一胜。第二天，大力丸跟我说："王力说让你这几天先别找他下棋，他让你好好磨炼磨炼再说。"我想，这回可算遇到高手了，但输棋不能输志气，我得好好练练再去找他。过了三五天，还是晚上，我又去王力家找他下棋。王力这回跟我说："咱们这次下棋搞升降，你如果连胜两盘就降一子，连输两盘就升一子。"现在我已经记不清当晚下了几盘棋，结果最后打到他让我五子，五子我还胜了他一盘，由于已经半夜，就没有再下。记得过不几天我就要到山西雁北插队，父母正为我准备到农村该带的物品，我也就没有时间和心思下棋了。

大力丸是我初学围棋时又一个启蒙老师，虽然后来他已经下不过我了。王力是我初学围棋时遇到的真正高手，虽然他并没有当面给我指点过什么，但是在与他不多的几盘对局中，我确实受益匪浅。

四、决一胜负

1975年12月，我母亲患胰腺癌在北京积水潭医院住院治疗无效去世。1976年1月，为生活计，我应招到大同矿务局云冈矿当了工人。

当时云冈矿是与日本订单生产焦炭的新矿，因此去的北京知青最多，有四五十人。其实，最初云冈矿下围棋的知青只有我、王乐群和王少华三个人。前面已经说过，我和王乐群是"发小"，也同是学围棋的街坊孩子中的"有心人"。到云冈矿后，我和王乐群、王少华常在一起下棋，在我们的带动下，云冈矿下围棋的北京知青才渐渐多了起来。像王老四、顾铁忠、张潜、卢永年、赵建新、石建国、肖连碧等。刚开始我和王乐群、王少华下棋时，这些人只是看，后来才慢慢地下起围棋来。

王老四当时在云冈矿中学教数学，和王乐群同住一个宿舍，因此看我和王乐群下棋的时候最多。1977年他考上大学走了，大学毕业后分在太原一个煤炭研究所工作。1986年，我在山西大学进修外国文学时还找过他，他样子没有变，圆圆的脸，总是笑眯眯的。当时除了聊天，我还和他下了两盘棋，他的棋力还是原来那样，没什么长进。

顾铁忠下棋有股钻劲，但是脾气倔，下棋"一根筋"，就是说只要是他认准了的棋，他就照直走下去，哪怕碰得头破血流也绝不回头，故而人们送他个外号，叫他"顾铁头"。从1976年初到1978年7月，顾铁忠与我和王乐群下围棋的时间最久，较劲的时间也最长，这期间他的棋力也有所提高，从原来的被让四子到后来的被让两子。后来听说顾铁头还拿过云冈矿围棋赛的冠军，不过这已经是我上大学以后的事了。

当然，在云冈矿下棋，真正能和我较起劲来的还是王乐群。我和王乐群一起学的棋，插队后有时回北京探亲，我把他介绍给大力丸，我和他又经常到大力丸家里三个人打擂台。记得插队后不久的1969年冬天，我去他插队的天镇县城关公社鲍家屯大队看他，我们在土坯房的土炕上摆上小桌，还下了不止十几盘棋。那时，我已经看出王乐群对围棋的痴迷，知道他是一个下围棋的"有心人"。

到云冈矿后，我与王乐群经常对弈，当时最"热心"的观众就是顾铁忠，无论我与王乐群在哪下棋，顾铁忠只要不上班，就一定要过来看，一直到我上大学离开云冈矿之前都是这样。那时，我和王乐群下棋往往下到痴迷的程度。

1976年8月初，唐山地震后不久，在云冈矿瓦斯爆炸事故中我受了伤，头部缝了十三针，想调到学校教书，未果，这时我已经下决心考学离开煤矿了。养伤期间，偶尔我也下几盘棋，但比以前少多了。一直到1976年11月中旬，大同矿务局首届职工围棋赛在矿务局招待所大楼四层举行。这次是我第一次参加正式围棋赛。在这次棋赛中，我认识了王晓华、吴岱、闫育才等矿务局的同辈棋手，在这次棋赛的决赛中，我遇到的对手正是我的"发小"王乐群。记得当时其他棋手的比赛已经结束，组委会就把我们这盘棋安排到一个单独的屋子里下。为了不影响比赛，当时屋里只留下裁判、我和王乐群三个人，其他人都被关在门外，不许进屋。那时还没赛钟，下棋也就没有时间限制。那天，我和王乐群从中午吃完饭就开始下，一直下到日头偏西，用了五个多小时才结束。那局棋，我和王乐群都下得很认真，从一开始就几乎是数着目下，黑白双方始终咬得很紧，中间还有过多次劫争，收官阶段，只剩下一个单劫，当时我和王乐群都屏住呼吸数了好几遍目，算出谁劫胜谁就赢。所幸我多一个劫材，打赢了劫，最后以半目胜，获得冠军。

这次对决，是我与王乐群在赛场上的真正较量，也是我离开煤矿前与王乐群对局中最用心的一次。这次对决，让我头一次感到了围棋比赛的紧张和"残酷"；这次对决，王乐群虽然输了棋，但是让我又一次看到了他对围棋的挚爱，看到了他下围棋时的执着与坚毅。

我离开大同已经多年，此次回大同，没想到大同的围棋发展得这么快，大同的老棋友们对围棋仍然那样情有独钟，对我们此次大同之行接待得如此周到热情，对此我表示感谢。在上面的文字中，很多与我非常要好的大同棋友我连他们的名字都未提及，我也在此表示歉意。

作者：李泽民

难忘的一次围棋表演赛

李崇文

1967年，我从北京三中毕业后，于第二年来到大同县吉家庄公社旧桥大队插队。1972年，作为工农兵学员，到山西省太原工业学院机械系学习，毕业后分配到大同齿轮厂当助理工程师。1990年，回到北京，先后在北京轻型汽车有限公司、北京金能时代科贸发展有限公司，担任高级工程师和技术总监。2010年退休。

我在1980年前后曾两次获得大同市围棋冠军，90年代在北京汽车工业公司系统围棋比赛中曾获得团体亚军。

1974年承蒙大同棋友的介绍，我曾在大同的一些厂矿以棋会友消磨时光。这些单位外地人多，喜爱围棋的人也很多。

记得在六一六厂时住在胡师傅家，他是随东北的工厂迁移过来的，爱交朋友。一到晚上，好下棋的师傅们下班后简单吃上几口饭就聚集在他家里，你来我往地下上几盘，他们下棋时都很认真，时有争论，有时还要复盘，征求我的意见，对我也很尊重。我从他们的热情好客及中规中矩的下棋态度中得到了很多感悟和启迪，我感觉到一种大企业的风范。这段经历影响了我很长时间，曾引起我很多美好的回忆。

记得也是在1974年前后，我曾受大同朋友和大同市体委有关人员的邀请，与大同市前围棋冠军进行了一次很有意思的围棋表演赛。我记得对手是大同电厂的杨师傅，地点在红旗商场对面的一个露天体育场内。当时环形的台阶上坐了很多棋迷朋友，比赛的大棋盘平铺在篮球场的场地上，围

大同火车站老照片

棋子是专门制作的黑白两种颜色的圆形厚纸片。

比赛是在观众席后面的一个休息室内进行的，我们的每一着棋都由专人传递信息，再把黑白棋子码放到具体位置。比赛进程时快时慢，花絮和笑话频出，观众也看得津津有味，议论纷纷。最后我以一子半的优势获胜（其实优势较大，当场复盘后改定为胜一子半）。赛后各方面人员皆大欢喜，大家广交了朋友，增进了友谊和棋艺。

时光流逝，当我又一次重游大同这座历史名城，观赏和品味晋风浓厚的古城建筑与文化，驾车行驶在新建的魏都大道上，不由得就想起了路边体育场里这场别开生面的围棋表演赛。

我 与 棋 友 们

王玉田

作者在研究棋局

1985 年我三十岁整，被委派到省委党校学习培训，学期一年，编入培训五班。省委组织部对培训班学员要求很高：年龄在三十五岁以下、大专以上学历、地市级组织部备案的第三梯队干部。与我一起参加培训学习的大同籍学员还有另外六人，其中就有大同市委组织部的张宇。我当时在市委宣传部工作，与张宇在同一栋楼上班，楼上楼下彼此都认识，但还不十分熟悉。

　　一位叫卫仰霞的老师担任班主任，兼讲《资本论》，我任培训班支部委员、副组长。培训班的学习生活极为紧张，课程安排得满满当当，每门课程的结业考试也很严格，平日里很少能有时间放松，但一到星期日，家在太原市和周边地市的同学便都回家去了。大同路远，我们只能留守。学校有一个不错的图书馆，休息日的大部分时间我都在这里度过，翻翻以前没有看过的书，因为爱好文学，看的书也多是文学方面的。记得曾翻出苏联车尔尼雪夫斯基的小说《怎么办》，这位先生是无产阶级文学理论的奠基人，大家都熟知他著名的论著《艺术与生活》，却很少有人知道他同时也是一位有成就的作家。就这样，时间一晃到了1985年底。

1985年底中国发生了一件很不平常的事情，那就是聂卫平在中日围棋擂台赛上横扫日本超一流棋手，帮助中国队夺得冠军。这真给中国人提气，尽管当时在中国下围棋甚至懂围棋的人都少之又少，还是出现了举国欢庆的场面，大学校园里学生们敲锣打鼓放鞭炮欢庆胜利，到处都能听到聂卫平的名字，到处都在讲聂卫平的传奇，这实际上已经是围棋以外的东西了。我们这一代学围棋的人有一大半是从那时候开始的。

一个星期日的午后，与张宇一起闲聊聂卫平的故事，都叹息不已。张宇长我一岁，毕业于太原理工大学，个子高高，五官匀称，为人极其和善忠厚。他突然问我："你会不会下围棋？"我说："不会。"他说："那我教你。"说罢变戏法似的拿出两盒棋子和一张塑料纸的棋盘来。这真让我惊奇不已，想不到憨厚平和的张宇还有这一手。于是便跟张宇学起围棋来，怎么布局、怎样活棋、怎样吃子。后来才知道大同同班学员、南郊区宣传部部长梅建民也会围棋，因为他是"北插"，这也就不足为奇了。这样每到休息日，我们三位便常常在宿舍"厮杀"起来，后来还与理论班的围棋爱好者搞了一次"擂台赛"。说实话，那时我们的围棋水平实在是很低，相当于眼下"弈城"的三四级吧，但热情却极高，有时吃罢了晚饭也要叫起板来，直杀到熄灯。两三个月后，张宇与我们下棋已不占上风了。

大学时我有一位同班同学叫白菊生，他是"北插"，也是一位围棋高手，当时在省教育学院进修，两校相距不远，我们还专门前去请教。当然，与他下棋我们须摆五六个子，即便如此也鲜有胜机。白菊生下棋也有一个传奇故事，当年他与爱人订婚，喜宴设在晋华宫矿，偏偏那天棋友找他下棋，他只顾埋头下棋竟把订婚的事忘得一干二净，女方请了一堆亲属朋友，终不见新郎出场，你说该有多么愤怒。事后菊生自知理亏，硬拉我同去解释调和。对方正在气头上，挨骂挨训也就理所当然了。时至今日与他们夫妻重提此事，都免不了要把菊生嘲笑一番。

党校毕业后不久，梅建民便调回北京，此后再无音讯，但我和张宇却时常相约喝酒下棋，张宇做事认真细致，厨艺也很不错。最拿手的是蒸包子，真是香得了不得。我俩下围棋还发生了一件尴尬的事。记得一个晚上我们直下到深夜，他妻子张秀莲已入寝，我们还在苦战。突然一阵急促的敲门声，秀莲披衣而起，问是谁，对方总不答，只管敲门。开门后进来几位穿警服的人，见我们在下棋，便支支吾吾，极其尴尬。秀莲性格泼辣，嘴不饶人，大声斥责他们私入民宅，半夜扰民，几位便连连说"对不起、对不起，互相理解、互相理解"，一溜烟走了。事后想来，棋子落盘、赛后收棋听来与麻将的声响极为相似。那个时候，公安强入民宅，对打麻将者抓人罚款是极平常的事情，出现这样的笑话也就不足为奇了。

培训班同学们的友谊一直非常深厚，而我与张宇除了学友还是棋友自然更进一层，只是现今年龄大了，公事私事一忙起来便顾不得许多，虽同居一座城市，有时竟一年内难得一聚一见。哪天闲暇还得约张宇老兄喝上一杯，杀上一盘。

早年间还有一位棋友叫李锋，当时是山西大同大学（当时称为"云中大学"）教授，专攻历史，著作甚丰，好像还出过专门研究甲午战争的历史专著，影响极广，颇受好评。此兄学富五车、文采飞扬，其爱人王晋玲在大同市委宣传部与我共事多年。李锋性格豪放，爱喝酒也爱下棋。酒量稍逊于我，棋力不相上下，我俩常聚在一起喝酒下棋。一次心血来潮，竟联合一些棋友开始筹备"大同市围棋协会"，李锋主动请缨担任秘书长，亲自起草章程，在民政局、体委办理了注册登记手续，我任常务副主席，主席是谁却是忘记了。成立大会就在山西大同大学举行，搞得很隆重也很热闹，后来也组织了几次比赛和活动，终因活动太少，组织松散，经费困难，协会渐渐偃旗息鼓，无声消失了。协会流产了，但棋友们却不肯安静，三三五五自行组合的围棋小圈子实在不少，当时我们常下棋的地方是一个叫"月亮湾"的饭店，对面的一个饭店叫"太阳岛"，很雅致有趣。"月亮湾"的店主是一位叫李月明的棋友，人长得很斯文，酒量也好，棋力明显比我们高出一截，曾获过大同市青年围棋锦标赛冠军。每到休息日下完棋就在他的饭店吃饭，吃完饭再下棋，经年累月，乐此不疲。现今李锋在扬州大学任教，李月明也在外地经商，欲求一见已是很难得的事情了。

不知何时，曹乃谦、李逸民、顾晓搞了个围棋小圈子，自号为"松竹梅三君子"，这三人中，乃谦是知名作家，早在20世纪80年代我们就一起参加大同市作家协会组织的各种创作研究活动，我非常欣赏他的短篇小说，精致干练到极致，极富感染力，可与文学大师比肩，中外影响甚广；顾晓与我同在大同市委宣传部供职，李逸民说起来还应该是我的"学弟"，于是我也加入其中，号为"松竹梅兰四君子"。大家轮流做东，一起下棋喝酒。四人棋力相当，相互不服，越下火越大。说起过去战绩，凡赢的棋都记得清清楚楚，说得津津乐道，输的棋往往就记得不甚真切了。"输过吗？好像记不得了。"顾晓会这样说，偏偏逸民还很较真，会讲出那盘棋的局部着法和细节来。乃谦下棋很有气势，且自己创造了一种布局着法，起名为"曹氏定式"，这布局明显要两面得利，且气势汹汹，很是吓人，应对有误便立刻陷入败势，但因为自身太薄、漏洞太多，对方应对得当其实并不占便宜。现在与我们下棋，他极少再用"曹氏定式"了。乃谦下棋很强很硬。他常常走得过分，但如果对方走了不甘屈服的一手，他会变本加厉马上还以颜色。因此，与乃谦下棋极少下成细棋，数子的时候也不多，常常不是他把对方杀得一塌糊涂，就是他被对方杀崩。乃谦下棋还有一个特点是"爱子如子"，谁下围棋也不会轻易让对方吃子，乃谦表现得尤为突出。我想应该有两个原因，一是他老惦记着对方的大龙，一旦让对方吃子，杀龙计划往往破产；二是在棋的大小上还缺乏准确的分析研判。凭着这股狠劲，乃谦常能赢一些高手，但也常输给棋力不如他的棋友。乃谦棋瘾很大，甲午战争一百二十周年，他说：来，我跟你下一百二十盘；抗日战争七十周年他又说：来，我跟你下七十盘。这些棋最后都要下完，你说他的棋瘾有多大。

　　顾晓是大同市委宣传部理论科科长，硬笔书法堪称一绝，也常有散文随笔见之报端。顾晓下棋也像是在搞理论研究，慢条斯理不急不躁，棋也走得稳健扎实，韧性十足。如果你夸奖他"这步棋走得好"，他会说："你才走得好呢。"不到万不得已很少冒险拼命、一决雌雄。他常俯身棋盘长考，你要催他快走，他会突然抬起头说："不着急，这是很关键的一步呢。"然后点支烟又俯身长考。输了棋他会说："这只是耍耍，不用心，正式比赛才赢呀。"顾晓这样说也不无道理。2014年"云中十二子"与同煤"弈苑十二友"擂台赛，对方老将刘大庆出场连败我方六员大将，形势一时岌岌可危，关键时刻，顾晓披挂上阵，强势扳头，并豪取三连胜，你看，厉害吧。

李逸民是大同市检察院一位处长。写文章也练书法，他与乃谦初次相识就是参加《中国纪检监察报》组稿会后在火车上相遇的，逸民为人平和，但据我观察，如果你真把他惹火了也是极有脾气和个性的。逸民下棋属于稳健型，四平八稳，按部就班，但你把他逼急了也会与你鱼死网破。这与他的个性非常契合。如果逸民与乃谦对局，乃谦处处强势，逸民则流水不争先，淡然处之，中盘一看逸民并不落后，围棋就是这样奇怪。因此两人有几次十几盘、几十盘大战，常常是相差无几甚而平分秋色。在我们四人的比赛中，好像每人都做过冠军，可见棋力相当，正因如此，厮杀起来才分外上火。

我们因棋而识，因棋而聚，因棋而长期保持着一种纯真的友情，保持着人性中的一方净土，实属难得和不易。总而言之，围棋真是个好东西。

有一段时间我们移师在刘老家下棋，刘老名刘正英，退休前是市粮食局副局长，大同围棋界的老前辈，他的棋龄要追溯到20世纪60年代，大同市的老棋手无一不与他相识，并保持着跨世纪的友情。一次，金国苓老师来大同，我们与他一起去看刘老，几个书柜都储满围棋典籍，刘老一一分类编号，包裹整理得整整齐齐。一大捆名家送他的条幅也大多与围棋相关，可见对围棋的挚爱。

刘老为人热情和善，且幽默风趣，休息日一到他家，床上一对，茶几一对，桌上一对，杀得昏天黑地。在刘老家里又有薛志英、罗欣加入团队，刘英做我们的教练，刘老戏称为"八大员"。中午就在附近的一个饭店吃饭。这饭店规模不大，但饭菜做得很好，且价格实惠。大家轮流做东，其乐融融，规定每人只能喝三瓶啤酒。席间这个说："你少喝点，要不一会儿输了又怨酒呀。"那个说："没事，喝醉了下你也是稳的。"吃好喝好也不休息，重新排兵布阵。刘老毕竟年事已高，还闹过一次病，后来，大家不便过分打扰，去得渐渐少了，只是刘老电话相约，我们才去与他下盘棋。

向聂棋圣请教

　　前面说的"云中十二子"是我们在"七大员"的基础上又添加了郝伟、李继文、刘延庆、郗耀武、郭宝贵后自诩的雅称，十二人中以宝贵和延庆的棋高一些，延庆算棋路准确，形势判断清晰，十二子排名赛尚未结束已稳坐头把交椅，但在对外比赛中往往出场前便寝食难安，导致临场难以发挥最佳水准。宝贵则是比赛越重大越能凝心聚力，超水平发挥，在历次擂台赛中一直担当"擂主"角色。郝伟、继文与我棋力相当，但郝伟与你下棋前先要说一句"我教你盘棋吧。"或者说："你是不是想输盘棋呢？"但下开往往是半斤八两。继文是很用功的棋手，很少出现"随手着"。2014年，"十二子"应邀参加全省围棋锦标赛，面对众多业余豪强，他是十二子中唯一赢过棋的。志英是"十二子"中的"大才子"，每隔一段时间《围棋天地》及本地报刊便有他关于围棋活动的报道和评述，是我们"双十二"的"新闻发言人"。志英书法也好，只要是写字的营生基本上都由他承担。志英下棋中规中矩，只是杀力弱一些，用他自己的话说：前五十手绝对的九段水准，只是后面下得不够认真。以后在这个圈子周围又聚集了许多的棋友，像李东、刘英、党驰、贾慧峰、白清泉都是有证书的清一色的业余5段，棋艺比我们高出一大截，我们难以抗衡便聘请为教练组成员。还有裴雁巍、张近平、鲁喜中等棋友加入其中，贾慧峰、苏永华、郗耀武相继开办了围棋辅导班，特别是小贾的辅导班成了棋友们下棋、喝酒的"大本营"，活动更加频繁，气氛也更加活跃。

同煤集团的棋友们听说了"云中十二子"的事情，由张眉平、郭志强牵头组织了十二位棋友，名号为"弈苑十二友"，并组建了教练组与"云中十二子"互动。每年有擂台赛、对抗赛，双方轮流互为主客场，大标语挂起来"欢迎弈苑十二友下围棋、喝烧酒"，从年初一直搞到岁尾。再加上"双十二排名赛""元老赛"与"队际赛"，真的是热热闹闹、红红火火。受此影响，大同市围棋协会的工作也搞得卓有成效，与三门峡、呼和浩特等地棋友们经常互访交流，2015年还组队参加了全国"晚报杯围棋赛"，参赛棋手胜率过半。大同还培养出了曹宏宇、丁浩两名职业棋手，可谓硕果累累。

峡 谷 行

一

太行大峡谷
三晋有盛名
云中十二子
结伴太行行

二

石壁鸟飞绝
青峰出白云
飞瀑天上来
碧空有彩虹

三

二八当垆女
清水出芙蓉

殷勤劝客留
笑脸霁月新

四

清风解人意
细雨添幽情
人在画中走
疑是江南景

五

漂流水湍急
失声更湿身
笑语满山坳
男女乐无穷

六

夜宿农家院
黄瓜结满藤
主人疑贼至
过往顾盼频

七

喜忠乐尝鲜
永华喜付薪
主客皆喜悦
全付笑谈中

八

纹枰初论道
众人分两群
联棋有乐趣
铁马再争雄

九
尔有子龙胆
吾有霸王魂
雄狮对峙时
蛟龙又争锋

十
旅途有尽时
情义永无穷
何日有暇时
抬脚再登程

棋人有缘

马建军

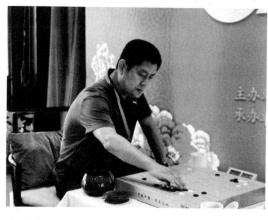

作者在对弈

回想起来，我和大同围棋的缘分很深。1987年高考那年，我喜欢上了围棋。因为在一本文学杂志里，我读到了陈祖德九段描写他与金庸之间的故事，而我正是金庸的书迷，从此开始了纹枰半生缘。

在临汾工商学校我读了两年的书，也下了两年的围棋，天天打谱背定式不亦乐乎，到毕业时还当了一回校冠军，不由得"春风得意马蹄疾"，一时志得意满。在毕业回大同的路上，因缘巧合在太原建筑学校住了两天，与建校的几名同学日夜切磋，竟然一胜难求！我不由得暂时收起校冠军的踌躇满志，对这几位同学高看几眼。张文远、李吉才、党驰这几位建校同学和我年龄相当，都是同年的中专毕业生，为人坦率真诚。回同后我们都有了各自的工作，但围棋结下的缘分使我们成为好朋友，工作之余天天约在一起弄点酒菜，在棋盘上绞杀在一起，那会儿的日子很快乐，真正是忘忧清乐。等到后来党尚他们加入，这个围棋小圈子开始发展和扩大，常常一起切磋。党尚是党驰的弟弟，小我们三四岁，可能是受我们的影响，他与范东兴、姚宝奎几个同年上下的同学喜欢上了围棋，自然而然地也加入进来。这几个棋友颇具才华，对围棋的喜爱和我们别无二致，而且对围棋的学习更为执着，因此围棋水平也迅速地超越了我们，后来成了大同市围棋骨干力量。

1989年10月，我参加了大同市围棋比赛，第一场就对上了顶级高手樊志军，其人不但棋高，而且颇有魏晋风度，赛后我们这帮人拎着水果到他家找到了他，同时期又认识了前来赛场观棋的罗欣，老罗为人诙谐开朗，他请我们到他家喝汾酒，后来我和这两位都成了很好的朋友。

1992年底，我下海经商，创办了自己的企业鸿安酒店。1995年，马晓春夺得世界冠军，与此同时，我出资举办了三届大同市"鸿安杯"围棋比赛，从此开始接触了更多围棋界的高手及骨干人员，经常接触的有何于威、樊志军、关子珍、刘英、李东、王献平、段锦斌、张眉平、罗欣、郭宝贵、白新泉、王院生等。同时期还出资在城区文化宫、振兴街小区、市体育馆办过三次围棋社，负责人分别是樊志军、党尚、何于威，棋社成了棋友们聚会、交流、凝聚感情的乐园，也播下了大同围棋传承发展的种子。

在这期间我印象深刻的事情之一是认识了贺建民、贺宁父子，曹明、曹宏宇父子，两对倾注心血培养孩子的父亲和立志成才的少年。后来贺宁考取了上海知名的重点大学，而曹宏宇则是赴北京学棋，并且成为大同围棋史上第一个专业入段的棋手。

另外一件事情我现在还历历在目。我和刘英赴北京请曾是大同市泰斗级的围棋元老金国苓老师回同指导，当时金老带了一个全国的业余顶级高手邵光来到了振兴街小区的棋馆，授大同高手两子进行指导，当时群贤毕至、以棋会友，大同围棋，好不热闹！

这个时期大同市围棋界非常团结和谐，城区围棋界和矿务局围棋界多次互动，大家手谈对抗，你来我往，把酒言欢，情真意切，其乐融融。那时的友谊一直延续到现在。

2000年，我接手了知名餐企永和食府，在我店旁边的清源电脑是大同市首屈一指的电脑企业，老板赵刚也是个围棋迷。2001年上半年，赵刚出资赞助了全国第六届电脑围棋赛。当时中国棋院陈祖德院长偕同山西省围

参加商界棋王赛

棋协会陈慧芳、张文东（九段）、金国苓老师、周杰老师、曹宏宇（初段）莅临大同市，我协助赵刚负责接待工作，以无比激动的心情领略了心中的偶像陈祖德院长非凡的风采。陈祖德院长和我下了指导棋，并授予我业余4段的围棋段位证书，之后又给我寄来了参加贵阳世界围棋大会的请柬，这成为我人生中最大的精神财富。2012年11月，当我在新闻上得知陈祖德院长去世的消息时，顿时潸然泪下，悲痛的心情久久不能平复。同年9月，国手吴淞笙（九段）、韩国光州棋院吴圭喆（八段）、全国女子冠军黄焰（三段）莅同进行围棋指导，我亦参与接待工作，并与吴圭喆下了被授子的指导棋。

2005年，为了进一步推动大同围棋的广泛开展，在众棋友的推动下开始了新一轮围棋活动。我们先是在御河生态园露天办了全市少儿围棋比赛，之后又办了大同市围棋名手邀请赛，并积极与省围棋协会及棋牌管理中心的方天刚主任及周杰老师接触沟通，开始给大同市学棋的孩子们定段定级。团结大同市更多有影响力的人支持围棋事业，有自来水公司的李日斌董事长，大同市报业集团的张旭总编、王玉田书记，龙膳公司的宫铁宇董事长，阳光小额贷款公司的张明远老总，电力公司的刘辉主任，同煤集团工会的王晓华，政府办的张永州，公安局的叶向东、曹乃谦、刘延庆等，他们爱棋支持棋，从不同的方面支持大同市的围棋事业，从无半点求回报的功利之心。

2007年是大同市围棋历史里程碑的一年，经与志同道合的棋友们共同努力，大同市围棋协会正式注册、挂牌成立，李日斌任主席，我任常务副主席兼法人代表，何于威任秘书长，贺建民、郭志强任副秘书长，樊志军任办公室主任。这之后，大同市体育局、体育总会的领导晋子顺、李斌等也非常重视和支持大同市的围棋事业，大同市的各个围棋辅导班、棋校、棋院如雨后春笋般相继成立起来。如党尚、樊志军、李东的启智棋院，王臣、王奇兄弟的博弈棋校，贾慧峰的慧智棋校，郗耀武的弈友棋校，同煤棋友的煤都棋院，刘英的弈海棋室等。围棋进校园、少儿围棋定段升级比赛等活动开展得如火如荼，学棋的孩子累计有万余人，围棋事业在大同已经迈向体育产业。当初大同围棋的星星之火，如今已成燎原之势。

大同少年丁浩在这期间更是一枝独秀，他不仅像当年的曹宏宇一样走出了大同，成了专业棋手，而且发展势头强劲，是蓬勃发展的大同围棋的优秀代表。

回首大同围棋的发展历程，与众棋友之情如当年，与大同围棋之缘深不散。斗转星移，暑往寒来，我们棋盘见。

作者：李广（棋友）

纹枰论道天成趣

张眉平

作者在对弈

"琴、棋、书、画"自古以来即为文人雅士引以为豪的高品位艺术形式，围棋以它丰富的文化内涵跻身其中，最终成为中国古代雅文化园中的绚丽奇葩。

中国传统艺术重在审美，围棋和音乐、绘画、书法一样，能给人一种美感。无论是棋理、棋境、棋势甚至棋具，都有一种无言之美溢于其中，下棋既是美的享受，更是艺术的陶醉。

古人常把围棋比作"木野狐"，这真是一个绝妙的比喻。狐者，美女妖妇也。白居易诗言："忽然一笑千万态，见者十人八九迷。"这黑白世界的精灵，永远有着挡不住的艺术魅力，"从来十九路，迷悟几多人。"

是呀，我们可以从对弈中看到一种无法言喻的美，这是一种艺术之美、境界之美。经过中华民族浓厚的文化氛围和琴、棋、书、画熏陶的人，经过各种艺术源流的渲染，我们可以从棋上读到诗，听到音乐，看到绘画，体会到美。在这些美的享受中，既给人以神秘莫测之美，又给人以恬静淡定之美；既给人以波澜壮阔之美，也给人以纤巧绮丽之美。

先说棋境之美。

倚窗听琴声，邀友把棋围。对弈时，会使人觉得进入一种高雅娴静的极美境界。试想，在清泉古松间，在亭台石案旁，在古刹寺院内，或和风煦日，或鸟语花香，或星稀月明，朋友二三，品茗手谈，平心静气，回归自然，一边弈棋，一边欣赏美景秀色。古联"松下围棋，松子每随棋子落；柳边垂钓，柳丝常伴钓丝悬"，诗句"有约不来过夜半，闲敲棋子落灯花"，在这样的境界中，人、棋、自然、心境构成了一幅绝美的图画。

棋境之美，还体现在一个"静"字，闹中取静，远避杂乱喧噪，不正是弈者所追求的一种超然境界吗？围棋别称"手谈""坐隐"，对弈成了双方无声的沟通。南唐李从谦有诗："竹林二君子，尽日竟沉吟。相对终无语，争先各有心。"围棋是无声的语言、恬静的乐章，棋手之间的情感隐含在变幻莫测的棋局中。在对弈中，我们常见双方或闭目沉思，或凝神屏息，这是他们于亦幻亦真、超然物外之际，直悟妙谛，明心见性。这时，对弈者完全置身于度外，如坠仙境，幽静销魂，抛弃了一切尘世杂念，心中只有小小棋枰和棋子及变幻莫测的着法，几乎进入了一个忘却对手、忘却自我的境界。宋徽宗的"小阁幽窗静弈棋"，白居易的"映竹无人见，时闻下子声"和唐代僧人子兰的"共藏多少意，不语两相知"，就是这种棋境的真实写照。所谓静，一是周围环境和谐安静，二是气和心平，心态安静。幽静的棋境与棋盘上金戈铁马，厮杀长鸣的搏击场面形成鲜明的对比，可谓静中见动，动中有静，动静相宜，妙然成趣，境界自高。

棋境之美，也有观棋者一份功劳。两人对弈虽好，但若有观棋者则更有趣。观棋者既可以品味对弈者的棋艺棋情，又可烘托对弈氛围，促使对弈双方更加全身心投入棋中。对弈与观棋犹如体育比赛中的运动员与观众，自是不可或缺的。古代诗词典故中曾留下许多记载观棋趣闻的名言佳句。明郭登诗："怕死贪生错认真，运筹多少费精神。看来总是争闲气，笑煞旁观袖手人。"以及清袁枚的《咏观棋》："悟得机关早，都缘冷眼明。代人危急处，更比局中惊。"等诗句，生动、形象地刻画了观棋人的形态和心理，令人回味无穷。

作者在辅导孩子

再说棋形之美。

棋形是围棋的艺术表现形式。在雅文化园中，绘画、书法、琴瑟等艺术形式有很高的观赏价值，给人以直观、生动的艺术形象，产生美感。围棋作为枰上的艺术，比其他艺术形式抽象，围棋是一种平衡的艺术，把握大局，权衡利弊；是一种选择的艺术，舍小救大，此消彼长；是一种和谐的艺术，黑白相间，阴阳转化……围棋以含蓄、深沉来"折射"其内在之美，更富有哲理性。

对弈中围棋黑白子接触所构成的棋局图势就是棋形。围棋千变万化，玄妙绝伦，最终是体现在棋形上。棋形是一种动态的美，每一步都可以产生一种新的美感，对弈中的攻守、先后、轻重、大小、取舍、厚薄、动静、虚实、损益、死活等矛盾双方都可能出现精妙的变化，充满艺术魅力。随着棋局的进展，美在延伸、扩展，从黑白两种符号的排列组合，演绎出一系列变化莫测的方阵化境，阴阳变幻，其妙无穷。在这种变化之中，可以看出运动、和谐、对称、有序之美，感受到舒缓、抑扬、奔放的节奏之美。在纵横交叉的棋盘上，对弈者一开局运用各种定式布局谋篇，缜密构思，自由奔放，各呈韬略；弈至中盘，相互搏杀，进退有度，攻守兼备，高潮迭起；继而收官，精打细算，滴水不漏，分毫必争，贯穿始终。那变化万端中，既有力透纸背的揩书，又有银河倒泻的狂草；既有韵动崖谷的洪声，又有高山流水的绝唱。一局棋如同一场波澜横生、威武壮观的搏击场面，令人眼花缭乱，目不暇接。方寸之间，棋子错落有致，妙手频出，有如画家的神采点睛之笔，诗人吟出的佳句妙词，书法大师的龙飞凤舞，琴弦高手的动人乐章。

棋形之美还体现在"好""恶"上。"好、巧、奇、妙"之手谓之好形，

"恶、愚、俗、拙"之着谓之恶形。好形是以定式、棋理为依据，棋子的效率高，棋与棋之间疏密适当，逻辑关系强，活动余地多，下出的棋要紧凑而不松散，舒展而不凝重，挺拔而不萎缩，轻灵而不笨拙，飘逸而不拘泥，协调而不混乱。反之，下出的棋就是恶形。

棋形之美还体现在定式中。定式，是千百年来高手们在对局实践和研究探索中形成的固定着法。围棋的定式，就像武术散打中的套路，戏剧、舞蹈中的程式动作，书法中的正、草、隶、篆各式字体，不仅具有实用价值，也给人以艺术的享受。定式也有美丽形象的叫法，使人产生美的联想。如布局和定式中的宇宙流、三连星、双飞燕、镇神头、玉屏风、大压梁、小雪崩，对杀和死活中的梅花五、葡萄六、扭羊头、金龟角、大猪嘴、相思断、仙鹤伸腿、老鼠偷油、金鸡独立、送佛归殿、方朔偷桃、台象生根，还有围棋术语中的分投、弃子、打入、浅消、腾挪、开劫、转换以及立、挖、夹、长、断、点、刺、粘、夹、飞、跳、板等，可以说从这些叫法中就给人们以艺术的享受。

最后还想说说棋具之美。

棋具美历来为对弈者所喜好，好的棋具本身就是精致的艺术品，具有很高的观赏性和收藏价值。好的棋具使人赏心悦目，神清气爽，平添许多情趣和美的享受。

自古以来，许多帝王将相、达官贵人、文人墨客家中常常摆上一套精美的棋具，给居室带来一股清香袭人的艺术气息，营造一种文儒高雅的文化氛围。棋具被主人用来点缀书斋、厅堂，以显示其知晓琴棋书画，多才多艺。

棋具有棋盘、棋子和棋盒。有许多雅称，如楸枰、纹枰等。在古人眼中，纵横交叉的棋盘犹如生活中的井田阡陌、田猎围

"我也学几着"

场。棋盘源于生活，蕴含着中华民族浓厚的文化气息。棋子也称黑白、乌鹭，宋代王之道《蝶恋花》词云"黑白斑斑乌间鹭"，乌鸦色黑，鹭鸶色白，象征黑白分明。好的棋子，黑白子形象圆匀，色彩纯净，不反光伤目，具有淳朴、自然的美感。棋盒还有圆奁、棋奁之称，奁是古代妇女梳妆的匣子，用圆奁形容棋盒恰如其分，可见古代对棋盒的考究。宋代王安石诗曰："战罢两奁分黑白，一枰何处有亏成。"

　　高雅的棋境美，玄妙的棋形美，精致的棋具美，构成了围棋的艺术之美。难怪千百年来，围棋以其神奇的魔力，成为钟情者修身养性、陶醉神往的精神乐园。

作者：曹乃谦（棋友）

围棋与修养

薛志英

浸淫围棋数十年，其中的喜怒哀乐，非个人所知，感受最深的是棋道的领悟、棋品的修炼、棋理的研习以及由此得到的人生智慧和修养。棋道属于一种文化范畴，棋品连着人品，棋理通向事理。当然，围棋首先是一种乐趣、享受和刺激：赢棋时开心与甜蜜、输棋时懊恼和失落，是那么的激动，快感与沮丧等量齐观，长久滞留在心田，难以忘怀。

棋道是对围棋文化的认知求道的过程。静雅书斋，三两知己，清茶在手，从容手谈，关键是"闲"和"品"，心急鲁莽不得。不思而应，随手而下，难免谬误，质量低下，缺少意趣。要有喝工夫茶的耐心。像刘姥姥那样，一口喝下，固然豪爽，然品不出什么，只有像妙玉那样的雅人，才会手如兰花，心如止水，从容地消受。"它具有哲学的思辨性，是抽象思维的具象化，与社会人生有着许多相同内涵，含有人类理性精神的一切内在因素。"其间许多对立统一的矛盾体，相互消长转换或依存。如主与次、大与小、得与失、活与死、攻与守、强与弱、厚与薄、进与退、围与破、重与轻、虚与实、灵与滞、势与地、狠与稳、先与后、取与舍等，让人琢磨、思考、回味、感慨。"围棋是人们在与其他棋牌博彩的长期认识比较中、逐渐发现它的价值的。"它的公道、平等、民主、兵事及哲理性，是其他棋牌类项目所无法比拟的。下围棋输了之后，只能感叹自己水平不够、心态不好或有违棋理，但这和打牌输钱不同，不会埋怨自家的手臭，并不嫉妒对手运气好。她是那么的清雅高洁，如纯洁的少女，即使再懊丧不快，也不

作者像

忍加以玷污。

　　琴棋书画是相通的，学围棋如学习书法和绘画一样，掌握必要的基础和理论，循序渐进，方能登堂入室。这和学琴不练指法、写字不临字帖一样，盲目地操练，只会固定错误，不会提高棋艺。玩棋数十年的长者输给学棋数年的童子，也不全在精力上，有其短板，功夫在棋内；围棋既是一种文化，也是一种修为，功夫也在棋外。各种艺术形式，有其相通之处，可以相互借鉴。中国书画讲"知白守黑"，围棋讲"阔不可太疏，密不可太促"，胸中有丘壑，笔下自然有奇异的画卷。匠人只是复制和拼凑，而艺术家则在于独创。有独特的棋艺风格，棋手才能成为大家。近代吴清源的华丽雍容、武宫正树的"宇宙流"、聂卫平的大局观意识、马晓春的轻灵飘逸、李昌镐的厚重扎实为人所称道，正是有着自己鲜明的特点。传承的同时还要有所创新突破，才能将棋艺不断发扬光大。少下一些俗手，多下本手，善于发现妙手，突破樊篱，弈出新意。

　　围棋既是一项艺术形式，也是一种体育项目，同时具备艺术休闲和竞技的功能。虽然有体能的要求，主要是心智的拼搏、心态的较量。患得患失，杂念丛生，棋外的东西太多，是很难下好的。下棋是分胜负，却不能把它老装在心里。要放松身心，以自然的心态弈棋，超然物外，不惧上手，不轻视下手，心中无输赢，目中"无人"，"行于所当行，止于不可不止"。棋局漫长，如人的一生，其间难免错误失算，比的是谁失误得少和小，不犯大错，不在关键时犯错。人生在失败中成长，棋艺在失误中提高。有了错误，力求把损失减少到最小范围内，而不是一错再错，以至于不可收拾。勇于否定自己，汲取教训，修正错误，不在同一地方跌倒，才能有所进益，涵养人生。围棋是一项竞技，是算路的比较，"多算胜，少算不胜"。算得深、算得细，才有可能获胜。要有耐心和做好打持久战的准备，要懂得含蓄隐忍，如捕猎的猫科动物，迂回接近目标。善于发现对方稍许的过分和丝毫的缓手，静如处女，动如脱兔，夺得作战的主动权。棋道的探索和人生修养一样，重在感悟领会，棋道与棋品、棋理相互关联，共同构成围棋的文化现象。

陈毅说："棋虽小道，品德最尊。"弈棋重在修身养性，棋品的修养与人生相始终。围棋是一种时空艺术，一种交际，棋品往往体现着人品。常见有人赢了棋便飘飘然，而输棋也自有理，甚或出言不逊，难称棋品，遑论修养。良好的棋品应具有一定的礼仪：形端表正，不做与棋局无关的动作，弈毕收好棋具。尊重对手也是尊重自己。围棋是两人之间的"手谈"，需要双方的相互尊重来完成。棋手各有特性，尺有所短，寸有所长。学会赏识对手，赞扬对手，胜不言，败不怨。不要指望对方的失误或无能来获胜，自轻自贱。要有希望对手走出好棋来的胸襟，英雄惜好汉。知己更要知彼，修正主观错误。行棋时为对手着想，从对方的视角进行分析判断，纠正自己的思路，少犯错误减少偏颇。宁肯将对手想得高些，不可小视了他；宁肯将棋局拉长一些，不要力图速决；宁肯将各种变化多想一些，不可简单化。只有全面、客观地分析和判断，才能有望到达胜利的彼岸。克服私心、追求公道，是一个艰难的过程，需要不断磨炼和修养。贪婪和自私是人的天性，盘算"目数"，总觉"彼多己寡"，因而多贪一些，导致棋局逐渐变坏。看对方阵营，只恨其大，希望一举击破，见对手来掏空，割肉挖心般难受，务要全歼而后快，欲速不达。攻守之间分寸把握不准，缺少转换忍让，往往使棋势走向反面。看破胜负，超越自我。棋艺虽以胜负来决定，却要把胜负看轻，放松心态，要学会自我调整。输棋后是很痛苦，咬牙隐忍，也不妨自嘲，自己能看破，别人也就肯定了你的涵养。闻道有先后，术业有专攻，如是而已。此外，观棋能不语，咬牙不说也是好的棋品。当局者迷，旁观者清，站在超脱的地位常常有客观的分析，看出问题，也不见得就高明，说来人家未必认可。关键是鲜有人想当木偶，受人摆弄。

想下好围棋，既要提高修养、感悟棋道、修养棋品，还要参透棋理。棋理是围棋内在规律的反映，顺之则兴，逆之则衰，理解越深越透，棋力越强，胜率就越高，越有趣味。

常言道：有理走遍天下，无理寸步难行，关键在一个理字。围棋就是寻找棋理的过程，人生就是探索真理的过程。弈棋半生，耗去了许多光阴，人生苦短，感慨良多。棋道、棋品和棋理与人生修养有着诸多关联，让我不能释怀。于是常常在棋盘上思考，注目于棋坛动向，游走于棋友之中，驻足于棋盘之侧，沉思于对局之后，不眠于夜半之榻，戏评棋友于网上，虽然胜少负多，言多语失，然终不甘收手。愚者千虑，或有一得，感悟了一些在上面，就教于方家，也知我不负围棋也。

我的围棋之路

郭志强

作者像

由于本人在大同市围棋协会做一些赛事活动工作，亲历了近几年大同围棋的发展历程，现将个人往事及协会的点点滴滴记录下来，希望能够为此书的编写提供一些快乐的花絮，也算是对这些年来的美好回忆吧。

初识木野狐　结缘"烂柯中"

我是1992年在矿务局职业学校体育班学习的围棋，老师是当时的班主任孙兴义，那时他是教育系统的棋类"高手"，每天都有很多的棋友在一起下围棋、象棋，打桥牌。临近毕业时，老师说毕竟是搞体育的，不会点棋牌也说不过去，就特意给我们安排了选修课，其中有围棋、国际象棋、桥牌三项，让我们选其中的一项，全班36名同学集体选修了围棋，说选修其实也只是相当于现在的少儿启蒙。现在想想，这应该是当时最多的一个围棋群体了吧？时间过得很快，转眼就到了实习阶段，当时得到了班主任的特别关爱，留在了本校担任体育教师，还兼任着校学生会文体部的部长，这样就有了更多的时间"欣赏"高手们下棋。记得那时候段景斌也时不时来和孙老师切磋棋艺，这也是段景斌留给我的最初印象，没想到N年后，我们居然在一起共同执教少年围棋。

1994年9月，我以全班前三名的成绩得到了分配工作的机会。根据政策，我们这届前三名按集体工分配到矿公司三产单位，那个时代公司三产是发展效益最好的单位，只是用工形式有些不同，但与合同工还是有本质区别的。经过再三考虑，我放弃了分配机会，招工当了一名采煤一线的工人。1998年，无意中踏入了网吧，在那里看到有人在电脑上下象棋，马上跑过去问网吧老板可以下围棋吗？之后的五年里，我就在网吧与围棋为伴，畅游了263网站、联众棋牌，还给自己注册了一个现在想想都可笑的名字：qiba20011。一路从18级杀到了2D，惭愧的是在网吧的岁月里，始终没有升到3D。在网吧下棋，认识了棋痴王卫东，通过下棋又认识了陈谦、习利军、宋晓宇等棋友，这些人每周都在矿中学的一个屋子里杀得昏天黑地，现在想想真是快乐之至。

围棋比赛是爱好者最期待也是最乐意参加的活动。从2003年开始，我参加了一些同煤集团的职工赛及本矿的比赛，虽然成绩平平，但在比赛中认识了同煤集团围棋协会的众多棋友，才知道有这么大的一个围棋圈。每周六日，这些人都在体育场的棋社里对弈手谈，孙建民是社长，记得当时有很多人下棋，一般午饭后就陆续来抢占座位，来晚的只能当看客，其中我印象最深的有三连星快棋手熊西鸽、常败将军朱建军、来者不惧的李志军、铁嘴钢牙商玉龙等。我自知水平太臭，从没有张罗着敢上去一试高下，就以看客的身份看着高手们大战。那时常在棋社下棋的高手有忻州窑矿的王雁，矿二中的孙伟，燕子山矿的王舜，消防队的李志军，115队的商玉龙、苏尚武，煤校的孙建民，银行的李景光，七矿的杨莆春等，偶尔也能遇到一流高手来棋社"视察"，诸如实验小学的段景斌、供水处的富烨、煤校的李春敏、机车厂的李东等。我就这样看了大约有三个月的时间，和这些人也混得脸熟了。有一日来得早就与熊西鸽开始了棋社的首盘厮杀，老熊每手棋落子时间不会超过3秒，我是慢棋派，每步棋都要左思右想，没想到居然三连败，高手啊！我随后自动让开了座位，又回到了看客的身份。在棋社里的时光过得很快，俗话说得好"学会下棋，不嫌饭迟"，这些人每日都要杀到傍晚时分，甚至有棋瘾大的是熬夜厮杀，都有不分出高下誓不罢休的精神。后来听他们讲起下棋中的经典逸事甚是有趣，有一次冬季的周末，孙建民请老丈人全家十多人在他家吃晚餐，媳妇让他出来买包饺子的白菜，他买上白菜后看时间还早，蹬上自行车就溜到了棋社，大家一看高手来了，慌忙让座。老孙说："不能下，一会儿还要往家送白菜，全家等着包饺子呢。"看了半个多小时后，经不住大家的谦让，再加上自己也手痒，又碰到了对手，这一坐下不要紧，一直杀到了凌晨，当时也没手机，家人也不知道他哪里去了，全家人等了他一晚上的大白菜，老孙第二天灰溜溜地抱着一颗冻成冰的白菜回了家，至于被嫂子怎样修理的就不得而知了。

入迷网络围棋　感悟棋友真谛

在棋社混迹了大约有两年的时间，由于电脑的出现，去棋社下棋的人少了，都在家里开始了网络对弈。我要感谢网络一线连天下的时代，也正是网络对弈，使我进入了真正的围棋世界，更要感谢棋社帮我提高棋艺的各位老师，那时我在网上已经达到了强3D的棋力，偶尔也可以混到4D。网络对弈也开启了我围棋之路的另类辉煌。2005年夏季，我在弈城对弈网站开始下棋，直接实名注册了3D，那时由于对各项功能不是很了解，只是单纯的下棋，自娱自乐而已。一天晚上偶然进入一个讲解室，听到一声极富阳光之气的磁性声音："郭志强，您好，欢迎您的到来！"我也不会打字回复，只是默默地听着，才知道这是一个新棋友会成立的宣传房间，里面有八十多人，大部分都是被这个富有磁性的声音吸引来的，看到他们很熟悉地相互问好，客气地寒暄问暖，倍感亲切。当时弈城盛行创建棋友会，将现实生活中的棋友及网络棋友会集在一起，谈天说地，切磋棋艺，氛围相当融洽。这个棋友会叫京华棋友会，是弈城当时为数不多的棋友会之一，我当时就注册了"京华紫云"加入了这个棋友会，慢慢地知道了这个会长是北京人，大家都叫他"五哥"，他为人豪爽热情，能力非凡，在北京丰台区体育场开办有自己的实体棋校。棋友会其中的一个主要活动就是帮会间的比赛，一般都是在晚上进行，每个棋会都有自己的接待房间，比赛人数根据棋会规模而定，人气旺的棋会每次比赛都有上百人，人气低点的棋会最多也就是二十几人。不要小看这类比赛，它会直接影响到棋会的人气指数。想要使棋会拥有高人气，一般应具备三个条件：美女（能开讲解室聊天的女士）、高段棋手（知名棋手更厉害）、参赛

作者全家同棋圣聂卫平合影

奖金高（参加帮会间的比赛，输赢都会奖励参赛者弈城游戏币，我也是以这种方式赚到了第一桶金）。我有空就上网下棋，棋会管理见我经常在线，就把我吸收进了竞赛部帮忙做一些比赛的相关事情，闲着也是闲着，我就欣然答应了。从联系比赛到制定规程，再到开讲解室安排台次、分发奖金等具体事务开始做起。由于比赛工作得到了棋会管理的认可，职务也一路"飙升"，从普通会员逐步进入了棋会管理层。2005年11月，我与棋会创建人弈城五哥、北京高级律师京华川岳、内蒙古青铜器修复师京华沙漠虎、齐齐哈尔丛林法则担任京华棋友会的会长，我们五人用半年的时间将棋会发展到了3000余人，开创了弈城200台比赛的空前纪录，当时京华派出200名棋手与其他四家棋友会同时比赛，联手缔造了弈城棋友会的传奇。由于网络的特殊性，我们不知道每个人的真名叫什么，都是直呼网名，也是在那时我们商定了每年聚会一次，北戴河、西安、北京、大同等地都留下了京华棋友的身影。远在无锡的京华逍遥放弃学校免费新马泰游，携全家坐火车参加了北戴河的棋友聚会，内蒙古青铜器修复师京华沙漠虎由于身体不好，空运特殊针剂并由朋友和妻子带着轮椅艰难地参加了聚会，北京高级律师京华川岳放弃30万元的经济官司与大家见面，此情此景如今仍历历在目，深受感动。首届京华棋友会聚会设三个地点，南京、广州、北戴河。穿越时空，网线联动，全国各地共64人参加了聚会，成为永久的美好记忆。

2008年，我们五人协商同时卸任会长之职，将接力棒传给更优秀的人。福建的歪树、贵州的清风、南京的火箭精神、青海的好地方，他们再次将

棋会推向了鼎盛时期。京华棋会堪称卧虎藏龙，好多地方业余高手自不必说，美女棋手陈盈担任棋会的形象代言人，韩国围棋皇帝曹薰铉的外甥女、古力的表妹为棋会造势。职业棋手吴新宇、围棋报社恒记者就是我在棋会相识的，后期一直没有断过联系。更有意思的是，我的围棋教学也是从棋会开始的。

结识众多棋友 创办围棋教室

在棋会中，有机会结识了不少高段棋手，也向他们学习了很多棋艺，对我帮助最大的是西安的开心和齐齐哈尔的丛林法则，他们都是当地的强5段，都在现实和网络中教学生。那时一般的少年4D很难赢我，再就是我比较清闲，就邀请我做他们学生的陪练，其中还有几个是台湾的学生，现在他们都已经是院生了。小孩子们的棋力从高到低什么水平的都有，老师在给他们复盘时也就顺便指出了我下棋中的不足之处，使我受益匪浅。有时开讲解房与棋友们聊天时，也时不时地给棋会里的低段棋友复复盘，慢慢地也就习以为常了，我自己也没觉得讲得有多好，但每当讲棋时，房间里就会有上百棋友在听，最多的时候二百多人，还接到过请我讲课给支付报酬的短信，这使我对自己有了更大的自信，复盘更加认真了。2006年，丛林法则突然问我想不想到外地教棋，每个月5000元，包吃住，我自感棋艺太低，不能误人子弟，就推脱了。他随后很正式地询问我当地的围棋教学情况，我简单地回答了他，他劝我应该在当地办一个培训点，绝对比上班强百倍。当时，我脑子里根本没有这种概念，只是说没经验，不敢弄。丛林法则大力地鼓励我开班，并随后给我邮寄过来一整套教学用具，就这样我开起了围棋班。先期不敢向外招生，先把自己亲戚的三个孩子当作"试验田"耕耘了起来，小家伙们学得还不错，每周日都按时到我家来学棋，学得不亦乐乎。2007年元月，我正式挂牌紫云围棋教室向外招收学员，从第一个学员很快发展到了十多个。到2010年，我教的学生已经突破了百人！可以说围棋是我的第一爱好，兴趣是让我坚持下来的根本，通过围棋结识了很多网上和现实中的朋友，要感谢围棋带给我的一切。

2003年，我首次参加了同煤集团职工围棋赛，最后一轮被云冈矿"四宝"逆转，取得了第九名。那时同煤围棋协会有一个惯例，每次比赛后棋友们都要聚会喝酒，这个传统到现在也没有改变。我记得当时是在煤校家属区里的一个小酒馆，后来知道是棋友们的聚会根据地，那天一共去了30多个棋友，大家开怀畅饮，甚是融洽。通过这次聚会，我也正式加入了这个快乐的大家庭，认识了许多棋友。

　　以后的每周六日，我必到棋社，除了看棋、下棋外，还帮棋社做一些力所能及的事务，那时是一个大家都尊称"老郭"的前辈负责棋社的日常工作，忙里忙外很是辛劳。经过一段时间的屡战屡败，老熊、老朱已经不是我的对手了，五矿的王雁成了我挑战的目标，但始终是负多胜少。那几年，同煤集团每年都进行象棋、围棋职工赛，棋社也特别红火，每周都有很多棋友去下棋，慢慢地就和张眉平、王舜、李永顺、孙建民等棋友熟悉了。

　　我的围棋教室开起来后，曾经去过几次市里，印象中是在大十字街的户部角，是一处有二层楼的教室，在那里进行过少儿围棋赛，认识了马总、贺建民老师、何于威，还有留着长发的樊志军，樊老师执教严厉，现在还记忆犹新。也经常去贺老师在利群制药厂办的博弈围棋基地，那时少儿围棋培训好像只知道何于威和贺老师，博弈围棋基地是大同市首家在山西省棋牌运动管理中心注册的辅导站，王臣、王奇、刘英、老裴、贾慧峰、党尚等好多市内高手都云集在这里，一排小平房，几个小火炉培育出了一拨又一拨的少年高手。后来，这些成名高手都成立了自己的辅导站，大同市少儿围棋培训市场正式进入了竞争时代。

机车厂围棋活动回顾

李 东

大同机车厂又称428，是大同市在20世纪八九十年代围棋活动搞得比较好的工厂。

机车厂的围棋是由来工厂工作的大学生带来并慢慢发展起来的，在中日围棋擂台赛举办前有30多名爱好者，水平最高的是秦长春，有2段的棋力，而高国强、赵卫飞、姜仁海等也有强1段的棋力。来厂的大学生陈杰、史锡通、李晓刚围棋水平比较有代表性，而已经参加工作的常东明、常东亮哥俩，以及侯立新、李东、张志强、江志湖、宋家平等年轻人围棋水平提高得也很快。

厂工会为了丰富职工的业余生活，在工会俱乐部的地下室开设了棋类活动室，开放时间是17点到21点，星期四是9点到17点。随着机车厂围棋水平的提高和活跃，地下室吸引了众多棋友来下棋交流，如雁北党校的郭宝贵，柴油机厂的池敬明，水泥厂的李宝华、王雁宏等，矿务局煤校的李春敏更是常客。

厂工会每年都会举办各种文体活动，围棋比赛被安排在春节期间。1987年，高国强在决赛中战胜常东明获得冠军。1988年的比赛异常激烈，秦长春在众多年轻人的冲击下保住了冠军，但是霸主地位已经岌岌可危。水平的提高除了不懈努力，开阔的眼界和思路也是必不可少的。1991年铁道部工业总公司华北协作区围棋比赛在太原举行，工厂决定组队参加。为公平

李东荣获冠军

起见，决定通过选拔决定参赛的人选。经过激烈的比赛，我、常东明、陈杰、侯立新获得了去太原比赛的资格。

1991年8月，在太原车辆厂招待所会议室举办工业总公司华北协作区围棋选拔赛，前2名将代表华北协作区参加10月在大连的比赛，比赛的激烈和火辣远胜外面的骄阳。经过9轮比赛，我们四人都是5胜4负，幸运地获得了团体第二名。比赛结束的当晚，主办方还邀请了职业棋手陈慧芳五段、方天刚二段和棋友们下了指导棋。这是大家第一次近距离接触职业棋手，都异常兴奋，但在简单的让2子或3子的指导棋中大部分都败下阵来。返回大同稍作休整，我们四人在领队席琪的带领下又奔赴大连去参加总公司的比赛。到达大连遇到一个难题，这次比赛是每队3个人，而我们去了4个队员，最后陈杰大度地把参加比赛的机会让了出来。这次比赛是一次全国性的比赛，对我们来说水平太高了，所以没有一点点精彩的表现也不为过。

通过1991年参加太原这次区域性的比赛和大连全国性的比赛，我们的水平有了长足的进步，超越了秦长春站在了机车厂的第一线，成为机车厂的"四大天王"。

1992年，机车厂团委举办了迎"五四"青年围棋比赛，有60多人参加，创了工厂之最。常东明以7战全胜夺得第一名。从此工厂举办比赛的第一名，除了李幸仁异军突起拿过一次，其他的都被我们四人瓜分。

1989年到1997年是机车厂围棋最辉煌的时期，在大同市的各项比赛中不光"四大天王"摘金夺银屡次获得好成绩，就是史锡通、李幸仁、李晓刚等都有不俗的表现。

围棋活动开展得这么好，与工厂的重视和关注密切相关。1988年夏天，厂工会联合团委举办了围棋、棋牌、国际象棋的入门讲座，学习的人数很多，气氛相当热烈，对这几项活动的发展起到了很好的推动作用，可惜只举办了一届。

从1987开始工厂体协几乎每年都举办围棋比赛，大同市的比赛也积极组队参加，这与当时体协秘书长雷同贵和体协竞赛组席琪的努力是分不开的。雷秘书长对分管体育的各个项目一视同仁，并没有因为围

激战中

棋不是奥运项目而做冷处理，甚至在雁同合并后，因为比赛地点远且天气寒冷，积极联系厂工会，专车接送参赛队员。席琪是中国象棋一级裁判，在体协主管竞赛，每次棋类比赛的联络、组队、集训、领队等各项具体工作都是他在负责。

1998年，在席琪的努力下，机车厂派我去参加在眉山车辆厂举办的总公司比赛，出人意料地获得了第二名。次年又代表工业总公司参加了在武汉举办的铁道部运动会围棋比赛，获得第22名。

2000年是铁道部政企分开实施的一年，1999年铁道部举办的运动会就被称为"散伙会"。第二年工业总公司也举办了规模宏大的运动会，其中围棋比赛在广州进行。机车厂也组队参加了比赛，队员是我、常东明、陈杰、

秦长春。其中我得第二名，团体没有获得名次。

2008年6月，我、陈杰参加了在忻州奇村举办的北车棋类比赛，团体获得了第六名，我获得第一名。

2011年4月，我、陈杰参加了在青岛举办的中国北车第三届职工运动会棋类比赛，团体获得第二名，我获得个人第二名。

机车厂的围棋活动在进入21世纪以后就停滞不前了，首先工厂的比赛没有了，其次出去参加比赛的次数屈指可数，最后地下室的棋类活动室也被取消了，而代表机车厂水平的"四大天王"中的常东明早早地脱离围棋去上电大了，陈杰、侯立新也带着美好愿望下海搏击去了。偶尔举办个比赛，参加的也寥寥无几，同外界也鲜有接触，与大同市搞得红红火火的围棋活动形成了巨大反差。什么时候才能重现往日的辉煌，棋友们都在拭目以待。

作者：顾晓（棋友）

雁同地区围棋大赛追忆

郭宝贵

黑白精灵木野狐，奥妙无穷将虎符。

人生如棋各不同，动静相宜春风拂。

光阴荏苒，岁月蹉跎。回想起1992年的那场比赛，依然记忆犹新、历历在目。那些场景，那些人物，常在脑海浮现，难以忘怀。

其间，我也参加了多次比赛，印象最深的就是这一次。

雁同合并是在1993年，所以在1992年前雁同围棋比赛都是分开进行的，下通知发文件都是各发各的。当时我在雁北工作，所以无缘参加大同市举行的比赛。而这一次虽然是雁北体委举办的比赛，地点在雁北体育馆，颁发奖状和段位证书的也是雁北体委，但是参加的人数很多，其中有众多大同市的围棋爱好者，可以说是迄今为止人数最多的一次大赛。为什么这样说呢？第一，比赛轮次最多，共十三轮，此前和以后似乎没有这么多。第二，比赛的前三名定为5段。此前和以后似乎也没有。记得1995年也有过一次，比赛人数众多、规模很大，大同市体委也行文规定前三名定为5段，但是不知道什么原因，最后结果是只给冠军定了5段。这样一来，1992年这次不以冠军身份而定为5段的就成为唯一了。

先说季军何5段。那么这个唯一的人是谁呢？说起来大家几乎都知道，那就是何5段。何5段即何于威在这次比赛中获得第三名，而第二名则早已不在大同，所以何5段成为唯一。一说5段，便知是谁，而且大家都认可，也都这么叫，包括那些拿了冠军的5段棋手也这么称呼他。得过冠军的5段棋手在我的记忆中有王献平、李东、樊志军、黄文亮、王雁宏、关子珍、段景斌（20世纪90年代至21世纪初）。而且有些人不止一次获得过冠军，5段证书当然不止一个，但被众人称为5段的只有何于威一人。那时候，地方比赛不够正规，没有数字化，每次比赛不管以前段位如何，只看本次的成绩，够几段定几段，所以得冠军次数多的，比如王献平、李东就有好几个5段证书，但也有低段位证书。这样，奇怪的现象就出现了，这一次得冠军，是5段，下一次成绩不佳，那可能就是3段或2段甚至是初段。我自己1段至4段的证书都有，唯独缺5段，不过5段证书也应该有，就是前面提到的1995年那一次，就是那一次给我和季军张文留下了遗憾。后来张文忙于其他，慢慢就淡出了围棋圈。

　　说完季军说亚军。这次的亚军是张一先。当时她只是十几岁的小姑娘，那时女子棋手少之又少，何况是少女棋手，更是凤毛麟角。张一先勇夺亚军，跻身于一流高手5段的行列。不过说来也不算意外，因为当时雁北体委特招了几个少年棋手，除了她之外，还有少女杨素新、少年陈江，比他们稍迟的还有少女王霞，其棋力不在张、杨之下。他们均来自河北省。这些少年棋手曾受到职业棋手方天刚的训练和指导。有一次在阳高我就见到过方老师指导他们，方老师风趣地戏称张一先为"让一先"。一先，这个名字起得好，"让一先"一听便知是围棋高手。可惜后来这些少年高手都不在大同市了。张一先到了包头，成为内蒙古的业余豪强。2012年夏季，大同市棋手们去呼和浩特市交流，当时呼和浩特市围棋协会秘书长说，张一先的名头老厉害了。杨素新据说在长治，王霞和陈江不知花开何处。

　　说完亚军说冠军。这次的冠军是樊志军。志军被已调回北京的前辈高手王乐群老师戏称为大侠。当时的志军年轻、率性、豪迈、服饰随意、不拘小节，尤其是曾经留过长辫，拖在后背，长及腰部。比赛时曾拎一捆啤酒，时不时仰脖豪饮，确实与众不同。就是在棋盘上也"不拘小节"，说弃子就弃子，几个、十几个，甚至二三十个也是毫不吝惜，大局观特别强。其实，大侠早在1991年的秋季就已经证明了自己，他代表大同市参加山西省围棋大赛，并获得了第五名，特别是最后一盘对刘思杨（刘曾获得全国

晚报杯前六名，被授予业余
6段），因时间不够而憾负。
当时我感觉志军要输在时间
上，急忙请教周杰老师，周
老师明确地告诉我，白棋
（志军执白棋）是赢棋，但
时间输了。这盘棋虽然输
了，但志军在省围棋界也有
了名气。志军的才情颇得马
建军马总的赏识，特委以大
同市围棋协会办公室专职主
任，为大同市围棋事业的发
展贡献光和热。

郭宝贵、刘英与金国苓老师

　　说完5段说4段。至此，我给这次的比赛名次捋了一下，前十名依次
为：樊志军、张一先、何于威（以上为5段）；杨素新、李宝华、嵇晓明、
刘小平（以上为4段）；关子珍、王献平、郭宝贵（还有第十一名想不起来
是谁，以上为3段）。这里再说一下第十二名贺宁，当时也是少年，那时的
小孩棋手很稀缺，贺宁获得第十二名，定为2段，可喜可贺。刘英称贺宁为
2段王，称关子珍为3段王，后来贺宁研究生毕业在上海立业成家。

　　4段王杨素新已说过了，接着是李宝华。宝华和王雁宏当年被称为大同
市水泥厂双雄，二人皆为英俊小生，棋力了得。后来雁宏调入市里，获得
过两次冠军，可谓实至名归。宝华仍留居口泉，与围棋界联系少了一些，
近年又回归棋界，棋力有增无减。有一次参加省里比赛对上赵文东。赵文
东科班出身，是当时山西唯一的业余7段，拿过全国晚报杯冠军。是役，险
些被李宝华斩于马下，可见宝华棋力很不一般。

　　嵇晓明4段，为人谦恭、实在，棋风稳健。本次比赛获得第六名，此后
三年，当时的月亮湾老板李月明先生（李月明曾经获得过1989年大同市保
险杯冠军）赞助了本次比赛，晓明一路过关斩将，在决赛中与王献平狭路

相逢，三盘棋以一比二惜败，实力可见一斑。刘小平4段，是三五二八厂围棋界顶尖高手，但在这次比赛之后淡出棋界。

　　说完4段说3段。3段王关子珍，本次比赛前八名有奖，关子珍恰好第八名，也算小有收获。两三年之后的一次大赛，关子珍在先弃权一盘的情况下，连战连捷，一举夺魁。棋友戏言，看来要想夺冠，必须先弃一盘。果不其然，后来又一次比赛，段景斌上演了同样一幕。又有人戏言，小段真和老关学了一着！关子珍后来去了朔州发展，应该是那里的高手了吧。

　　3段王献平，说3段是就本次比赛而言，此前此后献平获得多次冠军。定过多次5段，这一次仅获第九名，可见没有常胜将军。可是在1991年秋季，献平和前文所述的志军一起参加山西省比赛，献平获得了第四名的好成绩，比大侠还靠前一名，两人都打出了大同市围棋界的威风，同被授予4段。献平还获得一块高级木棋盘，那时木棋盘还是稀有之物，一般都是塑料布棋盘，从太原返回大同的火车上，这块棋盘给众棋友提供了舞台、带来了欢乐，大家围着它一路杀回家乡。那次省里的比赛我和老关被打得找不着北。这次比赛我和老关、献平同为3段。省里的4段此次降为市里的3段，可见围棋真是挺怪也挺有趣的。

　　第十名3段郭宝贵，即是本人，就此打住。

"妖刀"与"大侠"

党 尚

20世纪80年代中期至90年代中期是我学习围棋的初期，这十年的围棋经历改变了我的人生，酸甜苦辣咸五味俱全，也是我最珍视的记忆。十余年间我因围棋认识了众多才情横溢的杰出棋手，如姚宝奎、范东兴、刘英、白新泉、何于威等。在众多优秀棋手中间，王献平、樊志军两人无疑是最耀眼的明星。

王献平为人刚毅木讷，人品棋品俱佳，却被人称为"王妖刀"，怎么听都像个匪号，此为何也？妖刀学弈在黄浦江畔，南派围棋的典型特点是小巧、灵活，多用闪、挪、扣等手法，不轻易与对手硬碰硬决战，是讲究四两拨千斤的功夫。众师兄弟中，妖刀不喜修习轻功巧劲，不看《弈理指归》《秀策全集》等经典，却天天站桩打熬棋力，喜欢地趟拳、分筋

樊志军对弈中

王献平对弈中

错骨手、十三太保横练，把《棋经众妙》《发阳论》等死活问题倒背如流。对于围棋中一般棋手敬而远之的复杂变化如大雪崩、大斜、妖刀尤为喜爱，痛下功夫研究。久之，妖刀的棋风变得神出鬼没、变化多端，最后被冠以妖刀之号。

妖刀的棋艺思想基础很深奥，简单说就是我方的决胜点是对手出手决胜的一瞬，决胜手要发在对手出手离我咽喉最近的那个点，这一点让我想起武术家李小龙。凭着这独门功夫，在南派功夫的发祥地上海滩，妖刀声名显赫。很多棋手对阵妖刀时，往往觉得已经把他制住，就出手定局，不知道如何就着了道儿，反而被逆转，既迷惑不解，又不服不忿，于是称他为妖刀，表示不清楚他地趟拳加十三太保横练以及分筋错骨手组合的套路。久而久之，妖刀比他本来的姓名还响亮，大同围棋有了一位风格独特的枭雄。

当时还是金国苓老师以其重逾千钧的名头君临山西围棋界的时代，而且金老师当时已经离开了大同，新旧两代王者没有交手的机会，因此，妖刀并没有马上获得大同围棋界第一人的称号。第二年，天才棋手樊志军回到大同，在和樊角逐的初期，妖刀的刀法越来越妖、地趟拳越来越极端，但无论是成绩还是魅力都独一无二，可以说他在和樊志军的较量中毫无争议地成为当时大同的围棋霸主。

站在今天的立场，我会在技术层面对妖刀的棋进行研究和反思，可以去芜存菁，但在精神层面上，我发现妖刀的棋从未变化。硬要说变化那就是每一次都变得比以前更为极端，任由对方随意筑起模样，然后深深打入。在深深忍耐对方攻击以后，给予对方无法想象的一击。没有人能深入妖刀心中的围棋世界，推想起来，想必是他在试图将棋的效率推向极致，而到达这极致的过程就是无比痛苦的忍耐。我对这种追求发自内心地崇敬。

妖刀在80年代末到达棋艺的顶峰，在大同围棋界已是一枝独秀。但是奇特的是他从来没有得到同级别高手的肯定，很多高手被他击败后没有给他应有的尊敬，他反而在年轻一代中有很多拥趸。当时大同主流的围棋价值观是金国苓老师的棋艺特点：重视棋形，重视棋的流向，棋子的效率要

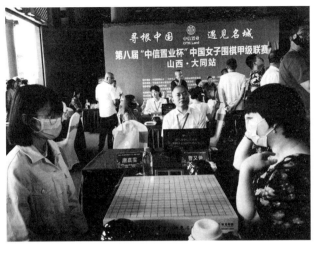

第八届"中信置业杯"中国女子围棋甲级联赛在山西大同举行

均衡，总的来说就是追求从容不迫、中和之美，而不是极端。而妖刀的棋本质如同现在的韩流，是对棋子效率的极致追求，重视计算、重视实战效果。这与大家的理念如同水火不相容。这里不是讨论棋艺和棋理谁对谁错，一千个人心中有一千个哈姆雷特，绝对的对错本不存在，每个人都在按自己的价值观理解围棋和自己的生活。但细想起来，他"离经叛道"的独特下法其实从未被认可，当时的主流棋士对他的棋是不屑加上不解，这也造就了妖刀孤独的棋艺生涯。

妖刀从不下不符合自己围棋观念的棋。90年代初的一次全省比赛上，妖刀遇到当时省队的一个少年高手，在第一个战役中妖刀发挥出常人难以想象的力量，将对手完全击溃，对手开始做认输前最后的挣扎，只要妖刀稍稍退后一点，就可以获得大胜，但从不妥协的性格令妖刀继续前进，寻求扩大战果，结果一个失误使他的全盘计划完全崩溃，结果难以想象地输掉了这局。如果换了别人，可能就退缩一点，安全地赢下来，这一点上妖刀与众不同。

我对妖刀下棋的态度是矛盾的，从棋艺本身来讲，我不完全认可他极端冒险的战略，从特立独行、不迷信既有理论、重视自己的计算结果的棋艺追求这点上，我对他是崇敬的。作为一个棋手，我深知另辟蹊径的代价，可能大多数棋手已经失去了冒着失败的风险去追求更高境界的勇气。妖刀总在思考极度效率的棋可能更接近围棋的本质。

从没有人像樊志军这样给我以强烈的天才印象。看过樊志军对局的人，往往被他奇想天外的着法震撼，围棋原来可以这样下！令人吃惊的是他并没有刻意而为，对于其他棋手而言"离经叛道"的着法对他来说是最自然的想法了，他的围棋世界里没有既定思想的束缚，区区盈尺纹枰，在他的眼里是无限的空间。樊志军对于大同围棋的意义绝不仅仅是在棋界的一点点成绩，从某种意义上讲，他是大同现代围棋的启蒙者。

　　樊志军性情洒脱，人称樊大侠，我觉得没有比这个绰号更能表达其人风采的了。曾有人问我："大同围棋史上最强的棋手是谁？"回答曰："不好说。"但假如有人问我的是大同围棋史上最具魅力的棋手，我会毫不犹豫地回答是大侠。大侠其人似乎无门无派，习艺的初期颇具传奇色彩，听说他本来不会下棋，上大学的第一个学期接触围棋以后闭门苦读棋书一个假期，回到学校后俨然成为学校的高手，看来围棋这东西还是需要点天资的。80年代末期，大侠渐渐登上大同围棋的最高舞台，那时最常见的一幕就是大侠与妖刀的最高对决。

　　要评论大侠的棋，离不开他和妖刀争霸的历程。80年代后期，王妖刀用其无双的铁腕统治大同围棋棋坛，但是当时大同的高手们对他却未必很服气。而对于当时成绩稍逊的大侠，很多人是发自内心地佩服。妖刀的棋恰如一把锋利无比的刀剑，大侠的棋却是一件值得品味的艺术品；妖刀的棋的魅力在于击倒对方一瞬的锐利，大侠的棋却如同一幕希区柯克的戏剧，你永远看得到开始却猜不出结局。大侠的棋直观地告诉我们棋盘上的无限可能，作为棋士，获胜当然是最重要的事情，但"该下怎样的棋"也同等重要。

　　大侠初登大同围棋棋坛时，坊间对他的评价就甚高，起码认为他的技艺不在妖刀之下，甚至很多人觉得他在妖刀之上，奇怪的是在比赛成绩上他总是逊色一筹。在大侠与妖刀的对局中，大侠开局占据优势的情况十之七八，但结果却是相反，妖刀笑到最后的情况更多，这也导致了关于两人谁的棋艺更高的争论。妖刀的拥趸们大多是结果论者，认为过程中形势的优劣只能说明大侠在棋艺的个别环节上强于妖刀，但是围棋比的是综合实力，结果说明一切，妖刀无疑是更强者；大侠的支持者却是技术论者，认为在技术上大侠明显高出一筹，成绩不佳只能说明大侠不执着于胜负，更喜欢探索新境界付出的代价。到了90年代初期，大侠终于在比赛成绩上匹配了他的棋艺，成为大同围棋第一人，也平息了这场争论。

和妖刀一样，大侠的棋艺生涯也是孤独的，没有同行者。有时为了向别人传播他心中围棋的境界，他会故意下一些夸张的棋，用以表达对现实中所谓棋理和权威的挑战，这也在一定程度上使别人对他的认识有些偏差，很多人认为他太狂，也有人认为他不循常理，有点怪，其实他只是想强烈地表达道法自然的棋理。不要人云亦云！不要因为对未知世界的恐惧放弃探究！不要拘泥于前人的框架！在他的棋中时时可以看到这样的呐喊。大侠的存在使大同围棋告别模仿进入探索时代。

樊志军给大同棋界留下两大重要启迪：一是独立思考，不下自己一知半解的棋；二是拒绝盲目模仿，用自己的价值观在棋盘上创作，要有自己的风格。现在大同年轻棋手中的高手风格各异，相互欣赏借鉴却不相互模仿，我想这里大家都多少学习了大侠的精神。向高手学习的方法有两种，一种是模仿高手的下法，另一种是在棋盘上过招，大同的年轻棋手和前辈樊志军一样，多喜欢后者。要么我击倒你证明自己的方法是对的，要么你击倒我告诉我我的错误在哪里，"引颈成一快，不负少年头"。大侠，真壮士哉！

各领风骚数年，从80年代到90年代，妖刀和大侠双雄十年中算是平分秋色。双雄的棋本质迥异，所含的哲理却都难以轻易索解。如果说妖刀的棋直指围棋的冲突本质，那么大侠的棋是如行云化雨般追求自然的本义。我觉得他们都是"真"的围棋。

大侠和妖刀离开围棋界一线已久，众棋友企盼他们复出回归，再展风采。他们的人生坎坷，很大程度因为特立独行的人生态度。他们的出现曾使大同围棋界的水平达到了很高的水准，影响了一代年轻棋手，我们都曾被他们的独立精神感染，受惠于他们的棋艺和探究精神，同时，我们也看到了人生洒脱的代价是任何人都无法逃避的命运。

相约太行大峡谷

硕 晓

作者（右）比赛中

癸巳仲夏，天朗气清，酝酿已久的云中十二子太行山大峡谷四日游终于成行。

是日一早，装束齐整的大小男女共计30余人，乘坐大巴疾驰于高速公路之上。隔窗望去，但见两边柳绿花红，庄稼连片，次第隐退，目不暇接；远处，山峦起伏，白云如絮，楼群跌宕，薄雾缭绕；间或池塘星布，河流蜿蜒，牛羊散漫，水鸟翻飞，虽是北国境地，似有江南风韵。

穿过雁门关长达5600米的亚洲第一隧道，车内的气氛忽然活跃起来。素有"歌王""棋痴"美誉，也是此番活动的首席组织者刘延庆用山寨版的广东话开始广播：各位女士，各位先生，各位朋友，各位来宾，云中十二子太行大峡谷游车上歌舞会现在开始，第一个节目，由我们最最敬爱的王书记给大家表演，掌声有请！

大同日报社的王玉田书记在十二子中雅号为"兰"，也被圈内唤作二哥，伴着掌声登台亮相。借助车上配备的麦克风，讲了一个不荤不素的段子：说有一老者地里锄田，烈日炎炎，燥热难耐，见四下无人，便将行头脱得一干二净。正在惬意快活之处，忽听有人高喊："他爷爷，他爷爷，孩子他爹来信了，孩子他爹来信了。"且说且行，人已到了跟前。老汉知道，这是儿媳妇来了，由于不识字，每次来信都得别人念给她听。可这一丝不挂，诸多暴露，面对儿媳，成何体统？情急之下，只得一手捂裆、一手接信，偏偏信纸叠得紧凑，怎么展也展不开。儿媳看在眼里，急在心上，说："来，我给捂住，您念吧。"逗得满车哄堂大笑。

下一个轮到"九三"学社的薛志英，他在十二子中雅号为"莲"。老薛是个谦逊儒雅之人，经常手摇扇子，口吟辞赋，见谁都是长官领导，言语多有附和赞誉。平时在歌厅里，不是和白哥、杨老师联袂智斗扮相胡传魁，就是独自哼唱一首《草原之夜》。那天不知从哪拾来一段戏文，扭扭捏捏，咿咿呀呀，听着听着就感觉像大仙爷上了身。有人问老薛你这是唱的啥？杨秀文老师代答道，这可能是一段戏吧。老薛听了激动地一抖扇子，晃着脑袋曰："还是秀文，真我知己也。"气得延庆用眼睖了他几次，他也浑然不觉。

刘延庆在十二子中雅号为"杏"，历次活动都是主角，不是笑星胜似笑星。他选了一首粗犷豪放的流行歌曲，唱起来刚劲有力、步步攀高，其音道激越沙哑，颇有韩磊之风，自然以扎实的演唱功底和丰富的面部表情赢得了大家的掌声。还有几位的表演也都很有张力和看点，比如张近平的"大鹏展翅一声吼"，嵇晓明的"磨剪子来戗菜刀"，郭宝贵的"我是一朵小小的梅花"等，都是平时难以听到可遇不可求的稀罕之作。

兴奋过后，激情消退，似睡非睡到下午5点多，车子开进了第一站——长治市。长治是个历史悠久的城市，早在1万年前就有人类繁衍生息，有过女娲补天、后羿射日、炎帝劝农、精卫填海等许多美丽的传说。东汉末在现址建城，迄今已有1800多年。1945年10月建治为市。长治资源丰富，盛产五谷杂粮，自然景观、文物古迹相得益彰，城市建设、经济建设并驾齐驱，绿化、美化、香化、亮化四化合一，给人的直观印象是富庶殷实、雅丽清新。

刚刚下榻天马大酒店，一行人便不顾旅途劳顿，邀来长治棋手捉对厮杀。大同的刘英当年曾在长治学棋，对这里的地理环境、围棋水平、联络方式都颇为熟悉。因此，由他牵线，不到一锅烟的工夫，双方棋手就已坐定。长治摆出老中青三结合的队伍结构：长者即为刘英恩师，有70多岁高龄，业余5段棋力；小的年方13岁，刚获4段证书；中年人40岁上下，自报强5弱6，当地棋界领军人物无疑。大同派出郭宝贵、白新泉、贾慧峰与之一一对战。这三对加上李锦光、嵇晓明、樊志军各对一人，共开六盘棋。经过两个多小时的鏖战，长治方面两胜四负，总成绩略居下风。但是人家强5弱6把咱的主帅贾慧峰斩落马下，确也说明手段了得。

按照行程安排，第二天要走的景点是"两峡一漂"，距离较远，山路崎岖，因此大家都已无心恋战，吃了点饭就早早安歇了。

青龙峡位于长治市壶关县境内，是太行山大峡谷龙泉峡的一条支峡，全长三公里左右。刚入峡口，便看到一股山泉清澈透明奔涌而出。撞在石壁上，散碎成一颗一颗晶莹剔透的珍珠；流经悬崖边，分割为如丝如缕的飞瀑；跌落深潭里，融汇成碧绿温润的墨玉。侧耳聆听，其声时而哗啦，时而叮咚，时而汩汩，激越中伴着悠扬，欢快里蕴着哀婉，俨然大自然赐予人类的美妙乐章。稍往里走，习习凉风扑面而来，裹挟着枯枝败叶的气息，混合着野草野花的清香，感觉像被少女的小手抚摸在头发上，抚摸在脸颊上，柔柔的，痒痒的，撩拨得身上的每一根神经、每一个细胞都轻松起来、舒畅起来。

正在心旌摇荡、沉醉迷离之际，一段陡峭的石阶挡在面前。举目仰望，一线蓝天悬挂头顶，千仞绝壁直冲霄汉，星星点点的游客行走在逼仄的栈道上，好像一些爬虫在慢慢蠕动，显得那么渺小、那么脆弱。这种视觉上带来的冲击，瞬间穿透了人们的思想、穿透了人们的灵魂、穿透了世事当中那些微不足道的成败得失、恩恩怨怨，变为震撼、变为启迪。看着石壁经年累月形成的一层一层年轮和被流水长久冲刷得光滑而且五彩纷呈的印迹，我不禁感叹，大自然尚且如此，何况人乎？"壁立千仞、无欲则刚"，讲的仅是相对于人的超脱与坚强，但也绝非恒久不变。人的生命和这些巨石比起来，只能说是更加卑微、更加短暂，充其量也就是宇宙间的一粒灰尘四处飘荡罢了。

午饭后便是大家早已期盼的河上漂流。漂流是项稍微带点刺激的运动，人人都须穿上救生衣、平板鞋。导游小曹说，亲历漂流，女的必须失身（湿身），男的必须尖叫，这样才算过瘾，才够圆满。郭宝贵在十二子中雅号"灵芝"，他和夫人冯湘兰老师显然是漂玩老手，有备而来。别人都是七分裤、八分裤、大裤衩、二股筋，皮鞋袜子裹得紧，夫妇二人却已是泳衣浴帽去兜风，相形之下，陈腐现代恍若隔世。他们乍一出现，众人不漂已先尖叫。

　　我与志英、老白同乘一筏，起步不远便进入平缓地带，许多船只在此都是原地打转，不能立即滑向漂流航道。于是人们挥起事先备好的水瓢，无拘无束地打开水仗，不管认识不认识，不管允许不允许，瓢到水到，一片嬉笑。白哥新泉由于一表人才、体魄强健，立马就被隔船的三位淑女看中，几下水仗之后，言语调侃，眉目传情，恋恋不舍，胜似故交。老薛虽然吟诗放歌，奋力划水，很想吸引一些注意力过来，怎奈人家神情专注，毫不理睬。嫉恨之下，跳水拖船欲待漂走，竟被三位当中的一位纤手揪住，口中呢喃"不让——不让"，老薛至此别无他法，顺势抓住素手摇了几下，说："咱们交个朋友，交个朋友。"最终，还是岸边的工作人员用长长的竹竿一个一个将小皮筏推入河中。整个河道曲曲折折、高低起伏，窄处仅够一船通过，险处落差深达3米。有时平缓行进，有时顺流直下，有时一个剧烈的俯冲，骤然掀起漫天浪花。如想看看两岸的风光，所给的时间也就须臾，如果不抓紧船帮上的绳扣，就可能被巨浪打下河底。约莫半个小时光景，漂流活动就已结束。看看周围的人们，个个都是水淋淋的落汤鸡模样，大概除了口干之外，浑身上下再没一点干燥之处。我从二股筋裹着的肚子里取出事先用塑料袋包好的香烟，美滋滋地、大口大口地吸了起来，"瘾"得老白和郭志强赶紧索要："给我一支，给我一支。"

　　由于堵车拖延了时间，本打算接着前往红豆峡的计划只能推到第二天早上。因此，当晚就近下榻了红豆峡大酒店。说是大酒店，其实不过三四层高的小楼。

　　向晚，一边吃饭，一边开始了预先设计好的十八人联棋挂盘大战。一组组长为十二子中的玉田·兰，二组组长为十二子中的顾晓·梅，双方精心选定队员，各自形成强大阵容。玉田·兰执黑先行，依次出场的为张近平、郭宝贵、薛志英、樊志军、苏永华、郭志强、嵇晓明、鲁喜忠；顾晓持白迎战，依次出场的为李继文、贾慧峰、白新泉、李锦光、徐红卫、刘延庆、刘英、罗欣。联棋可贵的是团队精神，较量的是集体智慧，任何个人英雄主义、个人风头主义都可能给全盘带来不利，铸成大错。所以，虽是金戈铁马、刀剑相向，却也你来我往、互有分寸。前三四十手下来，黑棋似乎占了上风，在上边形成一个四线巨空，少说也有50多目。被大伙戏为随军记者、刀笔先生的志英·莲看到己方形势乐观，再也按捺不住激动和兴奋，一会儿言语嬉戏、诙谐幽默，一会儿举杯相邀、豪饮大笑。眼见得棋，老薛要合拢的嘴就合不拢了，白方的白哥轻轻拈起一子，放入黑棋的大空当中，就好像孙猴子钻到铁扇公主的肚子里那样从容淡定。这一着非同小可，能不能活着出来姑且不谈，单就这种创新和拼搏的气魄与胆识，就将对方吓出一身冷汗。只见玉田兄麾下各色人等眉头紧锁、神色凝重、长吁短叹、停箸放杯，陷入一阵苦思之中。这步棋经过几个回合，形成一个天劫，谁能打胜，谁就大优，如果打败，几近崩溃。轮到白方继文寻找劫材，看来看去，黑棋几乎无懈可击，只好勉强在二路处点了一手，意在分断两子，再作计较。下一步轮到对方宝贵出着，该兄平日棋风稳健、多谋善断，只要一手消劫，白棋将苦不堪言。偏偏问题就出在稳健上。他怕分开两子损失过大，随手一补，便给白方留下逃生之路。刘英哈哈笑着走向棋盘，闭着眼睛拔掉黑棋，白在黑肚子里尽活20多子大龙，立马显得棋形生动、顾盼生辉。黑棋五脏六腑被掏，精气神不复存在，只得拼命挣扎、四处逃逸。

也许得意最能使人忘形，在一片鼓掌喝彩声中，白方高手贾慧峰笑嘻嘻地走出一个二线夹的"妙手"。这手棋既能使自己大龙渡回，又能断吃黑棋3子，而且下一个出场的是符合短板理论的志英·莲，就算一道难题抛将出去，让其慢慢咀嚼吞咽去吧。然而，此时白棋左上角经过老薛前面的二路透点和张近平的二路扳粘，两面压缩，已成缺乏生气的呆板之形，若是老薛点方打将，似有难成两眼的灭顶之灾。可惜的是，老薛毕竟是老薛，短板终将是短板。他在长考了几分钟后，很是自信地在无关痛痒的二线爬了一步，成就了他在这盘棋中"两点一棍"的生动形象。白方白哥早已心跳加快、呼吸急促，看见薛兄如此缓手，赶紧上前于危空里补了一下，并从丹田里吐出一口得胜之气来。作为一组首领的二哥玉田兄，此时鼓励大家少安毋躁，既然咱们能够一错再错，对方或许也不乏其人，同志们应该静观其变、以待天时。这些话就像给每个人注射了一针兴奋剂，几位队员竟然莫名地活跃起来，敬酒的敬酒，鼓掌的鼓掌，大有效仿二组的嫌疑。唯有老薛话头软绵、一脸失落，时不时地上前观战，时不时地以手搔头，时不时地隔桌张望。看来，弈出缓着对他打击太大，二哥的鼓励根本没能听得进去，乃至后来脑子空白、手抖如簸，20多分钟竟然不知该将棋子落在何处。还是作为这盘棋的监督员、公证员而且略懂围棋的美女杨给他支的着，老薛才机器人般点下一子。就是这步下意识的一点，同煤高手李锦光和十二子之顾晓·梅都觉得甚是厉害，若应不好，白棋大龙会有被封、被断、被歼的危险。倘若老薛前面走了点方，加上二路透点，加上机器人点，大有和唐伯虎三点秋香比美之势。那样老薛在这盘棋中的分量可比秤砣还要金贵了。该弈耗去三个半小时，尽管同煤郭志强中腹走出一步小飞的好棋，又掀起新的波澜，但都被我方一一化解。

太行大峡谷

第二天早上进入红豆峡，只听见"哎、哎、哎"的喊叫之声。据导游介绍，红豆峡因里面长满红豆杉而出名，许多痴情男女来此游览，主要是借助红豆互寄相思。但是转来转去，却连一棵红豆杉也未见到。值得一提的是，此峡和彼峡风格迥异，虽然不是很长，却藏着无限看点。悬崖绝壁上，人们攀爬的是用角钢焊接而成的云梯栈道，山势之险峻、树木之繁茂、水潭之幽深、行走之艰难远远超过前面的青龙峡。故而永华·桂打开掌中宝，贪婪地拍摄着，还不时地眯起眼睛，对各种草木、各种奇石进行认真的探索和深究。

游完红豆峡，下一个景点就是藏兵洞和恐龙谷，几位主要的组织者刘延庆、郭志强、樊志军分头告诉大家，晚上进驻农家院吃烧烤，还要举行篝火晚会。人们的胃口和情绪一下被调动起来。车行一百余里，来到一座土山下，导游曹说目的地到了。门前立有一碑，说是当年马超为了御敌，在此打造的古堡暗道，内有兵器库、点将台，甚是好看和壮观。谁知进到里面，仅为六七十年代深挖洞、广积粮、不称霸的遗物。也是在这时候才突然发现，我们是这里唯一的游客，平时根本没人来此转悠。倒是一片一片的花椒林和大如蚕豆的红黑小枣可能会给当地的人们提供一些微薄的经济收入吧。

拖着疲惫的身子，住进农家院落，五六人的通铺，共用的厕所，共用的淋浴，共用的脸池，不可思议地营造出一种当年上山下乡的欢乐氛围。

日头西沉，暮霭缭绕，主人准备的烧烤食材已经就绪，有火腿肠、豆腐皮、馒头片，当然更多的是让人垂涎的羊肉串。当院几张拼起的桌子上，摆满了白酒、啤酒及大豆、花生、拌粉、泡菜之类的美食，烤箱上空弥漫着木炭释放的袅袅炊烟。

宴会开始，遣词造句。二哥玉田代表所有旅行者感谢主人的热情辛劳，感谢师傅、导游的正确指引，感谢所有女士对自己男人、对别的男人的欣赏、理解、宽容和支持，感谢云中十二子对围棋事业的热爱、痴迷、不离不弃。请大家共同举杯，开怀畅饮。一声令下，觥筹交错，只听得碰杯的吭当声，上菜的吆喝声，咀嚼的吧嗒声，吞咽的咕噜声，组成比青龙峡流水之声又有韵味的一支新曲。不知大伙是真饿了还是被外地的新鲜感刺激了食欲，吃起东西来竟是不挑不拣、狼吞虎咽。我们这个桌子上，直到酒过三巡、菜过五味，经过多次提醒，才有被继文·李称作状似蚂蚁串的几个羊肉串端了上来，而且很难实现一人一串，只好互相客气、你推我让，非但没有吃完，反倒还有剩余。又过了半个多小时，人们旺盛的食欲有所减退，我等也便手持肉串，打了打牙祭。

　　该享受的享受了，那边的音乐也就响起来了。配合默契的延庆·杏和美女杨一首《今夜无眠》拉开了晚会的序幕。二人边歌边舞，音道准确，气韵和谐，动作娴熟，表情自然，一下赢了个满堂彩。嵇晓明、樊志军虽不善唱，但是搬上小凳稳坐前台当起忠实观众。永华此时更是忙前忙后，调试焦距，抓拍亮点，虽然累得满头大汗，可也感到无怨无悔，指定给大家留下不少珍贵的镜头。几位主要演员里，杨老师的歌喉既通俗，又美声，她和顾晓合唱的《敖包相会》《化蝶》，和徐红卫合唱的《夫妻双双把家还》，和延庆合唱的《你呀你呀你呀你》，都和专业水平仅差毫厘。郭志强和夫人、女儿的独唱、合唱《爱江山更爱美人》《明明白白我的心》等表达充分、拿捏适度，不乏可圈可点之处。鲁喜忠由于思想开了小差，歌也唱得走调，两三首下来，赚得大家不少嘘声。老白以往军歌嘹亮、响遏行云，那天可能纵酒过度，一句穿林海跨雪原刚刚起步，便被汹涌的酒势淹了回去，尾声竟成了拼命的干号。天镇的老徐利用唱歌的间隙，给人们表演了弥勒下软腰，他有一个状似足足怀了八个月孩子的大肚，却能蹬直两腿弯下腰去，让两个手掌平着着地，大伙看了一片叫好称奇。罗欣·菊头天肯定没干什么好事，把个嗓子搞得红肿喑哑，近乎失声。心想美美来上几句，结果一张嘴一个黑巴儿，转出转进，百无聊赖，只好相邀顾晓·梅提前退场，一起下棋去也。

　　第二天，明媚的阳光升起来了，我们也要结束旅程，打道回府了。在走之前，大家集体参观了八路军纪念馆，倾听了抗日战争中不少可歌可泣的动人故事。路上，周建华女士说，想再听听我吹笛子，我便毫不扭捏地吹了一首《太阳出来照四方》。

感恩与期望

丁俊华

丁浩与父亲

大同棋协的张眉平棋友与我多次联系，嘱咐我写一写丁浩学习围棋的成长经历。刚接到这个任务，我还有些犹豫，一来感觉自己文笔实在有限，写不出想要表达的东西；二来丁浩尚在围棋前进的路上，水平还没有到成熟和稳定的状态。后来一想，有大同这么多关注着丁浩的前辈和老师，不管是久未谋面的，还是从未谋面的，都能从群里的动态中感觉到他们的关心，我就决定把丁浩从与围棋结缘到成长为一名职业棋手的历程做一下回顾，由此感谢所有帮助过他的人，对丁浩也算是一个鞭策与勉励吧！

20世纪80年代末至90年代初，在我刚毕业参加工作时，正值"聂旋风"横扫三届中日围棋擂台赛。热血沸腾的我买了几本围棋的小册子和一副棋具就摆弄起来。可我并不知道当时大同已有不少围棋高手，孤陋寡闻之下，无人指点，终究搁置了。然而书还一直保留着。丁浩四五岁时，我就把家里的跳棋、象棋拿出来陪他玩，有时也陪他玩五子棋，儿子乐此不疲，玩得很是尽兴，常常缠着家里人跟他玩，硬是把他妈妈也教会了下五子棋。看着他的热情很高，我就给他讲聂卫平的辉煌战绩，他一脸神往地问个不停，我趁势拿出当年买的围棋小册子给他看，他就一个人坐在床上看着书摆，我们只认为他是一时兴起，因为这个年龄的孩子兴趣总是多变的。谁知他竟然真的很投入，边看书边摆，还不时拉着我过去看他摆得对不对，有时一摆就是一个小时，记得有一次他问我：武官正"对"和聂老谁厉害？我一听乐了，他把武宫正树读错了，他当时还在幼儿园读中班，复杂一点的字就读半个认识的。儿子的这种表现，似乎唤起了我当年的愿望，当时想：如果能有老师教教他就好了。可是我的交往圈子里似乎没有这方面的消息，我也没有刻意打听。孩子就这样自己玩着摆，完全是依葫芦画瓢。马上要上小学一年级了，暑假里家长们给孩子报了各种各样的班，爱人就在红领巾艺术学校报了笛子班，她同学的孩子也在那里学，因为笛子是最便宜的乐器，初学者只需买15元的短竹笛。上了一年级后，每个周末就去吹笛子，学会了一些最简单的单曲。而围棋纯属他个人的自娱自乐。

丁浩学棋经历了初结棋缘、正式入门、京城学棋、扬州定段、升段之路几个阶段。可以说围棋的成长一直伴随着丁浩的成长。感恩在他成长的路上有马总的支持，以及众多老师的关心、鼓励和期盼。2013年大同棋协把他评为荣誉会员，给予特殊贡献奖励。一路走来，苦涩艰辛、彷徨迷茫，个中滋味只有亲历过才能感知。从2010年5月去北京学棋到2013年成功定段，我们三年搬了7次家，最多合租过五户人家，各住户不同的工作和作息曾经给了孩子很大的干扰，住过潮湿的地下室，也住过筒子楼，爱人每月

来京看望孩子时，三口人挤在一张一米五宽的床上。三年来几乎所有的自费比赛没买过卧铺票，有的路程达20多个小时。为孩子学棋背负压力、沥尽心血，我们没换

第21届中国围棋新人王公开赛。於之莹VS丁浩

过新衣服，丁浩也是穿亲戚、朋友给的衣服。然而孩子每年的进步显而易见，总共参加过3次定段赛，2011年7月在合肥第一次参加比赛时，为节省费用在亲戚家住，每天顶着将近40摄氏度高温坐公交去赛场，居然只打入预赛，取得本赛第83名；2012年7月在浙江宁波第二次参加，预赛与许嘉阳分获小组第1名，以本赛第37名获得下一年的本赛权；最后一次是扬州正式定段。听说有的孩子参加职业定段用了5到8年，或许正因如此，才给了我们坚持下去的动力和信念。定段后，我们试着问丁浩：要不咱们上学吧，凭着职业水平，我们考大学可获得优先或减分录取。丁浩一本正经地说："那我这么多年的努力又为了什么？"他在日记中写道："我知道，定段只是我迈入职业生涯的第一步，以后的路还很长，我要继续努力。"定段后教练葛玉宏点评：下棋超级顽强，在道场里有山寨版"马天放"绰号，可见下棋专注度之高，是最近两年印象中进步最快的棋手。性格单纯、心无杂念是其进步的最大源泉。记得丁浩8岁在太原学棋的时候，老师让少年队每个孩子写下自己的理想，其他孩子纷纷写职业9段、世界冠军，他写的是："下好每盘棋就行了。"刘雅丽老师笑说很特别。定段后，他在职业理想一栏写着：成为一名优秀棋手，虽无豪言壮语，但要达到"优秀"，却也无限艰难。现今让孩子又有特长又能上大学两不误，是很多家长的明智之举，我们也觉得这样对孩子的未来更有保障。可是孩子要坚持自己的梦想，作为家长，我们就想：最苦最难都熬过来了，还有什么理由不支持他呢？前进的路任重而道远，我们不再为选择的对错去犹疑、纠结和患得患失，只愿成为他前进路上有力的支持。随着丁浩进入青春期，个性凸显，时而浮躁，也有些小叛逆。他喜欢课外阅读，驾驭语言文字的能力也较强，但理化的课程还是落下了。毕竟围棋古来就是圣贤文化，是修于内而发于外的，希望他能在围棋成长中刻苦钻研、磨砺心境；同时更多地充实文化知识，自我完善，形成有毅力、有韧性的品格，在人生积淀中能虚怀若谷，实现个人智慧的自由发挥，成就自己的围棋事业。

再次衷心地感谢关心、支持、帮助过丁浩的老师们，也衷心祝愿大同的围棋事业欣欣向荣、蓬勃发展、再创辉煌！

我的围棋缘

田丰

与围棋"结缘"还是20世纪80年代中期的事儿。刚出校门，又进新校门，只是身份、角色发生了转变，由学生变为老师。由于很早就喜欢象棋，参加工作后闲来无事时，痴迷围棋就是很自然的事了。

牛刀小试　雾里看花

初学围棋时，常常几人聚拢一起，如下象棋一般，对着棋盘指手画脚、大呼小叫。两位对弈主帅，生怕棋笥被别人抢去，用手像端瓜子盘一样，丝毫显示不出围棋的雅与静来。那时下围棋，双方一上手便开始肉搏战，杀得天昏地暗，只图"吃棋"的痛快，只知道"立二拆三"，星位挂角尖顶，对行棋的调子、棋形之优劣、行棋先后手等根本就没有什么领悟。记得第一次参加大同矿务局围棋比赛前，也曾打过吴清源、桥本宇太郎等日本名家的棋谱，由于当时棋力太低，对围棋的理解也很有限，打名家的谱感觉总是雾里看花，不知所云。但终归功夫不负有心人，临阵磨枪取得第八名的佳绩。牛刀小试，对围棋的信心、痴心骤增，就此与之结缘至今。

渐入佳境　拨云见日

参加矿务局围棋比赛之后，对围棋的兴趣日浓，时值中日围棋擂台赛酣热之际，我对围棋的痴迷也近乎癫狂，订阅《围棋》期刊，购买或借阅好几种围棋序盘、中盘及收官的书籍，经常同棋友通宵达旦对弈，其间的

首都机场巧遇著名围棋国手常昊

快乐、惬意至今仍难以忘怀。那几年，无论是对围棋的理解还是棋艺，都有了显著提升，在环境方面、棋具方面都有了小小的讲究，一杯香茗、一支香烟是不可或缺的。此时，我对围棋的依恋正处于"蜜月"期，内心对围棋的感悟和理解也渐入佳境，再打过去的一些棋谱，有拨云见日之感。

"七年之痒" 束之高阁

我与围棋，从初学者到痴迷也就是七八年时间，后来由于工作环境改变，差不多与围棋"断缘"，有十多年几乎没摸过棋子，但我对围棋的那份迷恋，还常常在心底涌动。2005年左右，我曾负责接待过一个来同煤集团进行安全培训讲座的日本团队，也曾和翻译沟通，想同他们下盘围棋，但遗憾的是他们十多名日本煤矿安全培训方面的老师，竟无一人会下围棋。2006年，我也因培训去过日本，也是那些同行接待我们，我旧事重提，想"手谈"一局，但不知何故始终未能如愿。

回想那十多年间，因忙于俗务，自然与围棋疏远了不少，棋书、棋具束之高阁。但其间同煤集团有一场围棋盛事，令我难忘。那是2009年时任同煤集团宣传部副部长张眉平负责在同煤技校举办的一场围棋邀请赛，当时特邀黄奕中七段、吴玉林六段、周杰二段莅临指导。邀请赛最后安排一项活动，由国手黄奕中同时和参加比赛的五名选手对弈，让我们每人五子进行指导赛。我当时内心还挺不服气，认为让五子黑压压一片怎么下，结果我们五人全部败北。我输得更惨，始终感觉棋就无法下，这盘棋几乎改变了我此前对围棋所有的判断与认知。

双十二战 乐在其中

2010年以来，大同市"云中十二子"与同煤"弈苑十二友"进行以擂台赛为主的各种赛事，我有幸成为同煤十二友之一。虽说是擂台对抗赛，但大家主要以棋会友、借酒助兴，我们结下了深厚、纯正的友谊，尤其是著名作家曹乃谦，是我们棋友之一，这使大家深感自豪。"双十二战"延续多年，转战数地，大家都充分享受着围棋带来的快乐，我也乐在其中。虽然现在棋力不如以往，经常出现恶手、误算，但我仍然是"天元围棋频道"的忠实观众，对围棋的认识也经历了一个由浅入深、由表及里的过程。随着认识的提高，棋力也有相应的进步。初学围棋之人，棋盘过招一上来就死缠猛打，就像初学武功之人贴身较力一样，而当棋力到达一定境界后，对弈者就可以淡定、从容，就像武学高手一样用"气场"制服对手。围棋是一项智力游戏，是追求每手棋效率最大化的游戏。围棋中蕴含着局部与全局的关系、盈与亏的关系、厚与薄的关系等，如何处理好这些关系，需要判断、权衡、计算，这也正是围棋让人着迷之处。

棋虽小道，但却蕴含着大道理，它能给喜爱它的人带来愉悦，带来精神上的享受，我还是很喜欢、很乐在其中的。

田丰（左二）在对弈中

广灵行

李锦光

作者（右）对弈中

2015年10月，风和日丽，秋高气爽。同煤棋友一行八人，由张眉平书记带队，成员有刘志刚、石建国、孙建民、商玉龙、李志军、苏尚武及在下。分乘两车应邀去广灵，以棋会友。早七点半准时出发，走新路上高速。真可谓：倒衣还趋驾，无心览山川。忽过浑源北，已临广灵前。

广灵棋友全胜福驾车出廓相迎，同时受邀请的还有天镇县三位老朋友：徐红卫、温有生、吕军。地点设在广灵公路段会议室，小全是那里的领导。棋友相见，非常高兴，一阵寒暄，真可谓：心仪已久，手谈愿随；相见恨晚，宾至如归。

上午同煤棋友为一方，广灵天镇棋友为另一方，依次排名，捉对切磋，下午双方任选对象继续对弈，真可谓：全神贯注，胜负殊同；县区联谊，其乐融融。

午时，广灵棋友在饭店订了雅间，热情款待。自然是风味独具，玉榼频倾。席间互相介绍、互通网名。广灵棋友谈及他们的围棋发展，特别提到是由北京知青的引领和带动才逐渐扩大规模，同煤棋友颇有同感。眉平书记也介绍了《大同围棋风云录》的编撰进展情况，着重提及云中十二子和弈苑十二友，人人重视，个个出手不凡，已有二十多篇文章陆续汇齐，笔走龙蛇，篇篇精彩。

仗着酒劲，敝人跃跃欲试，当席即兴赋诗二首：

怀旧

雁同棋坛盛，卅载赛事繁。

东胜闻鼓舞，北插助波澜。

手谈伴昏晓，目见犹天元。

送菜心冻透，沏茶底烧穿。

弱强论无止，胜负仍续延。

谁知到晚节，高段出少年。

棋友

一生唯谨慎，企协两分清。

金笔文章秀，玉盘定式精。

三邀六七段，对抗十二卿。

谁言矿领导，犹为棋坛兴。

饭后广灵棋友安排游览极乐寺，据介绍，此寺院也是闻名遐迩，据传为亚洲第一大寺。驱车遥临，果然规模宏大、名不虚传。拾级而上，仰望宝刹，偶得七绝一首：

极乐寺

红墙碧瓦依山势，殊殿重阁入云端。

游人如织香火旺，棋友胜境广结缘。

原计划我们当日在广灵住下，晚上回请广灵和天镇的朋友，广灵棋友早晨已为我们在宾馆开了房间，但我们当中有人临时有事，不得不回。只得依依惜别，相期惋还。

车到同煤：

华灯已上，细月微升。幽兴未尽，又寻餐厅。

小菜数碟，啤酒加冰。棋闻弈事，谈笑风生。

回到家已是二更天，电视直播中国和菲律宾男篮决赛还未结束，立刻，精神又长，睡意全消，但见：

巨人骁勇，卧薪十年。全胜夺魁，完美收官。

惬哉！玄夜久未著。

快哉！白日到羲皇。

荷塘 作者：贺建民（棋友）

棋 趣

李远民

在中国的传统文化中，常提到文人的四大雅趣：琴、棋、书、画。其中的"棋"指的就是围棋。围棋以它悠久的历史和无穷的变化成为国粹之一。且越来越引起世界的重视。当今棋类的比赛中，奖金最高的是围棋，如"应氏杯"的冠军是四十万美元。

中国最古老的文化不是甲骨文，而是"河图洛书"。中央电视台播过一个专题——黑白世界，其中提到围棋的起源，可能源于"河图洛书"。

向林建超主席问好

传说伏羲氏时，有龙马从黄河出现，背负"河图"。有神龟从洛水出现，背驮"洛水"。"河图洛书"的基本笔画就像是一串较疏的糖葫芦，也很像围棋子摆在棋盘上组成的图形。据说伏羲氏根据这种"图""书"画成八卦，成为后来《易经》的来源，经周文王发扬光大；也有传说，汉字的创造者仓颉受"河图洛水"的启发，发明了汉字。据说，仓颉是黄帝的史官。由此推断，汉字、《易经》、围棋都起源于传说中的"河图洛书"，是中国及全世界最古老的文化之一。也有一说是"尧造围棋，以教丹朱"，这要晚近千年。即使这样仍不失为古老文化瑰宝。十九路围棋大约定型于晋代，在唐代传入日韩。关于围棋的著述亦汗牛充栋、不可胜数，较著名的有《烂柯经》《围棋天地》等。

围棋的变化无穷更令人咋舌，因为按数学上的排列组合计算，围棋的组合可达2的361次方，现代最先进的计算机亦难穷尽其变化。所以下围棋的人都知道一句俗语：千古无重局。数千年来从来没有过两盘完全相同的棋。

下围棋，更是魅力无限。我等虽俗手，也乐此不疲，常常废寝忘食、通宵达旦，为此，结识了不少好友，也误过不少好事，有时杀得兴起，更因夜不归宿惹得老婆不满，甚至吵架。下围棋大致分三个阶段，开头布局，中间是序盘拼杀，最后是收官。我就自己粗浅的体会，谈谈下围棋的三个阶段吧。

布局就和布阵一样，既要有自己的打算，又要针对敌人的阵形，打乱敌人的计划。在布局阶段，第一要抢救急场，第二要抢占大场。急场是关系到生存的问题，大场关系到发展的问题，所以一要生存，二要发展。若布局阶段占了上风，就为后边的中盘拼杀打好了基础。

中间的拼杀最为惨烈，一方面要保住自己的地盘不被敌人侵占，又要想方设法去攻击敌人，以求能占据更多的地盘。围棋以占据多数地方来决定胜负，用术语说就是多少目。要单独做活就必须要有两只眼，双方都不活就要拼气，无论如何必须要有大局观。在拼杀中，战术中的声东击西、围魏救赵、诱敌深入等三十六计都能使用；其拼杀手段如扑气、倒包、滚打、包收等要熟练运用。像我等，常因一子没走对，自己该活的棋没活了，该杀死对方的棋没杀死，令人扼腕痛惜。这就像战场上瞬息万变一样，有时一条大龙被屠，有时一片大空被侵，最激烈的是劫争，有时一方局面不好，就放出胜负手，采用劫争搅乱局面。也许有人会说，你不会别和他打劫。此话差矣，如果你让步了，也就意味着你失败了，所以中盘的拼杀最为激烈，有许多盘棋不等收官就中盘结束。

如果中盘的拼杀势均力敌，或差别不多，那就进入了第三阶段——收官。收官虽说的是最后阶段，但是正如人们常说的，谁笑到最后，谁笑得最美，我等芸芸之辈且不必说，常为贪占一个官子，给对手造成"双叫""接不归"等机会，痛失好局。即使是国手，也常出现失误，围棋高手李昌镐以收官最为著名，常昊、马晓春等国手，常常在收官阶段被李斩落马下。因此绝不可小视收官。

在现实生活中，许多下棋的术语被使用到生活中，如"局面""一着不慎，满盘皆输"等。确实，人生如棋，下围棋的布局、中场、收官三个阶段，就如同人生的青少年、中年、老年三个阶段一样，每个阶段都必须把握好，才能取得最后的胜利，才能盖棺论定，否则就可能一败涂地。

比如有两个青年，一个从小家境优越、吃穿不愁，入小学到大学都是重点学校，另一个家境贫寒、缺吃少穿，无钱上大学，只能当打工仔，两人的布局相差大矣，但并不能就此注定人生棋局的胜负。若前者在上学后放松学习，也可能几门功课不及格而被劝退，如果性格偏执极端，便有可能堕落，甚至犯罪；若后者品德纯良、吃苦耐劳、机敏好学，也能成就一番事业，如《大染坊》里的小六子，文豪高尔基是也。所以，人生的青少年阶段固然重要，但中年的拼搏更关键。收官虽然是最后阶段，却是决定胜负的阶段，有许多人一世英名，却晚节不保，而落个身败名裂的结果，就是收官没收好。

虽然人生如棋，但不可把人生当作下棋一样游戏，因为一个人一生可以下无数盘棋，这次输了，下次还可以赢回来，而一个人的一生只有一次，若输了就不可能重来，所以既要勇敢拼搏，又要慎之又慎。

感悟围棋

苏永华

作者对弈中

我6岁左右看会了下象棋。当然只是会走会吃知道将军吃死，根本谈不上水平。在我10岁以后，我三哥和几个同学老在我家下围棋，我还是在一边看，可这回硬是没看会。

多年以后，我们部队在内蒙古演习期间，有个南方兵找我学吉他。好像是在一次演出后，我路过他们营区时走进他住的帐篷。哎！我一下就看到他带着副围棋。

一个月后，我的围棋启蒙老师就有些下不过我了。并不是因为我有多聪明，而是我的老师水平也是极其有限。

从部队回来后，我在新单位报到那天就发现有几个下围棋的，自然就加了进去。而这一加却使我有了牢固的棋友圈。

我们部队的围棋水平很低，基本上都是野路子，所以我在和有一定水准的人下时只能是溃不成军。可我不能老输呀！慢慢地，我不再下只是看。刚开始看时，我总是好指手画脚。有一次，我仔细看了半天认为双方对杀必走的一手棋，他们都没走，我再次忍不住说："为啥不走这儿?""为啥走这儿？"对弈者和旁观者都不解地问。我说："谁走这儿，谁杀！""轰"的一声，人们笑得东倒西歪。笑过，人们马上复盘，讲解如走我说的那里，反而自撞一气必死。为什么自己那么仔细看完的棋书还是不对？为什么自己不能只看不说？事后，我反复地在想。人不能自觉聪明，自觉聪明必然愚蠢；人更不能有小聪明，小聪明是妨碍进步的大敌。这是我总结出的第一条。做人必须深思慎言，尤其不能对人对事急着定性下结论。从此，当我知道自己并不聪明，最多有点小聪明后，真正用心学习自然成了必然。

在看棋书、打棋谱很长一个阶段后，我的棋艺依然长进不大。这自然使我有些泄气。有一天，我突然有棋艺见长的感觉。果然在棋友的一次聚会中我连赢了好几盘。这个阶段我没看棋书怎么就长进了呢？我有些奇怪。难道是上个阶段消化后的成果？可能有一些，但不完全是，因为我没打棋谱、没下棋已有一年多了。一定是性格比过去沉稳了才长了棋。当我意识到围棋和写诗一样，不光光是棋里技巧的问题，它还需很重要的内涵，就如同功夫在诗外，把修养沉淀为必需的基础才行时，我又突然意识到好多事做不好和自己性子浮躁有很大关系。

我的这些棋友，同时也是文友，他们的文化素质都很高，而且基本上都是多才多艺。我最要好的一位曹姓警察棋友就是这样的人。他在文学上很有成就，被诺贝尔文学奖评委马悦然誉为"最有可能获得诺贝尔大奖的中国人"。他在音乐上亦有造诣，据我了解，他是没经过专业音乐训练，属于天生音乐条件很好的人。而我们尊称为曹老师的棋友就是耳力极好的人。他记谱整理了好多民间的要饭调，能吹箫、拉二胡、写书法，还能唱两句，所以我认定他是鬼才。他下棋从不记定式，亦不着重布局，几乎从无正步，就是诡计多端地死缠乱打，居然胜率很高。在棋友对弈中，输给谁都无所谓，唯独输给他我不服。你想吧！从布局到中盘我几乎回回占优，可往往是中后盘被他诡计多端地翻盘，你说我能服吗？可没办法，他总能赢我，甚至有个阶段他以9：1、10：2这样的大比分赢我。在和他下之前我反复告诫自己要小心别上当，可基本上都是防不胜防。再说，他有时候的说话、表情等棋外招比赵本山还会忽悠，而且每招绝不重样，我要是能防住那才叫有鬼。我知道我输他是因为自己下得不够仔细，可我大大咧咧的性格哪能一下子就改掉。何况实力水平就体现在细致上，我能下细，棋力早长了，也自然不会听他在电话里颤悠悠地对其他棋友说："我可把他杀灰了，9:1，他赢我1盘，就赢了我1盘啊！还是我接个电话分心了。"对小事毫无兴趣的人，常常会对大事发生错误的兴趣。当我看到这句话时，如醍醐灌顶一般，马上意识到自己正是这样的好高骛远之人，而自己之所以养成大大咧咧的性格和这种从小求大的下意识有很大关系。而这种错误的养成最鲜明地体现在下围棋上。既然想把事做好，为什么不痛改呢？要改就先从磨性子最好的围棋入手。尊敬的曹老师是我人生旅途必经的一个驿站，是一个也许小却永久散发着温馨烛光的驿站。

围棋是讲理、需懂理的智力运动，你想提高就必须懂理并会用理才行。我有个阶段在网上下棋，布局后发现对方棋力不如我时，就追着人家杀，结果经常性地造成轻敌输棋。你水平比他高为什么会输？说明你还是不行。围棋是论最终结果的。我们的人生又何尝不是这样？那些追求过程的人，往往是不成熟、耐力小的人，何况过程的绚烂最多只能算是无奈的残缺美。我在对弈中经常是在大优的情况下输棋，其实只要简单地点下目，以稳健为主就能拿下，可就是做不到。这样的道理人人都懂，可有几个真正做到了呢？做不到能说是真懂理吗？

一次升段赛后，有家棋校把我们云中十二子号称"松、竹、梅、兰、菊、莲、桂"的请去和家长们座谈。在检察院工作的"竹"从职业角度对家长谈道："学会下围棋并不光是高素质玩的乐趣，它还在塑造做人。下围棋的人，可以很渺小，但一般来说没有走歪路的，从我身边下围棋的人来看，没有一个犯罪的人。"是呀！我们绝大多数人都很平庸渺小，而一生平安其实正是我们最大的福分。

围棋是个细致再细致、针尖上削铁的运动，想达到极高水平必须具有神经质似的天赋才行。我的基因造就了我难以成为顶尖高手，所以我有自己的围棋一方天。围棋给了我快乐，围棋给了我刚直不阿的挚友，围棋给了我涵养与明智，围棋给了我做人的规范——真的谢谢它！

我的两个老哥哥王玉田和李逸民在酒后怒骂围棋是让人睡不着觉的"王八蛋"。能这样骂的人一定是有癖好的性情中人。张岱说过这样一句话："人无癖不可与交，以其无深情也。人无疵不可与交，以其无真气也。"癖好是作不了假的，而有良好癖好的人一般来说都是敢爱敢恨、有血性、有个性的人。围棋是高雅的文化艺术，好围棋自然会和其他癖好有很大不同。我们看看宋朝人楼钥一首诗的最后两句"琴弈相寻诗间作，笑谈终日有余欢"，就可知道从古至今的围棋圈不光光是弈的天地，它和琴、棋、书、画、诗、酒、文等是紧密相连、相通的。我们有个自然形成的以棋为媒，自称"云中十二子"的小圈子。我们每个礼拜都聚会，在聚会时必须交出一篇新写的文章，让大家在酒中品评。交不出没人会说你什么，但吃饭你得请客。可不要以为我们的文章只是羞于出门的自娱，我们里面有被诺贝尔文学奖评委马悦然誉为最有可能获得诺贝尔大奖的中国人，还有虽不怎么出名但文学功底很厚重的人，再还有专职笔杆子的人。我们不光是吟诗、作文、写书法，好多人还会演奏甚至几门以上的乐器，唱歌更不用说人人都喜欢，酒中的即兴小品也是很有档次的。我说这些并不是试图证明会下围棋的人一般来说都是多才多艺的，那样也太无聊了。我是想说我们大多数都是平凡之人，而享受高雅生活的乐趣才是我们应有的正常宗旨，才会冲淡我们人性骨子里的贪婪。我还想说可不要小看这样的闲情逸致，它毕竟是扎根在厚重的文化艺术土壤里，所以这样的圈子一定是个有些境界、有些品位、有些骨气的圈子，这样的圈子也一定会对低俗和势利者有所排斥，所以我们的每次聚会才能真正回归童年的有阳光陪伴、任欢乐尽情蔓延的日子。"棋声清美，盘礴青松底，门外路人遥指示，好个烂柯仙子。输赢都付欣然，兴澜依旧高眠，山鸟山花相语，翁心不在棋边"。这种传统围棋文化的清乐，是需要些心远地自偏的境界才可品味到的。

　　下围棋的人都比较有个性。个性是以真才实学为底蕴所形成的开阔眼界后的独特视角的思维展现，是说话行事不出格的和而不同的多元化。有个性绝不是装模作样的发冷，也不是高深莫测或疯疯癫癫。它不是表象的，它是由里渗外的自然本色，它是举手投足间的脱俗。我们的老棋迷苏东坡说："医俗唯有读书。"胡适也说："要说自己的话。"艺术的本质就是远离庸俗，而没有个性的人往往多些庸俗从而缺失艺术感和创造性，也自然容易人云亦云地盲信跟风。围棋因其独特的虚无、模糊、复杂、没有重样性而被古人视为流动的艺术。既然是艺术，想达到一定水平自然需要独特的喜山又喜水的感性直觉，而这种直觉是必须以个性为底蕴的，而个性是需要以文化为底蕴的。这就是理解力，这就是艺艺相通的连锁性，也就是我们的老棋迷里为什么有许多像王维、李白、欧阳修等这样的艺术大家，还有曹操、李世民、宋徽宗等这样的帝王将相和为什么喜欢围棋的人往往兴趣广泛了。

下围棋的人都比较理性，我敢说喜欢围棋的人暴力倾向是很少的。我的逸民老哥曾说，"学会下围棋并不光是高素质玩的乐趣，它还在塑造做人。下围棋的人，可以很渺小，但一般来说没有走歪路的，从我身边下围棋的人来看，没有一个走向犯罪的，也没有吸毒赌博等不良嗜好的"。围棋就像个包罗万象的小宇宙，它好像总是对应重复着我们的人生。你说人生有多俗它就有多俗，你说人生有多雅它就有多雅，你说人生有多难它就有多难。它是在你必须遵守生存与发展这一自然法则下，随意你"横看成岭侧成峰"地去感悟人生、认识世界，让你着魔与心动。最终它总是让你在爱恨交加中接受着不遵守自然法则和不明事理的惩罚，让你在不知不觉中少了张狂与冲动。我们这些凡夫俗子在自娱的同时能沾染些文化艺术的色彩，也自然会领略到一点"采菊东篱下，悠然见南山"的淡定与悠闲。这种悠闲是境界、是福分，它的底蕴是理智，而理智是我们这些凡夫俗子一生安宁的一道护身符。可不要小看我们的这点理性，压抑即理性，理性即文明。

著名的国际象棋大师，也是围棋迷的发明家爱德华·拉斯科说："围棋浑然天成、有机严谨，如果宇宙有其他智慧生命的话，他们一定是下围棋的。"看完这句话，如果我们再想想在古代围棋只在上层精英和名人雅士中间盛行，就会相信围棋确实是智者的游戏了。围棋确实是智者的游戏，但这一说法却太过矫情，也易被表象化而单一理解。我们普通人的天生智商会相差很大吗？从现代观点来看，围棋是实践学，它的本质就是制胜，这和我们老祖宗的重道不重技的风雅传统是相对立的。毫无疑问，注重胜负是围棋水平提高进步的必要条件，但它也有个很大的弊端，容易滋生功利心态，这也是我们老祖宗重道不重技的根本原因。如果再从我们"十年学艺天机浅，技不能高漫自娱"的大多数平庸者来看，我们这样只能是烦恼多多。所以我觉得我们这些凡夫俗子还是把围棋作为心灵的载体修心养性地重道吧！我们需要的只是把老祖宗的拈花微笑禅的厚重传承普及开来，让塔底扎扎实实的就行了。可不要小看我们底层棋迷的重道，想想西方国家把围棋看成真正的东方文明的代表，再想想他们从围棋里读出企业管理的智慧、商战等，就可知围棋是何等的厚重和对提升国人素质的重要性了。

木野狐诱人的乐趣是极易令人形成癖好的，而这种良好的癖好自然是润物细无声地净化着我们的心灵、培养着我们的品质、完善着我们的人生。在我们这个国度，当我们扬起头微笑着告诉向上谄媚往下睥睨者我们只是卑微的小市民时，被不屑的我们是何等的超脱。诚实是勇敢的产物，勇敢是审美价值取向大雅的展现，我们要为我们已有这样的养成悄悄鼓掌。

艺海棋社三英杰

顾晓 刘英

艺海棋社是20世纪90年代刘英老师创办的，始终坚持先育人、后教棋的教学理念，唯精、唯实、不唯多的办学模式和因才而异、分层施教的教学方法，培养出不少品学兼优、棋艺精湛的青年人才，尤其是丁浩、曹宏宇、梁景鑫三位骁将，已在全市、全省、全国闯出名气，为大同围棋事业的发展开辟了新路径。

双料人才曹宏宇

曹宏宇在中国棋院

曹宏宇生于1987年，1996年始学围棋，1999年成为职业棋手，国家一级运动员，也是大同市首个专业初段。2005年以优异成绩考入北京大学物理系，2009年毕业后赴法国图尔理工大学深造，现就职于国家航天航空部。

曹宏宇自幼聪颖好学，五六岁时，受爷爷、父亲、叔叔们的熏陶，对围棋产生浓厚兴趣。别的孩子缠大人要这要那、贪玩戏耍时，曹宏宇却静静地守在棋盘边，看双方对局博弈、纵横厮杀。时间久了，小宏宇渐渐领悟出其中的妙理，有时一盘结束，竟能复盘讲解，指出关键棋的缓急得失，大人们嘴里虽然不说，心中都在暗暗称奇。父亲曹明看到孩子如此钟爱围棋，便在他小学四年级时，联系到大同的刘英老师，每周六、周日晚上在那里学习围棋。

曹宏宇学棋是刻苦勤奋的，当时，刘英老师是一家企业的部门经理，忙业务与教围棋两头兼顾，经常白天不能上课，只能晚上进行辅导。小宏宇坐着爸爸的自行车，每次往返10公里，下课时大多在午夜十二点左右。但是小宏宇从没因此退缩过，上课时不仅认真听讲，还积极回答老师的提问，对死活型和复杂棋局进行反复演练，弄不明白绝不罢休。好多次还得老师催着说，天已很晚了，赶快回家吧，明天还去学文化课呢，他才恋恋不舍地离去。曹宏宇学棋进步是惊人的，从1996年初学时老师让9子，到1998年对子手谈不分高下，不到两年时间，已具备了业余强4段的水平。

1998年春天，宏宇的棋力渐有超越老师的态势，便到北京海淀棋院接受专业训练。在中国棋坛王群等名师的悉心指点下，宏宇棋力突飞猛进，1999年夏天便由冲段少年变为职业棋手。他的这个提升速度，用刘英老师的话说就是"好像是全世界也少有的"。

成为专业棋手后，曹宏宇这个名字引起了中国围棋协会时任主席兼中国棋院院长陈祖德的关注，借着来同指导工作的机会，陈主席风趣地说："上次让两子和你下棋你输了，但也有入段的牛犊不怕虎的气势，今天就让我们先来一盘吧。"棋局从一开始就战火纷飞、硝烟弥漫，中盘绞杀激烈，几度反复。收官阶段，陈老师凭着老道经验和过硬的功夫扳回不少，但还有微弱差距。局后陈祖德老师和小曹作了长时间的复盘讲解，并肯定他这两年的努力和进步，鼓励他刻苦用功精进棋力，早日成为为国争光的优秀人才。

2002年，曹宏宇上高中专心攻读文化课，学围棋对他不仅没有影响，反而在心智、预判、取舍等方面给予了很大帮助。2005年，曹宏宇以非常骄人的成绩考入北京大学物理系，成为大同市少有的既有围棋头衔又有名校效应的双料人才。

全国冠军丁浩

丁浩在比赛中

丁浩生于 2000 年，2006年底接触围棋，2013年冲段成功，成为少年专业棋手。2019年，丁浩力挫群雄，一举夺得中国 CCTV 杯围棋快棋赛冠军，同年，代表中国队出征亚洲杯快棋赛又夺得亚军。在大赛中，丁浩先后胜过陈耀烨、柯洁等世界冠军，是中国棋界颇具实力的后起之秀。2019 年，丁浩获得中国围棋甲级联赛最有价值棋手奖。

丁浩能成为国手，靠的是家长的永不言弃、老师的慧眼识才、自身的聪明颖悟，三股力量凝聚一起，相辅相成，环环紧扣，缺一不可。

丁浩初入棋道时年仅6岁，得到贺建民老师的入门指点，一个半月后，转至艺海棋社刘英老师门下。刘老师见丁浩眉清目秀、聪颖过人，别的孩子教三遍才能记住的东西，他一学就会，经常还能举一反三、触类旁通，便知道这是块好料子，值得重点教化培育。在几年的学棋过程中，刘老师特别注重大局观的引导和死活题的练习，每当丁浩执迷于某个局部的纠缠而钻牛角尖时，刘老师就提醒他，"棋盘那么大，你得往远看"。为了增强这种大局观念，刘老师经常带他和大同的曹宏宇、李东、王臣等高手进行让子交流，从中领会每手棋的实战价值和后续力量。

不到两年时间，丁浩便学会了复盘、数目等过硬功夫，从众多小棋手中脱颖而出，进入大同围棋的第一方阵。在一次全市的重要比赛中，9岁的丁浩凭借扎实的功底和凌厉的棋风闯入决赛，面对过去强于自己的对手和仿佛越走越快的计时钟，不慌不忙，镇定自若，光布局就耗费40多分钟，等到进入中盘，他便下得胸有成竹，落子如飞，最后力克对手，赢得棋王称号。这次比赛对丁浩来说，既有里程碑意义，又面临重大抉择。文化课和围棋究竟如何兼顾，能否走专业学棋的道路，这个难题当时的丁浩是解决不了的。他的父亲丁俊华、母亲王金芳多次和刘英老师商议，三人达成的共识是：孩子年龄还小，可采取两条腿走路的办法，围棋和文化课双管齐下，但是不能继续留在大同，得向更高一个层次迈进。主意拿定，丁俊华夫妇便在省城太原租了一间地下室，陪着孩子开始了艰辛的"双学"生活。

经济的压力自不待言，每天骑着自行车风雨无阻地穿梭便很磨人。就是再苦再累，丁俊华也坚强地挺着，经常在网上把有益于孩子成长的知识找出来，分门别类，加以归纳。母亲则在孩子学棋后一一灌输，当起名副其实的家庭老师。高人的点拨加上自己的努力，丁浩的围棋水平得到迅猛提升。2009 年回同后向 10 位业余 5 段棋手发起挑战，结果只有两位取胜，其余都败在小将手下。这样的成绩增强了丁浩专业学棋的信心。

2010 年初春，一家人抱着执着的信念到北京围棋道场，拜世界冠军为师，进行了为期一年的强化训练。置身强手如林的环境中，丁浩如鱼得水，废寝忘食，从布局到中盘再到收官作了刻苦的分析研究，对经典名局一一拆解、反复琢磨，在实战中高度模仿、灵活运用，遇到看不懂、想不通的难题时，他就虚心向老师请教，经常是打破砂锅问到底，弄不明白不罢休。功夫不负有心人，短短一年时间里，丁浩下棋的格局逐步变大，视野明显拓宽，计算力、战斗力大大增强，就连那些曾经的国手们与他对局也感到有了压力。

2013 年，丁浩怀着忐忑的心情参加了全国定段赛，最后一轮的对手是冲段少年钱留儒，这一盘如果获胜，就能进入专业初段，就能向着世界冠军的巅峰冲击，如果败北，那就意味着前面学棋的辛苦白费了，意味着选择学棋的路子是错误的。背水一战，破釜沉舟，丁浩在行棋中毫不拘泥，大胆搏杀，细微之处缜密思考、冷静应对，如愿逼迫对方推枰认输。消息传来，大同围棋界一片欢呼，为大同能有如此优秀的棋手感到自豪，尤其是曾经手把手教过他一招一式的老师们，更是按捺不住喜悦的心情，纷纷追述了丁浩学棋的经历与传奇。

相信丁浩凭着持久的苦学与修为，一定能够早日冲顶，捧回一座世界冠军的奖杯！

冲段少年梁景鑫

梁景鑫出生于2007年，2014年8月始学围棋，2016年9月到北京围棋道场强化训练，2019年夏天获得全国"荷花杯"围棋大赛第七名，晋升业余6段，成为国家一级运动员。

梁景鑫夺冠

梁景鑫可谓少年棋才，对围棋的喜好十分强烈，悟性极高。发现这个特点后，父母、老师共同为其提供了向这方面发展的土壤。在艺海棋社学棋期间，梁景鑫是有名的"不服小胖孩"，只要谁赢过他，他就拧住劲和谁下，有时回家的路上，嘴里还在念叨那步棋是该扳还是断。吃饭时还要拿出下过的棋谱指指点点，多看两眼，老师布置的作业，每次都以最快的速度做完，正确性往往令人赞叹。这样的执着大大缩短了他入门的教程，学棋不到三个月，就在大同市举办的少儿围棋定级赛上夺得冠军。此后一年半的时间里，又连续拿下一、二、三段定段赛冠军。

2016年暑假期间，已经成为专业棋手的丁浩回同，借着难得的机会，刘英老师组织包括梁景鑫在内的五位小朋友，和丁浩下了倒贴目多面打指导棋。梁景鑫没有因为丁浩是国手而惧怯，而是根据自己的理解和判断，大刀阔斧地和对手展开对攻，尽管输得很惨，但也得到丁浩的高度认可，评价"小胖孩"的棋下得堂堂正正、有板有眼，有自己的思路和风格，今后在学棋的道路上应该有很大的潜质和后劲。也就是在这个时期，刘英老师有意让梁景鑫和云中十二子试试"牛刀"。十二人中有几个业余强4段，剩下都是业余3段水平。几个月的车轮战下来，仅有两人得手告捷，其余的纷纷坠于马下。"小胖墩"梁景鑫试出了自己的力量、增强了赢棋的信心，父母和老师也看到了孩子学棋的成果、看到了继续培养的希望，认为是需要换换环境，再度拔高的时候了。

奠定扎实基础后，在小学三至五年级阶段，梁景鑫一头扎进北京围棋道场，把全部精力投入钻研围棋的技艺中。文化课怎么办？他就利用下棋的间隙，翻阅大量有益于少儿成长的通俗读物，家长也在帮助孩子寻找正确的学习方法，给他讲好多知识可以融会贯通的道理。每年年终考试前一个月，梁景鑫才从北京回大同，以不到别人十分之一的时间穷追猛赶，考试成绩竟然能居中偏上、同步跟进。学校老师感叹地说，梁景鑫曾经是屁股坐不稳的孩子，看来学习围棋提高了他的思辨能力和自我约束能力，明显比过去文静、懂事许多。

2019年8月25日，第二届"荷花杯"全国业余围棋公开赛在古城淮阳摆下擂台，29名业余6段以上高手和部分女子职业棋手与小棋手共同竞技，梁景鑫在先失两局的情况下，开启了狂涛般的连胜模式，打败两位业余6段高手，冲破最后一道防线，一举拿下业余6段证书，获得国家一级运动员称号。

现在梁景鑫已回到大同攻读文化课程，是走专业学棋的路径，未来成为一名职业高手，还是仅仅作为一种爱好，丰富生活和事业的内涵，这将是一个十字路口，需要拿出勇气做出正确的抉择。

围棋拾零

党 驰

党驰（左）在比赛中

听闻大同市围棋协会要编写关于大同围棋的书，虽然我一直只是大同围棋界的一名普通爱好者，但是也有很多关于大同围棋的故事，就是这些小故事，可能也是大同围棋现在繁荣的火种吧。

我接触围棋是在 1985 年前后。我们家那时候在大同县，是一个小县城。别说围棋，就是我哥哥穿了一件现在想起来就很普通的西服，在小县城都会引起轰动。和我们家相处得很好的一个家庭，他们家的大人那时经常在家里摆弄一种扣子一样的东西，我问他那是什么，他说是围棋，我还以为是算卦之类的东西。我想如果不是因为他一直在县里工作，也可能成为大同市的高手。因为在围棋土壤特别贫乏的县城里，他竟然能够坚持到现在。这种热爱，我觉得只有父母的那种爱能够比拟。那时父亲单位有个叫张德雄的大学生，因为工作调动回市里，送给弟弟一副围棋，我也就和他弟弟下了起来，只是不知道怎么吃子，刚刚明白吃子的时候，我就去太原上学了。

本来我人生的轨迹和围棋应该没有交叉的地方，我在太原上学的时候，我们的物理老师是太原市当时为数不多的5段之一，叫曹宗鹏，和太原宋启安齐名。我并没有请教过，也没有发现自己对围棋的爱好或者天赋。我在县里有一个同学，叫曹亮，他是正式考上的山西建校，我当然是属于那种混上的，我知道他们一直在下围棋，去他们宿舍时看见他们经常下，只不过我没兴趣罢了。前面说过我会吃子，只是不知道什么是跳、什么是飞。他看见我经常玩麻将，就拉着我让我下围棋。后来，在他们班里，我慢慢地开始学下棋，并且知道聂卫平，也慢慢知道吴清源。他们班下围棋的人不少，尤其是大同的，李吉财不用多介绍，他在马总饭店工作，他让我9子起。张文元在左云交通局工作，他的智商应该是我们当中最高的，后来他和樊志军在我们家下过一盘棋，当时樊志军已经是大同市有名的高手。我和吉财、马总对樊志军可以说根本没有冲击力，只有文元给樊志军带来很大麻烦，而且下得也很慢。张涛现在在天津，经常回大同，在大同搞过开发，只是没有发展成大同知名企业。高军当时在电建公司任分公司经理，水平也还可以，只是毕业后再没有摸过棋。

　　我大部分时间是和李吉财学习围棋的，他那个时候分配到大同市建筑三公司工作，我几乎每天和他在一起吃、住、下棋，和马总也经常下。不知道什么时候吉财和我下棋落了下风，再也没有翻起过，可能他也没有下棋的特别动力吧，到现在已经淡出了，估计和妻子生病有关。还有苑鼎东，在我毕业后也经常下，并且带我到大同县找北京知青张廷秋下。可能大部分棋友对他并不熟悉，没有听说过他的名字，当时他让我两个子，看上去每场战斗我都不差，但是最后还是输，他和我下得不多，却给了我围棋思考的另一面。有一个人不能不提，他叫张文，后来在大同市实验中学教书，他与我可谓棋逢对手，也是我围棋提高的一个镜子吧，我和他不知道下了多少回合，反正赢固然高兴，输也没有懊恼。一见面就说来吧，谁怕谁，反正能够下出最想下的棋，没有说赢了就算了的时候，我想曹老说的快乐围棋就是这样子的吧。他下棋特别认真，我感觉特别有才的那种，有很多匪夷所思的棋，只是现在不下了，我和他交流过，一个十几年没有下棋的在弈城还能打上6段应该说明问题了。

我下棋有个习惯，就是和一个人下到吐为止，说大同围棋界的人，我和他们交流得比较少，下得也不多，刚开始也不知道，也参加比赛，只是没有什么成绩。看了宝贵写的文章，我大概在1995年比赛中应该是第17名吧，得了个初段证书。有一年我们在五中参加了一次大同市围棋比赛，可是报名的人就十多个，最后范东兴拿了冠军，也算是圆了他的冠军梦。我第二，宝奎第三，也就是宝贵说的那次比赛我认识了严常红。说起严常红，刘英和于威他们都熟悉，我想现在很多棋友都不知道，他在马总那里待过，是山西大学物理系的高才生，夺过山西大学象棋比赛冠军，人比较有傲气，反正简单的事物他不屑一顾，看问题入木三分，我有很多东西是从他身上学的。张文淡出棋界后，严常红和我下棋最多，也就是前面说的下到吐。和张文不同，我和他下棋就是赢和输，刚开始他还不行，不过进步非常快，刚开始大概让两个子以上，不到半年已经和我互有胜负了，之所以叫石头记，是和他下过棋的人都知道，他的棋不恭维地说，真是又臭又硬，计算能力特别强，但是对棋形、对大局没有概念，或者说不注重，我输给他很恼火。记不起我们下过多少十番棋了，反正这么说吧，大概有两三年，输赢差不多，他一直感觉他要好点，我们下棋的时候党尚和宝奎也经常在，常常把我们的棋说得快要吐血的地步，为此我们下棋的时候经常关起门，不让他们看。宝奎说我们棋下得就像血泪谱，到现在为此我一直认为他是我最大的一个对手，可能我和其他棋友下得少的原因，他的棋总是挑战你的极限，计算上的，心理上的，和他下棋没有什么乐趣，但是总是有你没有计算到的，在这里祝福他事业有成，也能够继续他的围棋之路。

我与棋友刘延庆

李继文

延庆比我大几个月，但他是我师傅，我是从他那里学会下围棋的。

初认识延庆，那还是20世纪80年代末的事，当时我们一起在雁北武警支队参加培训。偶然有一天，看到一个很帅、很精干的学员和人下围棋，便过去看。因为我略懂一点象棋，棋类多少有点相通，所以我也很感兴趣听他讲围棋。那次以后我记住了他叫刘延庆。从此我们通过围棋，由陌生变得熟悉，由熟悉变成莫逆，亲如兄弟，肝胆相照，并且这种友谊还会继续延续下去，越久越深。

延庆对围棋，用痴迷来形容一点都不过分。他可以为赢下一盘棋高兴得哇哇大叫、手舞足蹈，也可以为输掉一盘棋而垂头丧气，甚至难过得流泪。他流泪我亲眼见到过，那是在我们快乐围棋云中十二子内部的一次七番棋比赛中，在关键一局败给了另一位高手郗耀武，无缘冠军，他一个人默默地坐在角落里哭了。没有人过去劝慰他，因为大家想给他点时间平静一下。从这一点上可以看出延庆对围棋的执着和热爱。

延庆的性格和他的棋有点相似，刚直中不失灵活，豪放中却又充满柔情。他天生好像就是干警察的，我不知道他不做警察还会有什么工作适合他。他做事一贯严谨细致、认真负责。这么多年我从未听说过他有过什么过错和失误，听到的都是认可和赞誉。他很少抱怨，总是乐观面对一切。

延庆的歌唱得也很好，可以达到专业水平了，特别是他和杨老师合唱的那首《铁血丹心》，每每听他们唱这首歌，都会让我深受感动，仿佛随着

作者（左）在比赛中

歌声置身于茫茫草原。杨老师对延庆真可谓情深义重，堪比黄蓉对郭靖。最令我钦佩的是杨老师为了延庆竟然开始学下围棋，那得有多难得啊。从此在我们聚会的棋室里和酒宴上多了一抹红色。才子佳人，衷心地祝福他们。

大凡豪爽的人，酒量也大，我很少看见过延庆喝醉，唯一的一次我感觉他可能喝多了，那是在石家寨农家饭店的大炕上，记不住喝了多少酒，他冲着玉田和顾晓说："我这一年不让你们开和。"那可是年初二三月份的事，玉田、顾晓当时就不干了，要知道这两人都是围棋高手，他敢这么说，我想他那天确实喝多了。三人打赌，谁输了谁请大家吃甲鱼。打那以后，三人那一年再没下棋，好像刻意回避着。甲鱼难吃啊！

今生能与延庆相识，真的是我人生一大幸事。友谊就像珍藏多年的白酒，看似平淡无奇，细细品尝才知道内中韵味深长。后来，我们又有幸加入以"松、竹、梅、兰"为主的云中快乐围棋十二子团体，结识了那么多多才多艺、品格高尚的人。每到周末，就像是过节一样，欢聚一堂，下棋时的专注，饮酒时的高歌，其乐融融，亲如兄弟，人生最大快乐莫过于此。有一次聚会，延庆附在我耳边感慨："如果我当初没有加入十二子，我一定会把围棋忘掉的。"

愿友谊长存，美好永在。

陌上花开

李七云

陌上花开。

天元、星位、交叉点……

白净纤柔的手指在黑板上写下了七个端秀清新的字，这是大同一家规模较大的幼儿园，普通的一堂围棋启蒙课。却是第一次有位女老师，能在我讲课时，主动把我讲授的围棋落子的知识重点写给孩子们

作者在研究棋局

看。"棋子放在交叉点上后，棋子周围横竖相邻的交叉点就是棋子的气。"我在大棋盘讲完数气后，她主动帮我把棋盘、棋子给孩子们发下去，让孩子们照着教学大棋盘上我摆好的几个棋子，标出棋子周围的气。

"宝贝，你这颗棋应该下在哪呢？你看警察叔叔站在十字路口中间指挥车辆行驶多神气啊。嗯，对，就下在十字路口中间这里，你看你刚才下哪了呢，你下在线上了。这线就像一根钢丝绳，方格就像一个臭水塘，你穿着漂亮、干净的衣服，要是站在钢丝绳上摔到臭水塘里，身上臭烘烘的，小朋友们就都不和你玩了。""宝贝，你看这是棋子的气吗？中间没有相连的线，还隔着一个臭水塘呢。"就这样，数气这节课的内容就在她形象的比喻中让孩子们听懂了。

虽然我上过很多节公开课，但是两个学前班、三个大班，一百五十多个孩子，再加上家长三百人的公开课，我带着扩音器上课还是第一次。当我表示想请一位小朋友把上课学到的知识数气给家长展示汇报时，小朋友们边喊着"我，我"边踊跃地举起了手。"举手就行了，不要说话。"我说道。但是因为我告诉孩子们上教学棋盘前做题有小奖品，下面孩子们还是争着要答题展示，发出的声音有些嘈杂。

"谁安静！"一声清脆嘹亮的天籁之音在大厅里响起。

"我安静！"小朋友已经形成条件反射一样说了出来。"小嘴巴。"她继续说。"抿起来。"小朋友又说了这三个字。

"谁不说话，安静，上来做题才有奖品，我看谁还在说话。"她眼神优雅、娴静，只是对孩子们一扫，全场寂静。接下来上来两三位小朋友后，我又和家长讲了围棋的历史文化、学围棋的好处，一堂围棋公开课完美收官。

就这样，征求完她的意见后，又和园长说了，她成了我的助教老师。为了方便和家长沟通，她帮我建立了一个围棋学员微信群。每次上课前的教学内容、教案她都要和我讨论。

每次上课检查孩子们的作业时，她那娇小纤弱的身影，就会像一只跳跃的精灵，穿梭在孩子们中间。孩子们拿棋姿势不对时，她总是一遍一遍不厌其烦地纠正，那薄薄的嘴唇带着一丝倔强，尽显北方女子的神韵。

每次晚上七点半下课，她总是和我一起收拾棋具，打扫完卫生，才回家。有一次和她一块离开教室，她指着离幼儿园不远处的一幢楼房对我说，她家就住在那儿，孩子悦悦已经九岁了，很懂事，每次都等她一起吃晚饭。说完她就笑着跑着往家赶。

就这样一个班二十多个孩子我们一起教了两个月。直到有一天，上课已经五分钟了，她还没有来，然后进来的是园长，告诉我，她生病了，检查结果还没有出来，医生估计结果不乐观。

晚上我打开微信问她为什么病了没和我说，她回复我，在等化验结果，自己的事，她连父母都没告诉。11月14日，她在微信朋友圈写道："以后的日子，都要开心快乐地度过。"11月15日是这样写的："想开了幸福，想不开就痛苦。"17日写道："如果说曾经我也拥有过幸福，即使是很小很小的一个片段，即使它充满了缺陷，但快乐是单纯的，我想我应该满足，因为故事总是太美，结局又太难，等待的滋味……"

22日那天她拍了张照片发在微信上，一只红色的拉杆箱，一只黑色的手提袋，只写了两个字：走了。我知道她这是去了北京301医院，在评论上我写下了"陌上花开"四个字。想必她一定知道缓缓归矣，接下来的五个字：那天雪好大。

有人说，落雪的声音是天使的声音，能听见的人许下一个愿望，一定能实现。我离开温暖的室内走进了漫天雪花飘舞的世界，已经是晚上十点半了，想必此时她已登上了火车。真的，在这没有行人的夜晚我听见了簌簌的雪落声。此后几天我在微信上向她推荐了吴清源的书。

她在微信里留给我一句话：一副黑白的棋子，却给了我一个色彩斑斓的世界。

嗜棋之人 绝无坏人

马玉宝

作者像

我于20世纪90年代初开始接触围棋，遇到许多有趣的棋人棋事，现在想来，仿佛昨日，历历在目。

1989年初秋，我被分配到中央机厂工作。那时年轻气盛、精力充沛，爱好很广泛。记得有一次我们几个同学到家在机厂的一个同学家，见到他哥哥正在独自打谱，我们很好奇。从此一有空我们就常去这个同学家一块学棋，热情很高，劲头很足，由此而一发不可收。起初也就是我们几个同学一块下着玩，互不服输，暗中较劲地下着功夫，又是打谱，又是记定式，又是练死活题，现在想来，那可真是围棋激情燃烧的岁月啊！这样的时光大概有两年。我们这几个同学当中，有一个是家住一一五队的，我们隔三岔五地到其家中下棋。他有一个哥哥就是后来的棋友苏尚武，当时棋下得不错，我们很佩服，但又不是很服气。终于有一次，我们决定联手和其比试一局，结果输得很惨，这才觉得我们的水平不过如此。面对惨局，面对现状，我们都是投入了比以往更多的时间和精力去与棋为伍。记得当时的矿务局邮局有一个报刊亭，我们常去那儿买《围棋》月刊，每月一期简直是比等每月一发的工资还望眼欲穿，那可真是如饥似渴，很期待。每购得新书，便迫不及待地打起谱来，尽管只是一知半解，但丝毫不减狂热的劲头。有时打谱打到深夜甚至天明是常有的事。

如此断断续续地修炼了一年多时间，便自觉天下无敌、大可出山了，很有一种武林中人"路见不平，一声吼"的豪壮气概。我很佩服机厂有个中国作协的作家叫黄静泉的，他说他的创作就是基于一个观点，就是"路见不平，写个小说"，记得当时见到这个语句时，我简直热泪盈眶，尽管中国自古以来文人相轻，但那种悲天悯地之情怀则是共通的，除此之外，你又能做什么呢？贾平凹不也只是"百鬼狰狞，上帝无言"吗！现在想来，只能是"路见不平，下盘棋吧"！这里就有几段故事不得不记之。

其一就是满盘只活了两个眼的一块棋。这个故事我在一篇文章中是专门进行了记载的，故而在这里只是简单地说一个大概。我有一个在大同工厂工作的朋友，他得知我下围棋后，便说他有一个同事会下围棋很是了得，便约定我们下一盘算是以棋会友吧。记得那位棋手大约住在四牌楼一带的平房，几句寒暄之后，我们便下了起来。现在估计当时那位棋手足有业余2段的水平，而我当时只是一个新手，也就是现在所说的菜鸟，因此整盘棋只活一块只有两个眼的棋也就不足为怪了。事后不长时间，我的那位朋友对我说，人家不好意思把你的棋全部吃掉，让你活一块棋算是给你留点面子的。这盘棋对我的刺激很大，我谓之"大同惨败"，由此也感悟到"人外有人，山外有山"之语并不为虚。

其二就是结识了第一位真正的棋友孙建民。大同惨败后，我又修炼了半年多的时间，自觉水平提高了不少、精进了许多，便又开始目空天下了，现在想来，年轻气盛时真有一种初生牛犊不畏虎的气势。那是1993年左右的秋天，我听同事说机厂机加工车间有一个叫孙建民的会下围棋，我便开始留意起来。有一天下午四点多，我正好到厂外办点事，恰巧在厂外的机厂小学路口碰到了孙建民。当时他推着一辆平板车正要往羊杂摊子上送粉去。我鼓足勇气上前就问："你是叫孙建民吧？"他很痛快地点头说是，我说听说你棋下得不错，咱们能不能下盘棋？结果他二话没说，粉条也不送了，返身推着车就和我朝家中走去。他的家也就在口泉鞋厂的东边平房，离机厂小学不过三四百米远。记得当时我很激动，脱鞋上炕，相对而坐，很快便下了起来。我当时奇怪的是，孙建民有一张很特别的木制棋盘，用油漆涂成了深灰色，那九个黑点点足有黄豆那么大，很醒目，我印象很深，所以至今都是记忆犹新，那可能是我所见过的唯一一张不是黄色的木制棋盘了。还有一点就是，孙建民下棋有一个特点，他落子时的表情大有武宫正树的坚定，声音很响，我一直担心那扁扁的棋子会被拍成两半。这与我结识的另一位棋手极为相似，那就是马脊梁矿的李先。他俩的共同特点就是坐得端正而凝重，落子响亮而坚定，仅此令我一直佩服至今。记得第一盘我执黑险胜，但我心里很清楚，这是人家让了我一盘而已。接着我又开始下第二盘。不长时间，天已经开始黑了，我一直惦记着他的粉条还没送过去呢。果然不一会儿，孙建民的母亲就赶了回来，边走边说孙建民一天就顾着下棋，粉也不送。我当时很不好意思，如坐针毡。但见孙建民如老僧入定般地旁若无人，其情其景至今难忘。由此开始，我便经常到他家中去下棋，陆续结识了机厂中学的谢春红、机工车间技术员李锦绣、材料科的冯金锁和大同水泥厂的李宝华、王雁宏。初次见李宝华和王雁宏时，我感觉这两个小孩儿真是聪慧，人也长得机灵，天生就是下棋的料。

后来，孙建民调到了煤校实习工厂工作，家也搬到了煤校家属院里。由于住得远了，我们便不能常去下棋了，但基本上在每个星期六的下午或星期日的早上还是一定要去的，如遇的棋友多了，往往是通宵达旦地进行车轮大战。那个时候，孙建民的家简直成了大同矿务局棋友们的围棋活动室和聚会的据点了。大凡去下棋的大都能抽烟，有一次我们十多个棋友下到深更半夜，突然发现都没有烟抽了，便只能四下在地上的角落里找烟头抽。那时我们常聚到一起下棋的有孙建民、张眉平、李锦光、李春敏、李锦绣、谢春红、苏尚武、商玉龙、李志军等，后来李春敏因病去世，殊为可惜！

说到这里，我想着重提及一下棋友李春敏，也算是一种深切的怀念吧！

他是煤校的一位老师，也是一位学者型的棋手。不急不躁，不紧不慢，很有素养，这和野战型棋手很是不同，也正因如此，我很敬重春敏。记得那时我萌生了要开个围棋辅导班的想法，经过很多准备工作，向机厂小学借了十多张小桌椅，在机厂木样组做了十多张木制棋盘，向党校借了讲解大盘，印制了棋谱和宣传单，聘请了煤校的李春敏、机厂的李锦绣和谢春红担任老师，终于像模像样地在六矿新区门面房的二层开了一个围棋辅导班。但结果只招收了一名学生，这也许是因为当时人们的意识不够，围棋不是很普及，并且地点偏远，宣传力度也不够。尽管如此，春敏每次都是准时赶来，这让我很感动。谨此记之，算是对春敏的深切怀念！

90年代初期至中期，正是大同矿务局的棋友们聚会最多也是最频繁的时期。这个时期，矿务局先后有三个棋室成为棋友们以棋会友的聚集场所和对弈阵地。最早的是煤校对面的运销院棋室，后来搬到了地质处西边也就是勘探街平房的棋室，再后来就是矿务局体育场棋室。但我最为想念的还是在运销院棋室和勘探街棋室里所发生的那些有趣的棋人棋事。

记得在运销院棋室里，与我下得最多的就是矿务局肿瘤结核院的周文斌。他的棋很大方、很端正，人也很严肃。许是棋风相近之故，我们只要一碰到就准会下上几盘。记得正是在这里，大同矿务局的棋手下了一次对抗擂台赛，担任大盘讲解的是大同棋手刘英。我印象最深的是，坐镇矿务局第八台的是技校的曾仕，他和市里的一个小棋手对阵。还没到中盘，曾仕的几个棋子就被小棋手征吃，曾仕斜歪着脑袋想了足有五分钟，便很坚定地跟着跑了一手，嘴里还念念有词地说，这还能征死？这个小棋手不假思索地又征了一手，曾仕又斜歪着脑袋想了足有五分钟，更加坚定地跟着跑了一手。这个小棋手不假思索地又征了一手，如此征子足有四五个回合，一块棋扭来扭去，黑白相间，如同一片云彩飘向中央棋盘，直至曾仕的脑袋近乎快趴到棋盘之上足足有五分钟，这片云彩才完全定格在棋盘上不再扩散飘移。这可能是我见过的最为美丽、最为悲壮、最为有趣的图案了，虽然时隔多年，但仍记忆犹新。这盘棋的整个进程，我一直在旁边观战，心想这个小孩咋这么厉害，就在曾仕俯首认输的时候，我很有长者之风地对小孩说，咱们随便玩玩吧，那小孩嘴里叼着奶嘴瓶子喝了两口水，眨巴着眼睛看着我，便很胆怯地朝我点了点头。起初小孩子很认真、很拘谨，不到三四十手便天马行空起来，我越来越感觉走不动棋了，像是背负了几百斤重担在崇山峻岭中跋涉了几天的游人。我想这小家伙太厉害了，便佯装镇定地说"下得很好，继续努力啊"之类的话，后来不知是谁也提出要和小孩下盘棋，结果人家理也不理，嘴里叼着奶嘴瓶子去看刘英的大盘讲解去了。其实，曾仕学棋是极为刻苦的，据我所认识的技校的人们讲，每到深夜，学校宿舍楼准有一间屋子的灯还亮着，那一定是曾仕在灯下打谱下棋呢！曾仕和我很熟识，其人面色黝黑、体壮语粗，后来每次与我下棋时，总要说上一句"我最不怕的就是马玉宝"，并且把棋子拍得山响，像是给自己鼓劲打气。说来也怪，在我所记忆中的几盘对局中，我竟接连败绩，但至今仍是不解，更是不服。

后来，棋室搬到了勘探街那儿的小平房里，这是在 1995 年前后。在这里，我印象最深的就是和棋手夏明亮的对局了。明亮的棋和我接近但稍高于我，因此可以说是棋逢对手。那时有很长一段时间，他整天可以说是泡在棋室里了，简直到了如痴的地步。

棋友们在勘探街棋室聚集的时间并不是很长，不久便搬到了局体育场那儿的棋室。也正是在矿务局体育场棋室，我结识了一些大同市里的围棋高手，其中印象深刻的要数棋手李东。作为在省、市围棋圈里很有名气的李东，其棋力在业余5段以上，这个水平层次在全国业余围棋里也算相当可以的了。我所认识的李东，其人不仅谦和、不张扬，而且有一个常人难以企及的突出特点，那就是有一颗平常心。记得有次在棋室里，大家很快便开始捉对厮杀起来，那天正巧高手们来得少，李东只能独自走来走去地观棋了。不一会儿，有一位水平很低的棋手可能不知李东为谁，便要求下几盘棋。没想到李东很爽快地答应了。毕竟水平差距太大，不一会儿棋就结束了。那位棋手也无所谓，又拿起棋来接着下，李东什么也没有说，一直默默地很认真地下着。如此下了两盘，直到那位棋手不好意思下了，李东这才站了起来，给对手指出了一些地方的得失和要点。那个时候，矿务局经常举办一些棋类比赛，大凡一有围棋比赛，李东总是和市里的一些高手赶过来，一直在旁边默默地观棋，等比赛结束后，总是要和大家一起摆棋进行复盘研究，很受大家尊重。

在这个时期，我觉得进步最快的棋手要数矿山铁路公司的棋手杨甫春了。他学棋较晚，在运销院棋室和勘探街棋室时，我一直没有见过他。记得他刚来棋室的时候，水平很一般。他不喜欢说话，但很能抽烟，也很喜欢喝酒，对于棋有一种钻劲。如此几年工夫下来，棋力就让人刮目相看了。有次局里举办比赛，我同甫春下过一盘棋，走到中盘时，我真的感觉硬是走不动棋了，总感觉是走这儿也不对，走那儿也不行，又如同是背负着几百斤重的东西在崇山峻岭中跋涉了几天的游人，或许如游人只有躺地休息般地认输才是唯一正确的选择。这一点上与我在运销院棋室里同那位小孩子下棋时的感觉竟然如出一辙。

有位棋手是要着重提及的，这就是以死筋顽肉般著称且极为难缠的棋手李锦光。在很多次比赛中，我同锦光的棋都是下得昏天黑地的。记得有一局棋从头至尾都是惊心动魄，几个生死大劫打来打去，三百多个回合直下得头昏脑涨、眼花缭乱，竟有一种不知今夕是何年之感。锦光其人壮实如墩、喜烟嗜酒，给人的感觉是，只要一坐到棋盘前，下个一两天是不成问题的。最为让我惊叹的是，之所以有死筋顽肉之感，其突出特点就是，只要他的棋子有一点点活力，哪怕是一颗孤子，也敢满盘跑，大有千里走单骑之感。又是在一次比赛中，因各个地方的高手很多都没有参加，所以我作为局机关队的唯一棋手连闯五关，在第六轮与锦光对垒，如果能拿下此局，我就无疑是前四名了，因此是志在必得，信心很足。但开局不长时间，也就是三四十手的样子，锦光中间的几颗子就开始千里走单骑了。最终是把我如滚雪球般地团团包围起来，我只苦苦地活了几个眼而已。真是胜机难握，人家一步一个脚印走出来的棋毕竟是太过厚实，被他左冲右突之下终是功亏一篑，痛失好局，我仅获得并列第六名。像类似这样的棋，我与锦光下过多次，不得不惊叹其顽强坚韧，誉以死筋顽肉之称并不为过。

还有一位棋手不得不提，这就是在矿务局和大同围棋界以顽强著称的棋手云中钝刀张眉平。他的这个突出特点与棋手李锦光很相似，死筋顽肉的，极为不好对付。记得我曾以眉平为原型创作了个短篇《半目》，就是深受其死筋顽肉之苦的艺术宣泄而已。细想起来，我与眉平纹枰论道已然有二十多年了。起初他的三连星我是一直没有解招的，可以说是逢其必败。好在机厂的李锦绣也是三连星，尽管每局必败，但贵在每败必战，如此坚持下来，竟也摸得破解三连星的一些实用办法来，这才找到一直下棋的自信和感觉来，否则很可能就因此而退出棋坛了。后来，我同眉平所下的棋并不是很多，但有盘赌棋是要着重说说的。那是在矿务局的旧办公楼下的，起因是同事郑元也会点围棋，一直撺掇我和眉平一较高低，有次实在是被逼无奈，便以血性之勇答应下盘赌棋。这盘棋足足下了两三个小时。这盘棋我实空不足，一直处于下风，快结束时，我走了步试应手棋，瞄住了他棋的一处断点，眉平一时大意，没有看到，在其他处落子收官，让我断开一片棋，获利很大。为扭转劣势，其中有一步棋，眉平硬是低头考虑了一刻钟之久，麻烦的好事者郑元趿拉个拖鞋如热锅上的蚂蚁走来走去，而我则是备受死筋顽肉的煎熬，好在经受住了这份煎熬和考验，最终以半目险胜眉平。此役大捷，极大地提升了我的围棋自信，一扫逢其必败的怪圈，很激动。

棋闻弈事

魏歌奇

我对下围棋有特殊的喜好，闲来无事总是邀朋唤友下几盘棋。小小的棋盘，黑白世界，变幻无穷，似乎是展示人生的大舞台。

弈趣

棋越下越好，棋友也越来越多。一次，一个棋友谈起他的邻居："那老头儿，超级棋迷，嘿，那棋下的，咱们棋圣聂卫平都赢不了他。"他的话马上遭到几个棋友的反驳。他狡黠一笑："少见多怪不是，走，领你们去见识见识。"到了老头那儿，只见桌上、床上堆的都是棋书，老人家很热情，听说我们是来下棋的，还给我们每人沏了一杯龙井茶。大家都让我和他下，

作者（右）与棋友马超

起初我落子小心翼翼，慢慢地我发现老头儿的棋艺不怎么样，于是便大胆进攻，一番激战，终于围住老头儿一条大龙，我十分得意。老头儿急得满脸通红，坐立不安，忽然急急地投下一子，我正要下子，却被他伸来的手把胳膊按

住了，另一只手以闪电般的速度连投三子，大龙顿时冲出了包围圈，然后他往椅背上一靠，竟悠然自得地哼起戏来。我疑惑的眼睛正和那位棋友狡黠含笑的眼睛相遇，忍不住哈哈大笑，那几位棋友也恍然大悟笑得前仰后合。好一个超级棋迷，竟有如此下法，真有一气呵成之功啊！难怪棋圣聂卫平也赢不了他。

一个星期天下午，一位棋友来访，我们心不在焉地聊了几句，就对弈起来。棋局结束，外面天已经很黑了，那位棋友要走，我把他送出很远，然后一边想棋一边往回走，一进院子愣住了，心想：出去不一会儿怎么院里就竖起一道墙呢？抬头仔细一瞧，嘿，走到邻居院里了，黑白世界真让人入迷啊！

俗话说："文武之道，一张一弛。"只张不弛，再硬的弓也会被拉折的。在紧张的工作和学习之后，下几盘棋，充实一下你的生活，会给你带来无穷的乐趣。

棋友马超

在同煤集团云冈矿下过围棋的朋友，都知道云冈矿有一位围棋好手叫马超。马超的父母不知为什么给他起名叫马超，和三国时候的蜀国五虎上将马超同名同姓。以至于外来的和他很熟的棋友还很郑重其事地问他："你叫什么名字？"在场的凡是云冈矿的棋友们听后，立即反应过来对方想得多了，马上笑得前仰后合。

马超以前是下象棋的，在云冈矿职工象棋比赛中拿过第二名，大名鼎鼎的。下围棋是后来的事，他既无正式的老师，也从未去过专门教围棋的学校，完全是自学成才，而且还是在没有高手与之切磋的封闭环境里练就一身功夫的。由于无门无派，不入道，不入流，因而马超自称为"自己流"，即不受既定理论的束缚，一如既往地自由自在地挺枪跃马去投入战斗。只要有一线生机，就会怀着百分之百的信心与希望去赢得百分之百的胜利。马超多次和人说起：对围棋最初的印象就是感觉它很神秘，自然地认为会下围棋的人都很了不起，于是马超就在云冈矿范围内四处求教学艺。

从最初踏入围棋圈子的一窍不通，到后来拿了一次云冈矿比赛第一名，其间十几年的成长经历，云冈矿的棋友们都有目共睹。

马超刚学围棋的时候，不知道规则，他就熟悉弄懂围棋的各种规则，对围棋技术渴求，他就请教云冈矿的各路高手。人家说做死活棋能提高棋力，他就买了一大堆围棋死活棋书籍钻研，人家说打谱是给自己打基础，他就每天坚持打谱，人家说每天都要对局才能"长"棋，他就利用自己的休息时间疯狂对局，以至于众棋友闻"马"色变、见"马"即逃。一位学过"疯狂英语"的棋友说马超练的是"疯狂围棋"。

在马超学棋的时候，正是1997年"韩国流"横行棋坛的时候，于是马超的招式中都是蛮横无理的"韩国流"。人们都说：想当年"韩国流"就是世界棋坛的"疯狂围棋"。马超是赶上了潮流，他常常是从布局阶段就主动挑战，处处"长草"，而你若不能及时"锄去"，他就会越长越疯，直至漫山遍野、铺天盖地，让你"窒息而亡"，他最崇拜的棋手就是徐奉洙九段。棋友们都说：马超是一位如同野草般富有生命力的棋手。马超的棋风像野草一样无拘无束、无生无死，跌宕起伏的状态则同样如野草四季轮回。发洪水一般的毫无规则的力战，大口喝酒一样的豪放，天地一般的自由自在……这正是"韩国流"的特点。凡被马超打败的对手都不太服气，都有一种一不小心掉进陷阱里的感觉。不少棋手对马超的每局必战、乱中求胜的"野战"棋风嗤之以鼻。棋风一旦形成，便终身难以改变。

马超这个人，对周围的一切看似漠不关心，也从不在乎别人对他的风言风语，一向我行我素。有时他也会与人推心置腹地探讨人生中一些严肃而深奥的问题，他还有一大嗜好——喝酒，棋友们都知道：只要拉他去喝酒，没有被推辞的，而且很少让你付酒钱，出了名的爱付账、爱掏钱请人，马超就是这样一个很单纯的人。

围棋邮票与围棋大师

1993年4月，我国发行了第一套围棋特种纪念邮票（共两枚）。其中的一枚别具一格地绘制着一块纵横十九道的棋盘，盘上散着的数个黑白子遥遥相对列成阵势。稍懂围棋的人一看就知道黑棋是"中国流"布局，看着这张邮票不由得想起"中国流"的创造者——我国著名棋手陈祖德。

　　在20世纪60年代初，中日围棋的交流中，陈祖德无疑是中方的一员大将，他棋风强悍，日本报纸评论说："陈祖德的棋很厉害，只要有断的地方没有不断的。"在对弈中，陈德发现日本棋手布局技艺精湛，刮官子功夫娴熟，崇尚"功夫流"。而中国棋手擅长乱战，怎么才能诱使日本棋手弃己之长陷入乱战的局面呢？陈祖德一开始选择的是"对角星"。正式比赛中，第一手一般是在棋盘右上角，以示对对方的尊敬，而日本棋手第二手一般是放在与右上角平行的角上，这样，陈祖德长臂一伸便布成了"对角星"，这种布局结构既分离，又呼应。既能取势，又可占实地，行棋步调快，极易导致混战。陈祖德的胜率增高，日本棋手就发现了这个问题，第二手棋就放在对角的角上，这样你就是有天大的本事，也布不成"对角星"了。陈祖德经过呕心沥血的苦心研究终于另辟新路，创造了新布局，这样布局步调快速、势地兼顾、积极主动、不落俗套。在一次访日比赛中，出场的中方棋手无论执黑执白，不约而同地亮出这种布局，轰动整个日本棋坛。日本棋手惊呼："中国流！"

　　后来，我参加《围棋天地》杂志的有奖活动，获了奖，得到一把由陈祖德老师题词并加盖私章和闲章的棋类艺术扇。此扇手工制作、工艺精细、用料考究，是广大棋类爱好者的收藏珍品。我鼓起勇气给陈祖德老师写了一封信，没想到他在百忙之中还给我回了一封信，在信里他祝贺我获奖，并且说见了我随信寄去的一些报纸上发表的文章，他说很感谢我为围棋事业所做的宣传，并且祝我在今后能写出更多更好的文章。于是，邮票、扇子和信我一直都保存在手中，作为我参加围棋活动珍贵的纪念。

我的围棋梦

施景珊

作者对弈中

第一次接触围棋是我和上幼儿园大班的女儿笑笑一起听围棋兴趣班的讲课。当时五岁的笑笑是兴趣班的小学员，我作为家长坐在教室后面旁听。就是这次旁听，打开了我走向神秘围棋的大门。

从前，对围棋的了解仅限于从书本和影视剧中获知。这是我第一次真正坐在围棋近旁，当用手指轻轻拈起黑白如玉的棋子，仿佛自己就是置身于天圆地方之间的才子佳人，从此，便喜欢上了围棋。

大学毕业后，我从事过多种工作，当过老师、做过文秘等。可是我最喜欢当一名老师，在方寸讲台上，竭尽所能为学生传道、授业、解惑，孕育桃李成长，品味桃李芬芳。在中学，我担任过英语老师；女儿上幼儿园后，我又在幼儿园担任两年幼教。和女儿一起学习围棋一年，沉浸在魅力无穷的围棋天地间，深深地陶醉，并深感其无穷乐趣。于是经常组织学棋的女儿和幼儿园的小朋友们下棋，让他们从小感受国粹文化的魅力，并从中受益。后来，笑笑的围棋启蒙老师郗耀武看到我如此喜爱围棋，力邀我加入弈友围棋培训班，让我做一名培训班的入门老师。当时，我诚惶诚恐，因为自己深知在围棋浩瀚无边的知识海洋中，我若一粒小小的沙石。是这位老师给了我勇气和自信，他坚持义务培训我，我的围棋水平得到了快速提高，于是更加勤学苦练，不久，我光荣地迈向了围棋老师这一充满智慧性、趣味性和挑战性的岗位。

围棋是中华文化的精粹，是流传了数千年的艺术，古老而神秘，凝结了深沉的东方智慧。在入门班教学，学生大多是六岁左右的孩子，于是我把深奥的围棋文化融合在充满趣味的小故事中讲给孩子们理解和领悟；灿烂文学史上的经典诗词名句往往在讲围棋题时能相得益彰；那些脍炙人口的谚语和成语也能巧妙地表达某些围棋题的含义。讲着讲着我更加被围棋吸引，学生们也高兴地说："老师，我们不仅在学围棋，还在上国学课呢！"是啊！围棋内涵丰富，包罗万象，天文、数学、哲学、军事、人生等，它永远是中华传统文化中最璀璨的明珠！无论是教围棋还是学围棋，都一定会让你生慧增智！

常常和小孩子在一起，会让你变得年轻和快乐，尤其是和学围棋的小孩子在一起。有一节课教小朋友学习六种基本行棋方法，认识棋形。我说："小尖这种棋形就是在一个口字形的方格里对角的两个棋子，小飞就是在一个日字形的对角上的两个棋子。"小尖好记忆，可是小飞对于小朋友来说就有点难度。于是我指着小尖上面的一颗棋子说："小朋友，树林里有只小鸟，妈妈教会它飞翔了，它飞呀飞，飞到日字形的交叉点上了（边说我边把位于小尖口字形上的一颗棋子挪到日字形的那个交叉点上），看，这就是小飞！"这样，小朋友们都高兴地挥动着双手说："小飞，小飞！"等下一节课复习时，我一提问，有好多小朋友都自信满满地举手，可是我发现其中有一个小朋友眼神迷离，于是我摆了一个小飞棋形提问她这是什么，她抬起头眨眨眼，努力思考，然后双手舞动，突然眼睛一亮大声回答："小鸟！"顿时，教室里笑声一片，我也乐得直不起腰，说："孩子，对了，是小鸟，是小鸟在小飞！"

有一次在大棋盘上讲布局，棋盘上已经落子十多颗，我请一小朋友在边上下一手白棋，小朋友走了一手不好的棋，我说："你这样走，白棋的地盘就萎缩了。"课堂中有一10岁男孩，特机灵特调皮，说："老师，你说白棋猥琐！"大家都笑，我忍着笑说："对，白棋走成这样是挺猥琐的，那么大家再看看黑棋，堂堂正正都走在外面，模样越做越大，就很帅气！"小朋友们都哈哈大笑："老师！你是在讲围棋还是在讲人生？"我笑了，开心地笑了："是啊，孩子们，棋如人生啊！"欢快的笑声久久地回荡在温馨的教室里。

围棋是智力的较量、是思考的艺术，故人们称之为"智力游戏"。其实对于初学棋的小孩子来说，在他们粗浅的意识里，围棋只是一种游戏，是自由的、快乐的；而对于教小孩子们学棋的我，围棋不单纯是工作，也是自由的、快乐的。

围棋充满快乐和奥秘，同时它也是一种体育竞技，有输有赢。棋盘纵横十九道，黑子白子，可以演绎出无穷的变化。我虽一直在努力学习围棋，可这一路走来，挑战无限啊！

第一是我的女儿。女儿笑笑5岁开始围棋启蒙，最初我们一起学习、一起下棋、一起做题，旗鼓相当；一年半以后，我把精力集中在提高入门教学方面，而笑笑则在围棋道路上攻坚克难继续学习、比赛。终于有一天，笑笑竟然把我打得落花流水！此时此刻，苏东坡的"胜固欣然，败亦可喜"只有我最能体会！

第二是我的学生。小朋友在入门班学习20~50个课时一般就能升到初级班。和小朋友一起学习时我们建立了亲密的师生情谊。常常有已经升了班的学生找我下棋PK，因为那些小家伙们记得我之前说的话："你们什么时候能赢了施老师，施老师就送给你们一份神秘礼物！"于是，我常常忙着准备礼物。

第三是女子围棋教师比赛。自2013年始，大同市围棋协会每年举办一届女子围棋教师赛。第一届我实力稍弱，取得第八名；之后加倍努力，精研战术，第二届取得亚军的好成绩；第三届比赛，女老师的队伍壮大，水平也都有了很大提高，真可谓长江后浪推前浪啊，我只排名第六。每次比赛我都精心准备、认真对待、全力以赴，围棋之魅力也在于学无止境吧！

择善书而读，才智双全；择善言而听，明心亮眼；择善行而从，修身养性；择善人而交，得益一生。如果在你的人生中选择围棋这一雅趣，那么这些都将是你所能获得的至宝。从我走进围棋的殿堂，我的人生便更加充实和美好。

围棋是自然的东西，凡是自然的东西就会具有自然的天成之美、和谐之美，同时也具有它永恒的魅力。我愿永远在此黑白世界中尽情地陶醉、贪婪地享受；并愿在入门教育培训方面再接再厉，让围棋若甘泉般缓缓流淌，润泽祖国更多的花朵。

这就是我的围棋梦。

作者：苏尚文（棋友）

"三五二八"棋赛拾零

李雁强

作者像

"三五二八"在大同的最北面，是原来最早的414兵工厂，后来改为山西省化工厂，由于距离市里较远，和大同市的棋友来往较少，最重要的是历来没有什么顶尖高手，围棋气氛一直不是很浓，大多以自娱自乐为主。

我是1987年前后学的棋，当时的工具就是一副玻璃棋子、一张蓝塑料纸棋盘，还是深蓝色的那种，当时觉得黄色木棋盘是非常奢侈的。当时"三五二八"棋赛的第一名是王维新，好像是当了好多年厂冠军，直到90年代后他走上仕途被调离化工厂。当时我学棋两三年的时候（估计有业余2段左右的样子）和他下过几盘，基本上没法下。

后来三五二八厂里相对下围棋红火的时候是刘延庆开店的那段时间，估计有一年多吧，生活区里的一个游戏厅，里面永远摆着一副围棋，每天总有人在下。当时我的水平也还凑合，也总去。我记得总下的是刘晓平、江俊显、康佳音、张守业、董青山，铁路的刘伟、部队的小贾等，大家水平参差不齐却也相差无几，当时也没有网络，好这一口的天天一推碗就直奔摊子而去，能上就上，不能上就在旁边支着，气氛相当热烈，晚上总得十一二点才散。

下面简单说说这些棋友。小江属于典型的快棋选手，一盘棋半个小时左右的时间在他看来已经属于长考了，小手筋较多，但随手更多。刘晓平是老棋手了，记得到太原比赛拿过名次，评了个业余4段。他下棋特别稳，随手棋基本没有，和晓平下棋基本是一盘得两个小时开外，乐在其中也是苦在其中，可偏偏这样一位全能型选手在厂里围棋比赛中多次输给小江，让人不可理解，只能用棋风相克来解释了吧。董青山也拿过一次厂比赛冠军，棋风属于力量型，多数是从头杀到尾，看的和下的都很过瘾，但所谓刚极易折，一旦崩溃也是极其迅速，基本是没有官子这个说法的。康佳音是我的老朋友了，最早我们基本上是一起学的棋，每个周六日我都到他家里下棋，这样过了好几年，当时大家水平差不多，可是后来他搬到水泥厂后，有了李宝华的调教，水平又长了一截。小康也是全能型选手，不太容易冲动，就是那种已经抢起板砖来，后来考虑完医药费后又可以放下的那种选手。再说老板延庆兄弟，和延庆兄处得时间长了发现他是很豪爽的人，当时棋风也是大开大阖型，大家棋逢对手下起来很爽。张守业是单位的处长，水平不是很高但极其热爱，当时《围棋天地》和围棋报我们都可以找他去借，很热情的人。部队的小贾现在已转业，当时也正年轻，下起棋来什么都不顾，被嫂子掀了棋盘不止一回，绝对的好队员。刘伟一直在铁路上班，可以说是我的第二个围棋启蒙老师，从让我六子一直到我能和他平下，我们下了很多盘，我一直很感激他能陪我从一个菜鸟选手成长为一名合格的业余爱好者。

其实"三五二八"下棋的人也不少，主要是缺乏环境和土壤，大家后来各忙各的，再加上现在有了网络，基本上面对面下得少了很多，联系也少了。还有像周世强、孙兴奎等人都还是在下的，但基本上联系很少。

最后简单说说我自己，下棋也好多年了，水平也停滞了好多年，就是弈城5段左右吧，状态好时胜率高些，状态差时胜率低些，自我理解为快乐围棋吧。最早一次参加比赛是大同市中学生围棋赛，是1988年还是1989年，就是当时二中的郭峰拿了冠军那回，其余人我记不住了，只记得和周世昌的一盘棋，我赢了能进前五，可是当时形势大好时一步随手，大龙被吃，后悔了好久。再后来就是参加了一次比赛，好像是在三中比赛的吧，王献平夺得冠军。当时第一次认识王献平，正好比赛中还遇到，不出意料地输掉了，下完以后，王献平还简单地给我复了盘，再后来在铁路少年宫见过两次。另外就是2002年大同市"供电杯"比赛，当时黄文亮是冠军，我第十二名，本来名次没什么好说，但柳大华给发的证书，记忆很深刻（围棋比赛，象棋大师给颁奖，有点意思），其中和范东兴一盘棋输了半目，印象很深。其余就是在体育馆里玩过几次，和宝奎下过几盘，当时感觉就是压力很大，宝奎这种力量型选手给对手的感觉不是在局中是感受不到的。另外和大侠也玩过。

最后，看到大同围棋现在发展得这么如火如荼，作为一个棋迷，心里很高兴。

作者：裴雁巍（棋友）

棋 路

马小霞

王珺参赛

我要写王珺和他的棋师了，我要从围棋的宇宙搜索一块大同围棋的棋盘，一粒稚嫩的棋子独守一角，星光熠熠，仿佛是我们可爱的孩子，爱他的不仅是我，还有那些棋师，我们围坐在这巨大的围棋宏图周围，共同见证着大同围棋发展的日新月异；见证着大同围棋界的智者贤士善于、勇于、诚于、勤于培养新生力量的信念与毅力……搜到我曾写下的诗句：我们要去唯一的/在地下室创办的棋校/一开始过道没有灯/后来就有了/这让我想起我们的矿工/他们在乌金做的棋盘上面与黑暗对弈/每次走向通往地下室的台阶/我就对宝儿说：我们来这里寻找光明。

宝儿就是王珺。

我就是他不喜欢的妈妈。

这是他九岁那年，我们去同煤集团名都广场的地下室学棋时写的，那时的棋校名叫弈智棋文化培训中心。我和王珺在那里同时获得了创作的灵感，而启迪我们心智的师长正是大同市围棋协会秘书长郭志强先生。郭老师长了一张娃娃脸，特别有亲和力，一群学生就像他的葫芦娃，围住他不停地请教，他总是不厌其烦，眉目间流动着师者的慈爱。记得王珺被他的第一节启蒙课吸引住了，天元、星位、边角、黑白转换、攻守、动静、得失、虚实……他被他的启蒙老师领入了一个包罗宇宙万象的新天地！

我们常说围棋之路是非常枯燥和艰辛的，郭老师因材施教，采用一对一的教学模式辅导王珺，他在课堂上经常引用古典或军事，或寓言的小故事来阐明棋理，再加上王珺的记忆力与理解力超乎寻常，几节小课后即获个人首冠——预备二级组的冠军和预备一级组的亚军，那是2016年11月26日的大同市少儿围棋预备级赛，从那天起，王珺的围棋天赋得到了大同棋协众多前辈老师的关注与认可。

半个月之后，王珺获得2016年大同市冬季少儿围棋定级组的优秀奖；又过了五个月，王珺在2017年春季第七届"矿区活动中心杯"少儿围棋锦标赛中获得第八名，成功晋升业余1段。也就在那前不久，弈智棋校扩建为煤都棋院，从地下室搬到一座宽敞明亮的复式小楼里。后来由于郭老师在协会的工作任务艰巨繁忙，他也感叹好多知识点还没有讲王珺就定段了。因此王珺一直在跳跃式学棋并成长着，尤其在煤都棋院这个大家庭优良的文化环境中先后得到何于威、商玉龙、张眉平、富烨等多位老师的辅导。王臣老师说他一直在下大人棋，大局观好，最是受益于此良机。

小棋才不负众望，于2017年秋季山西省围棋锦标赛中以五连胜的好成绩顺利晋升业余2段。升2段之前，曾记得商玉龙老师亲自购买了几本布局、手筋的题书送给他，并且在棋盘上摆出每一道题，耐心详细地答疑解惑。不久，商老师要去上海教棋了，他推荐杨甫春老师辅导王珺。杨老师极其认真负责，每节课确保教学质量，让王珺养成记棋谱、做笔记的好习惯。精益求精的教学，使得王珺的进步势不可挡，于2017年冬季大同市少儿围棋升段赛中五连胜，获得第五名，顺利晋升业余3段。在暂停学棋的一年里，杨老师仍然执意要求义务接送、辅导王珺，令我们全家深为感动！2017年是王珺的围棋年，一年连升三段，创下了个人以及大同市围棋少年升段比赛中的新高！同时也预示着升4段的瓶颈期来临了。2018年4月29日的山西省围棋段级位比赛中遭遇首次升段失败，当时我带着脚伤陪伴孩子去太原参赛，记得路过慕山桥我写下"亲爱的棋子如繁星，我仍是一粒孤棋"，孩子下的孤棋不也是我写的败笔吗？于是我们一起吃了"欣州"卖的一种叫"灯笼红"的甜瓜，我写道："吃过灯笼红，心里的各种苦都被中和了。但它不是红灯笼，人的心，光有苦和甜是不够的……"

逆境砥砺，此后的两个半月中，王珺总结了此次比赛失利的原因和不足，来到大同市博弈围棋学校，得到围棋教练王臣的悉心教导。他把王珺当成重点小树一样，栽培在一个3升4的小班，班上其他三位同学的棋力都比王珺强大，每次对局后王老师首先给王珺复盘，然后让三位学生轮流和王珺下棋，他接着再复盘讲解、再总结重点。为了学生他从不休息，连续下棋讲棋，这就是韧劲，这就是优势，这就是磨炼，这就是成全，要我在心中写王臣两个字，我会写成王诚、王城、王成……上完七节课后，王珺的棋力明显提高，与强手之间的差距也逐渐缩短。那是一个炎夏，王珺做过的布局题、死活题、手筋题、官子题、梅兰竹菊篇，都布满王臣的批语和汗水。

2018年7月15—16日，我的宝儿带着一颗勇敢的心来到山西省段位王赛场，段位王赛是较升段赛难度颇高的赛事，他在七轮艰难的对局中沉稳冷静、临危不惧、顽强拼搏，终于破茧而出，闯入前50名，成功晋升业余4段，又一次完成他围棋道路上的飞跃！两个月前的比赛失利，丝毫没有令他气馁，反而越挫越勇！也给我脆弱的心房加固了一根支柱。这个孩子从小沉默寡言，没有玩具，只有看见书籍和围棋，他才会微微一笑。这天生的专注力，也注定了他的胜利，郭老师说他有韩国职业棋手李昌镐的石佛相，真的！他能安安静静地坐一天，下一天棋，不说一句话，不表示一点烦躁。不信，你和他约一盘。他的学习成绩一直名列前茅，五门功课除了语文其他四门经常考满分，从未因学棋而耽误学习，班主任刘老师说他是班里唯一一个"两耳不闻窗外事，一心只读圣贤书"的学生，其实我并不希望他这么专注于学习，然而他的快乐只有学习。

围棋博大精深的文化内涵逐渐渗透到王珺的思维、行为、品格、气质中，学棋期间他创作了《扫兴》《对手》《四只小猪》等诗歌，相继发表于

《少儿围棋》杂志，入选《婺江文学》六一童心诗画会。

感恩在围棋天地遇到的每一位师长！

作者：张永千（棋友）

愿与围棋伴一生

秦树清

王浩在打谱研究棋局

时间过得真快呀，一转眼孩子已经顺利取得围棋业余4段证书，成为一名初中生。想想孩子这期间的学棋经历不禁想写下来和大家分享。让孩子学习围棋的初衷有两个，一是作为家长我们都希望孩子能传承琴棋书画，这是中国人的传统教育方式；二是因为孩子"好动"，希望他能静下来，为上学做准备。学习围棋后发现孩子的逻辑思维能力变强了，通过棋理的学习增强了大局观，在失败与胜利间找到了很好的平衡点，围棋的理念潜移默化般深入孩子心里，为他今后的成长奠定了良好基础。

围棋还是一项很好的课外活动，通过比赛，在互相切磋中加强了棋艺，胜不骄败不馁，棋友之间不仅是对手更是朋友的关系，从赛前的剑拔弩张到赛后的惺惺相惜，是围棋把不相识的人变成了挚友，变成了相伴一生的棋友。

儿子学围棋5年后，终于在他12周岁时，获得了他梦寐以求的"围棋业余4段"称号。回想起王浩学棋的经历，其间包含了成功的喜悦、交流的乐趣，也有道场的奔波、参赛的辛苦，更有失败的无奈和郁闷，酸甜苦辣无所不有，这也使围棋的魅力更一点一滴地浸润在其中。

四岁半走进围棋教室

王浩走上围棋之路纯属偶然。记得上幼儿园小班时，一天下午，当我们走过一个中班的教室时，看到一位满头白发的老者，正慈祥地为小朋友们在黄色的大棋盘上用黑白两种颜色的吸铁式的棋子讲课，棋子穿梭在大棋盘上，孩子们跃跃欲试地回答着老师的问题。这时我回头一看，小王浩已经走上了讲台，用稚嫩的话语对老师说："老师，我也想在这个大棋盘上玩。"看着儿子那腼腆的表情，老师和我都会意地笑了。可是因为太小，围棋老师建议我们去参加每周六、周日的"豆豆"围棋兴趣班。就这样，在幼儿园这几年的学棋中，儿子还取得了大同市幼儿"定级组"第二名的好成绩。

意想不到的进步和艰辛

孩子真正开始他的围棋之路是在他7岁时，师从"艺海"围棋班的刘英老师。在他七八岁时是所有学棋孩子当中进步最快的，分别拿到了围棋业余1段和2段的好成绩，然而在打围棋业余3段的时候，孩子经历了他有生以来最为艰难的阶段。刘老师在他每次学棋结束后，总是给我们一句建议："王浩的围棋实力已大大超过了业余3段的水平，然而在赛场上难以做到戒骄戒躁这一步，他要拿到好成绩就必须克服这个心理障碍。"听了老师的话，我们开了一个家庭会议，看着9岁的儿子那烦躁而又无奈的表情，我觉得让这么小的一个孩子这么早去经历这么痛苦的心理折磨是多么残忍，然而转念又想这个阶段将是改变孩子一生的必经之路，如果处理不好，将在以后的成长路上给孩子带来无尽的烦恼。思考过后，我们决定采用"事实胜于雄辩"的理论方式帮孩子走出这片阴霾。具体的方法就是和刘英老师商量每天在孩子下午下课后多加两小时的围棋课。记得那是11月份的冬天，当时大雪漫天、寒风凛冽，我和儿子学棋结束后跑着赶四路公交车回家。当刺骨的寒风像刀割一样吹打在我和儿子的脸上，当错过公交车，我和儿子在公交站牌玩耍时，儿子回过头坚毅地对我说："妈妈好辛苦呀！这次我一定把3段这只'大老虎'拿下。"听着儿子那稚嫩的言语，无尽的幸福之泪从我的眼窝涌出。终于在2010年8月，王浩顺利拿到了围棋业余3段的好成绩。

再次经历学棋的选择

打过围棋业余3段后，我们和孩子又一次在是否继续打4段上产生了极大的分歧。孩子马上就要上初中了，对新学校的向往以及青春期的萌生，让孩子不想再继续进行这样的"战斗"了。而作为家长的我们却觉得任何事情都要有始有终，没有完成比赛，那对于他来说在这个学习阶段是不完整的。在我们相互无法说服对方时，刘英老师为我们找到了一丝曙光，他用老师的慈爱与孩子长谈了许久，又叮嘱我们"不要太急"。2014年2月王浩终于再次走进了赛场，并拿下业余4段为自己的学棋之路画上了一个完美的句号。

王浩在学习围棋上取得了很好的成绩，同时在学习上他也是非常优秀的。他先后获得了城区十八校"优秀班干部""优秀文笔达人""五星级少年""勤学星""棋艺达人"，大同六中"优秀班干部""第十七届校园文化艺术节写作大赛二等奖"等多项殊荣。

看着孩子的成长，作为家长尤感欣慰，同时也感谢孩子，是他让我们一起经历了这样的学习过程和成长过程。他让我们深深地感到，他是上天赐给我们一生最好的"礼物"。

回顾这段难忘而又有意义的经历，我们和孩子共同感悟到：

一是自身不断的努力。在学习围棋期间王浩从来没有间断过，包括生了小毛病，考试前夕，虽然在下棋的认真程度上有些欠缺，但在对局和做题数量上是周围小朋友不可比的。孩子多少本应快乐的时光，付诸单调的黑白世界里，他得到了围棋的成功，却也失去了同龄孩子本应拥有的东西。

二是优秀的围棋老师。在王浩身上，刘英老师倾注了大量的精力和心血，在孩子棋力还弱、比赛成绩还屈居别人之下的时候，他就坚信孩子一定可以，当孩子在得到一定成绩故步自封时，他就像一位心灵使者陪在孩子身边，他是孩子永远的恩师。

三是大同市民间棋友的辅导和帮助。党尚、李东、王献平、曹乃谦等大批围棋爱好者无私的奉献，为包括王浩在内的小选手课外练兵提供了一个丰富多彩的舞台。

四是大同市围棋协会的工作。在比赛的组织上给了王浩很大的帮助，为了提高大同市少儿围棋水平，围棋协会把省升段赛引进了大同市，使大同的小棋手不出本地就可参加比赛，扩大了与外界的交流。

五是对手的存在。没有强大对手的存在，就没有王浩的今天。丁浩、李晨、温瑜等都是不同时期的对手，要战胜他们就要不断努力，他们强大了才有自身的提高，对手的存在是小棋手进步的动力。

虽然学棋过程很艰难，但苦尽甘来、"棋有所成"时的感受无法用言语形容，我相信经过这中华瑰宝洗礼的孩子前途是坦荡的、未来是光明的，愿围棋伴其一生。

作者：李广（棋友）

广灵围棋

　　广灵县偏居一隅，地理上三面环山、交通不便，经济上工业不彰、农业不显，自耕难足，十年九旱，但人文上却代有杰人。围棋作为古代中国的一种贵族运动，千百年以来只是在达官显贵中流传，闲敲棋子落灯花，一个"闲"字道尽了围棋之生存土壤，终日奔波只为饥的人是没有闲情逸致去追求琢磨的。但新中国成立以后随着国力渐强、民众日富，特别是全民体育和上山下乡运动，围棋这种高雅运动渐渐走进了平民之家。广灵的围棋也开始萌芽，起码有人开始认识这些东西了。

　　舜以子商均愚，作围棋以教之，可见围棋本来就是家长舜见孩子愚笨，发明出来开发智力的。所以只要是灵慧之士见到围棋，必定是一见钟情、再见倾心、三见衣宽不悔，三月不肉味者也是平常，所以俗语说得好，"学会下棋，不嫌饭迟"。

　　广灵围棋的发展启蒙期在20世纪60年代到80年代，60年代分配到广灵一中的龚宁如老师，就是广灵围棋发展的启蒙奠基者。龚老师祖籍在江西南昌，毕业于北师大，家学渊源。在他的影响下，广灵一中的任昌熙、刘世治、党志清、赵光杰几位老师开始学习围棋，但是棋力仅有入门水平。1971年龚宁如老师因肾盂肾炎在广灵县医院住院治疗，适逢刚调入医院的罗守权，广灵围棋的推广就开始了。罗守权是广灵县第一任围棋协会主席，1964年曾经参加雁北地区象棋少年选拔赛全胜夺冠，碰到龚宁如后一见如故，开始学习围棋，而后也与一中的几位老师互相切磋。1972年广灵电厂从浑源县知青招工，其中只有北京知青陈贝、李可明、郝善志，上海知青徐志昌等几位会下围棋。这段时间因为罗守权的加入，广灵开始形成围棋圈子并且有了较为固定的切磋聚会。围棋凭借独有的魅力，开始在广灵生根。

"贺岁杯"围棋赛

1983年机构改革时，符中义任广灵县体委主任，在罗守权的建议下，广灵在雁北十三县率先成立围棋协会。罗守权任协会主席，协会秘书长是时任广灵电厂副厂长的张福。围棋在广灵县首次被列入全县性比赛项目，自此每年的五一、国庆节、新年都要举办全县围棋比赛，从而在广灵县把围棋推向了社会，使越来越多的人开始学习围棋、爱上围棋。

90年代初期，广灵围棋开始成长，当时比较知名的有王多章、霍建民、许国明、王二立、温培玉、柴全文、罗青山、刘威、王建民、李志、钟志成等，90年代末期加入的有全胜福和张全成。广灵围棋的发展离不开这些人的推广和传播。

王多章为人侠义豪爽、不拘小节，当时的棋力估计有业余初段水平，是入段与否的试金石。其棋风大开大杀，以力战为主，不讲布局。他下棋有两个特点，一是胜负不过百，尤喜虐新手，碰到棋力稍强者，他的棋就是漏洞百出，往往活棋不过百子；碰到棋力稍逊者，他的棋就是得理不饶人，对方活棋很难过百。二是死缠烂打，同时碰到棋力相当者，一定要翻一盘。他当时任信访局副局长，在县委大院有一间宿舍，此处便成了一个围棋俱乐部。每天下班，除大院工作人员外，大院办事的人也都经过这里，每天下棋看棋者络绎不绝，王多章对广灵围棋的普及和推广起到了极其重要的作用。

霍建民到了90年代末期因工作安排去了大同。在当时他的棋力算是广灵围棋最强者，布局堂堂正正，尤擅计算，长于死活，棋形敏锐。后来他很少回县，即使回来也匆匆忙忙很少对阵。柴全文的棋风有点像日本的地板流，很少主动出击，任凭对手狂风怒号，我只闲庭漫步、中规中矩，与罗青山的棋风恰恰相反。老罗的棋属于无理搅三分，对局部强弱的理解往往出人意料，每有妙手。两个人的对局有如鸡同鸭讲，最后往往是柴全文胜，这大概就是古人常说的"善战者无赫赫之功"。王建民的棋如同钢丝小道，他与老罗的对局观赏性较高，往往针锋相对、扭杀惨烈、几块缠斗，不到最后一刻难知鹿死谁手。全胜福工于计算，尤擅收官，对局多以平淡入局，选择定式往往平平常常，中盘多厚实退让，不力战强杀，喜欢转换腾挪，在收官时却手劲迭出，抓住对手的弱点步步紧逼，或做劫，或转身，常于无棋处有棋，多凭试手时应手。

进入21世纪后，由于各种原因广灵很少举办围棋比赛了，但是随着互联网的发展，广灵喜欢下围棋的人依旧喜欢围棋，从开始的清风围棋网到tom围棋网、奕城围棋网等，广灵的围棋水平也在逐年提高，从2000年到2010年这段时间基本上是广灵围棋发展的巩固时期，虽然偶尔也有人彼此切磋，但是大部分人还是在网络里寻找对围棋的挚爱。这段时间到底有多少人开始接触喜欢围棋不得而知，但是广灵风头最劲的几个人水平却在逐年提高。

从2010年开始，广灵喜欢围棋者又逐渐开始了联系，特别是在过年这段时间里，大家往往抽出空闲时间来共聚一堂，白天如琢如磨、彼此磨砺、兴趣盎然，晚上推杯换盏、觥筹交错、乐此不疲。

七岁儿子与围棋的缘分

李子铭

儿子上学前班时，幼儿园组织孩子们听课外班的公开课，我也是望子成龙啊，就让孩子听了几节。可听了几节后，孩子也提不起兴趣，说什么跆拳道打来打去的不喜欢，架子鼓声音太吵了，画画也抓不好笔。我也知道儿子喜静不喜动，可这态度让我很失望。这么小，这孩子怎么就这么"四大皆空"呀？

看看周围的孩子每天在琴棋书画中勤学苦练，思来想去，还是赔着笑脸，让孩子再听最后一次。这一节是围棋课。本来也没抱多大希望，可是当煤都棋院的渠老师拿出那黑白两盒棋子，说到"白将军，黑将军"的时候，我看到孩子眼神亮了，一反常态，平时坐不住的样子变端正了，眼睛死死盯着老师手中的棋。孩子回来后和我说："渠老师一说什么白将军、黑将军，我就以为我喜欢的关羽和张飞来了呢！"

就这样，这位我们同煤地区煤都棋院优秀的围棋老师——渠老师，她引人入胜的讲解，一下子抓住了孩子的心！从此儿子和围棋结了缘。不管刮风下雨，天黑路滑，孩子一次都舍不得耽误，在幼儿园每周上一次围棋课，学习了整整一年。在棋院举办的"我是小棋王"争霸赛上，孩子取得了幼儿园的围棋一等奖。瞧瞧那个嘚瑟劲儿！

到了一年级，我让他再试试上别的兴趣班，却怎么都提不起兴趣，唯独围棋坚持了下来。而且每周一次两小时的面授远不能满足他对围棋的痴迷。上完课之后，其他同学都走了，他还能在那里继续待上两个小时和电

获奖

脑人机大战。往往我催他回家，还要嬉皮笑脸地拖一会儿，还说："围棋是我的最爱，甚至每天让我24小时下棋都可以啊！"这真的是缘分啊！

真的，这孩子玩起围棋来可以废寝忘食、乐不思蜀！不只是在棋院，回到家也在99围棋上人机大战，或者没人陪就自己在99围棋上做题，忘了时间。有时玩到很晚，没人陪他玩了，自己就打趣道："唉，有约不来过夜半，闲敲棋子落灯花。"

99围棋不错，一边学下棋一边还能听许多与棋有关的故事，什么《尧造围棋教子丹朱》《弈秋》等。他因为喜欢《三国演义》，所以特别喜欢听关羽刮骨疗毒的故事。原来刚开始学习围棋，我和他爸还能陪他下棋，现在呢？反正我已经是他的手下败将，有时候因为输得太惨，就要个小诡计，换个棋，悔个棋，结果耍赖也赢不了人家了，反被取笑"妈妈就耍阴谋诡计"。爸爸虽学过个皮毛，现在也逐渐只有招架之功，毫无还手之力了。

2020年，孩子顺利升入煤都棋院中班后，虽然因为新冠疫情不能去棋院上课，但是隔着屏幕已经感受到郭院长的魅力了。幽默风趣的讲解，穿插一些绘声绘色的历史故事，博学多才的郭院长一下子成了孩子的新偶像。

棋院制定了有条不紊的教学计划，安排了每周二、周四下午的讲解和晚上的学习，以及一对一的对弈，而且棋院奖励竹笋币和金币的机制都让孩子感受到了那种快乐和满足。在棋院举行的"希望之星"围棋月赛中，孩子赢了四局、输了一局，获得了银奖。而他败给那个小棋友是因为小棋友曾经输给过他，导致他轻敌，反而输了。他一时有点灰心丧气。

我告诉孩子，胜负乃兵家常事，坚持下去，阳光总在风雨后，克服困难后面就是胜利，又何必在意这一时的胜负呢？只是要听郭院长的话，认真思考后再下，摆正心态，学到的东西终究是自己的，孩子也释然了。

后来又参加比赛了，他已经变得坚强乐观，说尽力就好，输赢无所谓。从围棋中他找到了快乐，从围棋中他收获了自信，从围棋中他也学到了不怕失败、从头再来。

学习围棋不是一朝一夕的事，作为一门能提高孩子智商的爱好，我希望孩子能坚持下去。他与围棋有缘分，学了围棋后，他的计算力、判断力越来越强，每次下棋不仅能冷静思考、沉着应战，而且能做到坚持不懈。我相信不久的将来，孩子一定会脚踏实地，在围棋这片黑白天地中开发出属于自己的沃土！

作者：陈国雄（棋友）

不服输的小胖孩

郭晓燕

梁景鑫（右）参赛

梁景鑫出生于2007年底。刚上小学一个星期，老师就叫家长了："你的孩子顽皮得很，屁股坐不到凳子上……"思来想去，让他学围棋吧，练练坐功。从2014年9月初的第一个周六开始，每周一次，开始引导进入围棋的世界。

梁景鑫对围棋的喜好十分强烈，悟性较高。在艺海棋社学棋期间，他是有名的"不服小胖孩"，只要谁赢过他，就拧住劲和谁下，经常在回家的路上，嘴里还在念叨那步棋是该扳还是断，有时早晨醒得早，自己就在棋盘上开始摆弄，老师布置的死活题，每次都能很快地做完，正确性令人称奇。这样的执着大大缩短了他入门的教程，学棋不到3个月就在大同市举办的少儿围棋定级赛上夺得冠军。此后一年半的时间里，又连续拿下1~3段定段赛冠军。

2016年暑假期间，已经成为专业棋手的丁浩回同，借着难得的机会，刘英老师组织包括梁景鑫在内的五位小朋友，和丁浩下了倒贴目多面打指导棋。梁景鑫没有因为丁浩是国手而惧怯，而是根据自己的理解和判断，大刀阔斧地和对手展开对攻，尽管输得很惨，但也得到了丁浩的高度认可，评价"小胖孩"的棋下得堂堂正正、有板有眼，有自己的思路和风格，今后在学棋的道路上应该有很大的潜质和后劲儿。也就是在这个时期，刘英老师有意让梁景鑫和"云中十二子"试试"牛刀"。12人中有不少业余强4段，两个月的车轮战下来，仅有两人得手告捷，其余纷纷坠于马下。

2019年8月25日第二届"荷花杯"全国业余围棋公开赛在古城河南淮阳摆下擂台，马天放、白宝祥等业余天王悉数到场。报名的200多人中，共有1个8段、3个7段、25个6段，另外还有3位女职业初段，5段老棋手就更多了。一场硬仗！梁景鑫此时的棋力就像是10岁的孩子挑50斤的担子，忽高忽低，遇强不弱，遇弱不强，经常在前半盘占优的情况下，开始松懈，最后输掉。开局就碰上河南的业余高手业6刘东煜，在前半盘有利的情况下输掉了，接着第二盘仅过了一个小时也耷拉着脑袋出来了。8月的淮阳正是荷花盛开的季节，晚上吃完饭我领他在荷塘边散步，告诉他平静下来，就当是平时的训练棋，下出自己的风格、水平就可以了。

结果第二天梁景鑫便开启了狂涛般的连胜模式，于是人们开始注意赛场上的这个小孩子。到第10轮结束，已经将两个6段高手挑落马下，如果最后第11轮再胜了，那就毫无悬念地晋升6段了。我和孩子爸爸在赛场外紧张得心怦怦直跳，千里之外一直关心他成长的刘英老师，也不时打来电话关注比赛情况。时间一分一秒地走着，两个多小时后，一个小小的身影出现在赛场门口，脸上有一丝疲惫，又透着隐隐的喜悦。我上前抱住了他，千里之外刘老师的手机收到一条微信，两个字：赢了！这次比赛，最终成绩第七名，晋升6段。同年10月，梁景鑫代表大同市参加第32届山西省围棋锦标赛，获得个人亚军，12月参加第13届"尧王杯"山西省围棋公开赛，获得冠军。

向陈祖德老师请教

——1999年曹宏宇受让两子与陈祖德老师下指导棋

曹宏宇 解说

1999年8月10日陈祖德老师的让两子棋指导棋，白胜1目。

本局是1999年8月10日，曹宏宇刚升到职业初段后，受国手陈祖德职业九段指导下的让二子棋。本局曹宏宇黑方怀着对传说级职业棋士的敬畏，下法保守，步步退让。白方陈祖德老师巧妙地逐步化解让二子的差距，招法严谨细腻，最终以1目优。

简要解说：

白17、19，在让子棋的情况下，必然看法强势。

黑54、56、58强行封头围空手法差，白59计算清晰，突破黑棋封锁。至白69形成转换，砍下黑棋大龙，黑棋亏损。

黑74不好，应保留变化。

至85，白大赚。让子的差距基本追平。

至162结束，白恰好比黑多一目胜出。

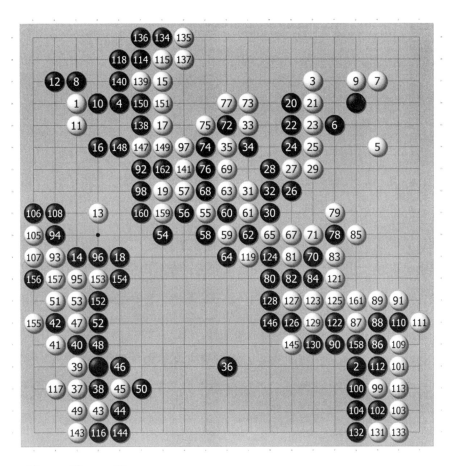

66 K11 120 K10 142 J11

锁定定段的一局

——1999年定段赛第七轮曹宏宇对付冲

曹宏宇 解说

1999年定段赛第七轮，曹宏宇（黑）对付冲（白）黑胜2又1/4子。

本局是1999年定段赛第七轮的比赛。黑方曹宏宇对白方付冲。这盘棋是曹宏宇打上职业初段最关键的一盘棋。前面六轮成绩是五胜一负，这局胜利后，很大程度上锁定了定段的可能性。

本局棋由于是升段赛的重要对局，双方都下得非常细腻，没有大的问题手，有很多精致的细节。

简要解说：

黑7~13是当时那个年代最流行的定式之一。

黑棋35~47依靠白棋整形，下得很厚。

至61，布局感觉黑稍优。

白62入侵，吹响战斗的号角，黑棋随后攻击，针锋相对。

83声东击西，节奏好。

战斗过程中，黑91抽空试应手占个小便宜。白棋选择了加固外围，角里被黑棋占了6目的便宜。这些小细节合起来，能决定最后的胜负。

黑101舒服！接下来猛攻白孤块或入侵白空，二者可得其一。白棋选择补厚孤块，黑棋破掉白空，获得收益。

白114~124借势连回孤块，局势明朗。攻防结束后，局面黑稍优。

接下来收官阶段，双方下得细腻，无大问题，黑胜出。

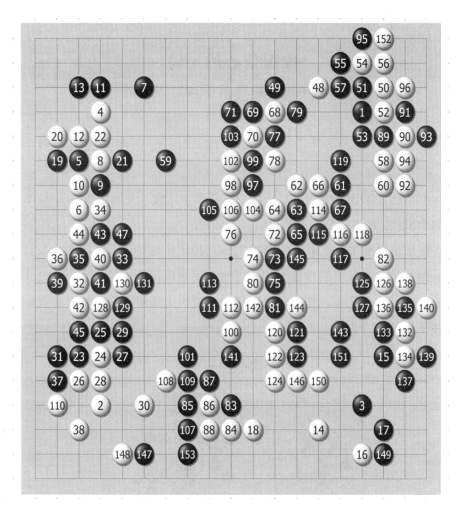

46 D10

提振信心的一局

——2019年围甲联赛第十四轮丁浩对柯洁

丁浩自战解说

本局选自2019年华为手机杯围甲联赛第十四轮，龙元明城杭州队VS国旅联合厦门队的主将战，我执白，对手是柯洁九段。

柯洁是目前世界上最强的棋手之一，2018年同样在围甲联赛我与其交手，两战皆负。在棋的内容上还是能感受到和顶级棋手的差距。不过我感觉自己有了明显进步，加之获得了第一个国内大赛冠军，此番交手我心理上并不畏惧。

实战图一

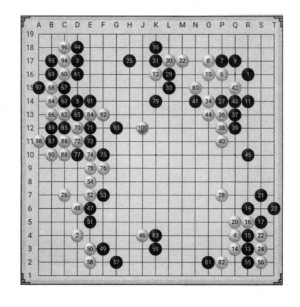

布局至29，柯洁的落子速度很快，似乎是有备而来。实战我选择了简明处理。不过32手AI认为有更好的走法。

参考图1：

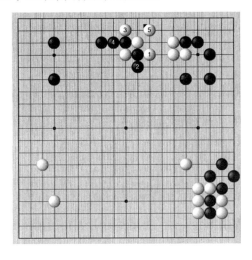

1、3两打后虎，棋形完整且已活净，要强于实战。

实战行至45，黑棋两边都走到可以满意。

46连片，47有趣。行至59手告一段落，局面依然两分。

60是苦心的一手。如果简单逼住担心黑棋尖顶，白棋效率有重复之感。

62是连贯的手段，我的预想如下图：

参考图2：

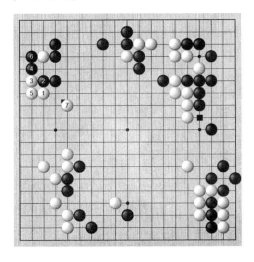

黑棋简单应对白棋飞起，效率充分间距合理，可以满意。

实战黑65、67破坏白棋意图，不过白棋爬后扳长结果大同小异。白60的思路可以说取得了成功。73以下的交换不便宜。虽然目数有所得，但是白棋争到中央的铁头，黑上下皆薄，走到83时，白棋已经小有优势了。84如直接浅消则黑棋虎补，下一手有些迷茫。所以实战我选择断上去，希望利用黑棋气紧做文章。92随手。

参考图3：

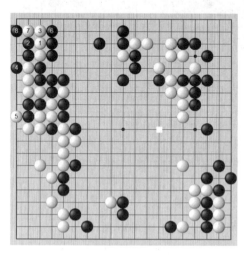

1跑出好时机，黑棋还是只有挡在外面。这样的话白棋没必要长出中间一子。实战93跳，我发现局部白棋没什么好办法，无奈之下只好先手定型。这串下完黑棋形势有所缓和。102是想好的冲击手段，局部黑棋有些难办。但104错过机会。

参考图4：

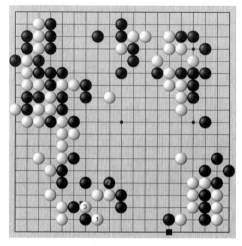

1、3其实是很容易发现的手段，但当时为何没有选择这个图我现在也感到费解。这样黑棋自身不活，目数也不占优，局面艰难。实战黑棋联络后收束至114，白棋的优势已经荡然无存了。115~123落了后手，不好。AI始终强调右下黑棋要在124的位置尖补一手，价值大而且关系黑棋的厚薄。实战黑棋是为了破坏白棋中央潜力，但124抢占要点，白棋再次优势。138是令我后悔的一步棋。

参考图5:

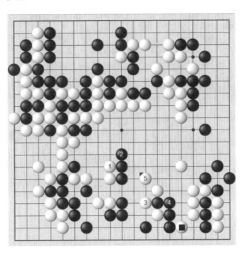

白1贴，黑棋如果长，白棋3打后虎，由于黑棋自身存在弱点，所以白棋已经防住了黑棋的手段。实战白棋相当于在没棋的地方补了一手，损失不小。145虽然价值很大，但是黑棋忽略了自身的毛病。

参考图6:

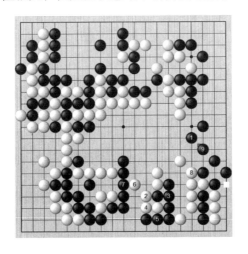

1尖补要点，这样收束是黑好下的细棋局面。

145后我判断了一下局面，如果右边放任黑棋全部成空感觉无法争胜，于是我苦思良久后，下出了146靠。这步棋初看之下有些过分，但是白棋全盘厚实劫材明显有利，黑棋意外地棘手。

参考图7：

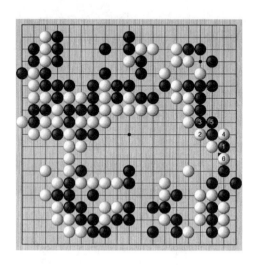

黑棋只有上扳和下扳两种选择。如果下扳，白2扳，黑棋退让不肯，3挤形成打劫。但是白棋劫材太多，黑棋不行。

参考图8：

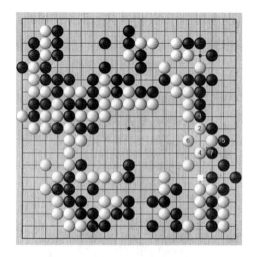

1上扳，5、7正手。这样白棋先手得利。值得一提的是，如果下成这样，我准备了一步妙手：

参考图9：

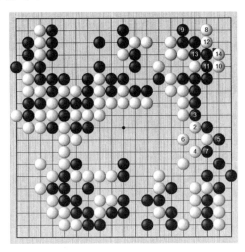

8是不易发现的好手！9如果采取强硬态度全部收下，将遭到白棋10、12的连环手段。

参考图10：

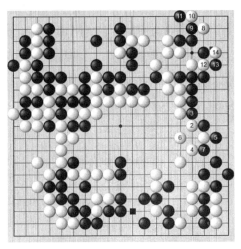

9如果挡住，10扳又是妙手，以下至14，黑气紧崩溃。

参考图11：

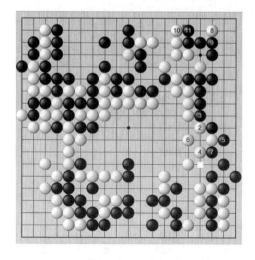

9团本手，10立后保留一路扳粘的先手利，收获颇丰。如此白棋有望。

实战151提掉，相信绝大多数人都不会在这一手上花费太多时间，然而却是此时的败着。152以下先手定型愉快至极，抢到最后176围住中央，白棋小胜已不可动摇。后面小官子白棋略有亏损，不过与胜负无关。

实战图二

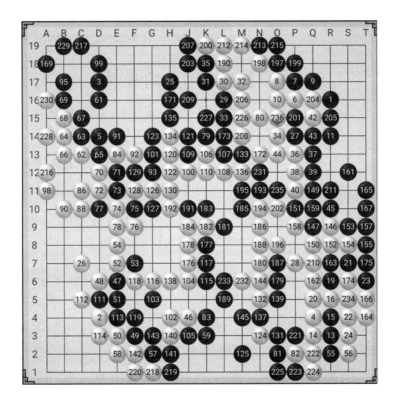

　　这盘棋我对自己的发挥还是很满意的，在大多数时间里控制着局面，决胜阶段也下出了146的好手，可以说是一盘堂堂正正的胜利。不过92、138的随手棋也暴露出了我的一些问题，在细节方面还是不够严谨。希望自己今后能延续目前的好势头，早日踏入顶尖棋手行列。

两步打将所引发的戏剧
——第四届梦百合杯世界围棋赛32强战丁浩对申真谞

胡耀宇解说

2019年10月11日，第四届梦百合杯世界围棋赛32强战在中国棋院落子。
其中最受关注的一局就是中韩两位00后棋手的对决。

结果中国棋手丁浩中盘战胜韩国棋手申真谞，为中国军团扫去了一位劲敌。

而这盘棋的内容也给大家留有悬念。

申真谞领先了近200手棋，却在最后一刻倒下了。

那么申真谞最后为何"突然死亡"？其背后的缘由又是什么？

由于这次比赛在中国棋院举行，我得以一直在现场观战，自我感觉离"案情"的真相最近。

下面就与大家分享一下自己的感受：

图1：故事从白166开始讲起。由于双方各块棋都已活了，棋局进入了

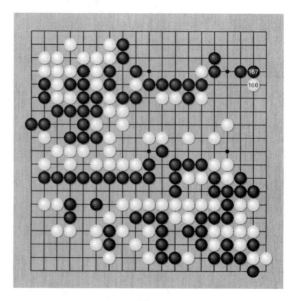

图1

最后的官子阶段。

而此局面有意思的是，除了右上外，棋盘上各处基本没有争夺地盘的地方了。

因此双方当下的焦点在于右上的争夺。

此时两位对局者早已进入了读秒阶段。

当时在一旁观战的我，在没有用时和对局压力的情况下，大致判断了一下局势。我的判断是白棋可能稍好一些，但优势也就在1~2目，一个小小的失误可能就会导致天平倾斜。

不知两位对局者在读秒过程中对当前的形势是如何判断的？

我只能通过两位对局者的对局状态来获取些信息。

从两位对局者紧张严肃的神情中，我能感觉出，他们很清楚此时的局势非常细微。

白166和黑167交换是白棋的权利。但交换完之后，白棋在右边该如何收束，对申真谞来说是个很头疼的事。因为白棋右边是一个两边漏风的棋形：绝艺认为白1小尖的话，白棋胜率为86%。

图2：白1尖起是最容易想到的，但由于白三角三子气很紧，生出了黑2的绝好点。黑2一边破白右边地盘，一边最大限度扩张自己的地盘。这样一来，黑棋在右边围的地盘比白棋还多。

虽然绝艺同学认为白1小尖是最佳手段，但在一旁观战的我包括申真谞同学，恐怕都不愿意下白1这步棋。除非已经知道自己稳赢了，赢棋不闹事。不然总觉得白1这步棋被

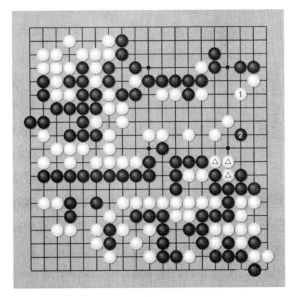

图2

黑2一大跳，有种把脑袋凑过去让人打的感觉。

图3：同样，白1若是护住右下的漏洞，黑2仗着背后黑三角数子后台硬，还是可以一脚伸得很远，白棋依然有种给黑棋作嫁衣的感觉。

由于形势细微，再加上在读秒中一时判断不清，若就像图2那样白1小尖的话到底能不能赢。所以此时对申真谞来说是个考验。

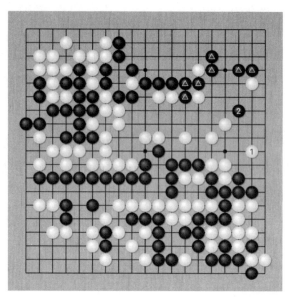

图3

而我也观察到，他不知是有意还是无意地看了一下丁浩的表情，回馈他的是丁浩一副很淡定的样子。

局面充满未知，而对手也没透露出一丝悲观的情绪，申真谞只好自己作决策了。

在一分钟之内，他决定使出非常手段：

图4：从白168、170、172连续打将中，就可以看出申真谞当时内心的纠结。只是他若知道最后的结局，打死都不会浪费这些宝贵的劫材了，但这只能是事后开个玩笑了。申真谞使出了白174的非常手段，这步棋看着很奇

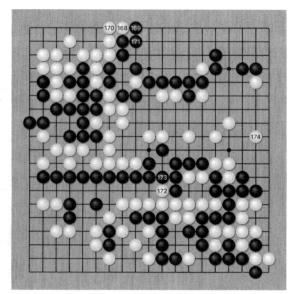

图4

怪，但其背后的逻辑可以
理解：

图5：白174（白三
角一子）的目的是想一子
两用。既防住右下黑三角
三子在A位的围空，又防
住了黑1对黑右上的扩张，
由于白三角一子离得较
近，所以白2可以二路托
过将白圆圈一子联络。

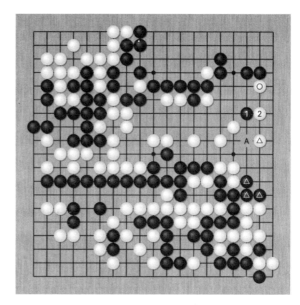

图 5

从申真谞白174这步
棋来看，他在追求更高的
子效，同时也透露出一个
信息：他对当前的形势并
不乐观。

而丁浩此时也丝毫不
敢松懈：

图6：面对申真谞白
三角一子的非常手段，丁
浩选择了黑175二路点入。

粗粗一看，白176小
尖后黑181只能自己一路
渡过回去，但是黑棋渡过
完，却再次留给了白棋一
个难题。

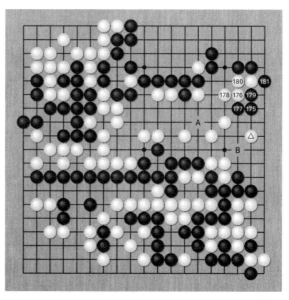

图 6

中央有A位点的手段
要防，右边有B位点的手段要守，请君选一个。

申真谞再次面临抉择：黑3=D。

图 7：白 A 位要是抢官子的话，黑 B 先手刺一下后，黑 1 以下可以制造出一个生死劫争，这个劫谁都输不起，而全局谁的劫材多？一时还看不出来。

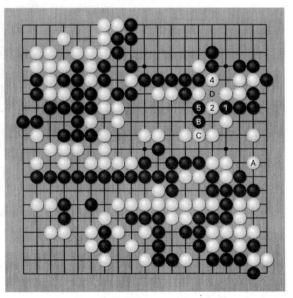

图 7

所以白 A 若抢官子，那就是要与黑棋一赌胜负了。

那白棋要是不抢呢？

绝艺认为白 1 粘补的话，白棋胜率 70%。

图 8：白 1 若是自粘一手，固然没毛病，但是由于白三角三子气紧，黑 2 一跳让白棋非常难受。

由于下一手黑可 A 位冲断白一子，因此白大致需要在 A 位应一手，这样黑 B 位粘还是先手。

黑 2 这手棋不仅先手官子价值不小，更关系白棋自身的眼形。所以是一步超级诱人的大官子。虽

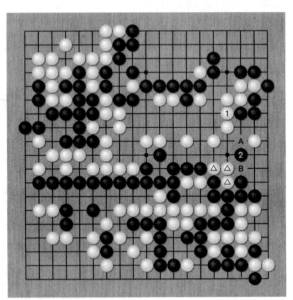

图 8

然绝艺同学认为白棋有本钱在白 1 自补，但在现场的两位对局者包括我自己，恐怕都没有这个本钱，也没有这个心情去白 1 自粘一手。

所以此刻申真谞面临的抉择就是：

要么图7跟黑棋打劫拼命，要么图8拱手让出诱人的大官子。

申真谞在一分读秒中作出了决断：

图9：申真谞认为没有本钱退让，因此白182闭着眼睛先把实惠捞掉，至于那个劫争，那再说了。

反正劫材谁多，一下子也看不出来，那就赌一把呗。

围棋就是这样有趣，当申真谞作出决断后，就该轮到丁浩头疼了：

丁浩黑183先手刺一下是先手权利，但接下来

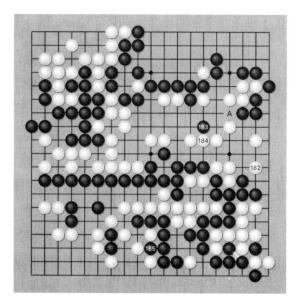

图9

到底要不要在A位挑起生死劫争？丁浩一时难以决断。

如果这棋黑棋已经明显不够了，那倒也不用纠结了，闭着眼睛开劫就完了；可这棋黑棋不开劫的话，似乎也未必输，所以丁浩此刻也在纠结中。

事后我与丁浩聊到此刻时，他说道："当时一下子没算清挑起劫争到底能不能打赢，不开劫又不甘心，因此想黑185先打一将给自己多些思考时间。"

而就是这黑185的打将，把本局的故事剧情引向了高潮：

绝艺认为白A位补的话，胜率85%。

图10：本来申真谞已经下定决心要和丁浩生死劫争了，但命运偏偏还要让他继续纠结。

丁浩黑185这步将，白棋未必一定要应。因为黑下一手B位吃掉白一子的价值是后手7目强。所以白棋是可以选择右上A位补掉自身劫争毛病的。

但问题是若把右上漏洞补了，把下面这后手7目让给黑棋，收官到底赢

不赢？

若不让给黑棋，按照原计划与黑拼劫争，似乎也可以。

其实很多时候没有选择是一种幸福，一旦有了选择，就要纠结了。

申真谞此时估计有一念飘过："丁浩你到底开不开劫给个痛快，为何要把难题留给我？"

一分钟之内，申真谞无法作出决断，于是也跑去打将了：

图11：申真谞也学丁浩，白186跑去打了一将，但大家要注意的是，这一将可不是白打的，这一将损失了一枚宝贵的劫材。但这个打将问题不大，关键是下一手白188。之前双方在绝艺眼中的失误，从我们的角度来看都是可以理解和接受的，毕竟人类棋手没有电脑算得那么

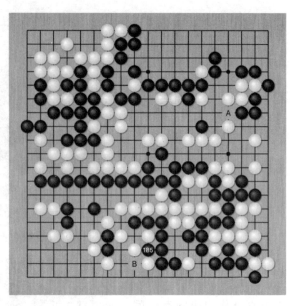

图10

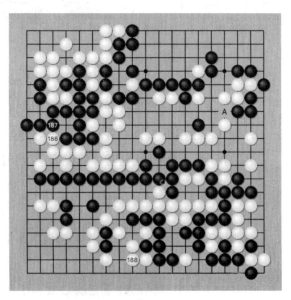

图11

快、那么远。但申真谞下一手棋白188粘，就要挨批评了。

其实顶尖高手之间对决，在双方都未知的情况下，胜负可能真的就是一枚劫材的事。申真谞既然白186打将时浪费了一枚宝贵劫材，那么他就应

该能嗅出这枚劫材对右上劫争意味着什么。

所以在他打了白186这一将后，其实已经没有选择了，他只能补右上的劫争毛病。然后与黑棋收官。

实战他再选择白188粘上，等于白白让了丁浩一枚劫材，其中的逻辑连贯性是有问题的。

可能申真谞还在期待丁浩不会挑起劫争，但是由于白186浪费了一枚劫材，他这个期望显然是一厢情愿了。

丁浩在局后谈起此刻的感想："本来对劫争比较未知，当他白186跑去左边浪费了一枚劫材后，我感觉打劫有戏了。"

虽然没有算清所有变化，但一枚劫材的获利，足以让丁浩有了开劫的信心。

白A位有颗子，黑197=黑193。

图12：丁浩黑191先手冲一下制造劫材后，黑193以下果断挑起生死劫争。

由于这个劫争的胜负就在毫厘之间，因此白左边三角一子浪费的这枚劫材让申真谞着实痛心。

图13：这是双方经过了数回合劫争后的局面。

可能是意识到了之前白186浪费了宝贵劫材后再选择开劫的逻辑失误，此时申真谞的状态显得比较急躁，这一点无论是一旁观战的我还是他的对手丁浩都感觉到了。

当丁浩黑225找劫材的时候，申真谞白226跟着应是最后的败着，因为现在全局的劫材已经一目

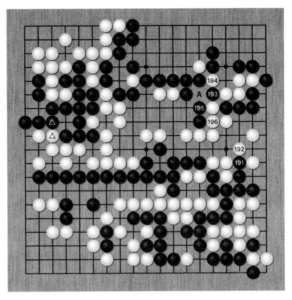

图12

了然：黑棋有 A、B、C 三
枚劫材，白棋则只有 D、
E 再扑这两枚劫材。白棋
本身就差一枚劫材，外加
黑 227 先提劫，这样等于
白棋差了两枚劫材。

以申真谞的计算力，
这眼见的劫材情况应该早
已看到，所以选择白 226
应劫等于认输。

此时白 226 只有一个
选择：

图 14：白 1 必须消劫！
虽然黑 2 提掉白三子后，
收获不小，而且眼见的还
有 A 位冲分断白三角三子
的手段。但白可利用黑右
边三角数子气紧的问题，
脱先抢到白 5 吃黑圆圈两
子。

如此进行的话，胜负
依然扑朔迷离，可能差距
就在半目之间。

但申真谞显然还沉浸
在白 186、188 前后矛盾的

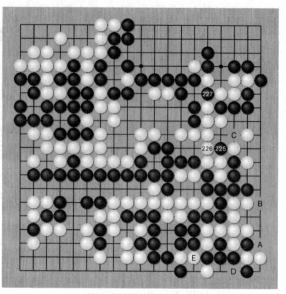

图 13

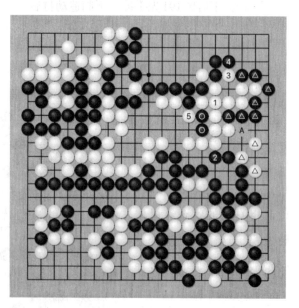

图 14

懊恼中，导致失去了冷静，估计都没看到此图白 5 可脱先的下法，或者就算
看见了，也会以为自己已经不行了。

可不管怎么说，白棋只能先消劫再说，实战应劫等同于认输。

围棋博弈时，斗志是那么的重要，一旦失去斗志，就连申真谞这样顶尖的棋手，也变得什么都看不见了。导致申真谞最后时刻崩盘的原因有两个：

一是在白186打将浪费了一枚劫材后，白188应该顺应大势逻辑，补右上的劫争毛病。实战白186打将白损一枚劫材后，还是选择白188引发劫争，其中的逻辑显然有矛盾。

二是最后白226无论如何也不能应劫。就像我在以前的棋评中说过的，很多时候你或许没看出怎么才能赢，但起码要先让自己不要输。申真谞白226等同于认输。 但白226的问题与白188的失误密不可分，申真谞显然还深陷在对白186、白188这两步逻辑问题的懊悔中难以自拔。

赛后有棋友问我："胡老师，这棋最后都没啥地方了，申真谞在胜率86%的情况下怎么还会出现失误？"AI的胜率可以作为一个很好的参考，但毕竟只是一个数字。而这个数字所包含着的棋盘上和棋盘外的各种博弈信息和真相，则还需要我们自己去思考和挖掘。就拿这盘棋来说吧，当绝艺认为白棋胜率已经在86%的时候，两位对局者还都处于极为未知的状态，而就是这样的未知状态，导致棋局出现了黑185、白186连续打将并引发新剧情的戏剧性场面。

其实就在这样细微的官子局面下，看着绝艺给出白棋的胜率极高，但胜负的差距也就在12目，这样的差距，可能对于绝艺来说都已经运算清楚了，但对于我们来说，尤其是还在读秒的情况下，那依然有如履薄冰、战战兢兢的感觉。毕竟围棋对弈是人和人之间的博弈，其中不仅有包含着理性的"弈"，也包含着感性的"博"。

大同围棋大事记

（1962—2021 年）

1962 年

大同矿务局六处职工，围棋爱好者沈光弟，参加山西省职工象棋比赛，荣获冠军。

1963 年

金国苓加入北京什刹海棋艺研究社学棋。

1964 年

金国苓勇夺北京少年围棋赛冠军。

1965—1967 年

"文革"开始，各级体育协会解散，各项棋类活动停止。

1968 年

12 月，"北青"金国苓到大同市新荣区破鲁堡乡八墩村插队（当时属于雁北地区左云县）。工作之初在大同矿务局同家梁矿。

12 月，"北青"王乐群到大同天镇县插队。

12 月，"北青"赵成栋到大同市新荣区破鲁堡乡八墩村插队。

1972年

2月，王乐群分配到大同矿务局同家梁矿工作。

8月，赵成栋分配到大同市财政局工作。

10月，金国苓调入大同市税务局工作。

1973年

10月，金国苓借调到山西省围棋集训队。

1974年

大同市体委邀请曾获大同市围棋赛冠军的李崇文、杨玉刚在大同体育场进行围棋表演赛，李崇文以一子半获胜。

1975年

5月，裴永康作为裁判员参加在合肥举办的全国围棋锦标赛。

11月，王乐群调至云冈矿工作。

1976年

1月，白菊生从北京应招到大同矿务局云冈矿当工人。

11月，大同矿务局首届职工围棋赛在矿务局招待所举行。白菊生获得冠军，王乐群获亚军。

1977年

8月，大同矿务局职工围棋赛在局体育馆开赛。

1978年

8月，金国苓参加高考，被山西财经学院录取。

9月，大同市在体育馆举办秋季职工围棋大赛。

12月，北方五省六市围棋赛在内蒙古集宁市举行。沈光弟、王乐群、白菊生和王少华代表大同参赛。王乐群获季军，白菊生名列第五。

1979年

张廷秋代表大同县参加雁北地区围棋比赛，获团体冠军。

由金国苓、王乐群、赵成栋、白菊生组成的大同围棋队与太原围棋队举行了对抗赛，大同队以9比7获胜。

1980年

李崇文获大同市围棋冠军。

1981年

大同矿务局体协举办职工围棋赛。

1982年

11月6—13日，大同、银川、石嘴山、乌海、呼和浩特、包头、张家口、集宁八城市职工围棋友谊赛在集宁市举办。大同围棋队领队赵振华，教练华占高，队员金国苓、李崇文、赵成栋参加了比赛。

1983年

大同矿务局体协举办职工围棋赛。

广灵县在雁北十三县率先成立围棋协会，罗守权任协会主席。

1984年

大同矿务局体协举办职工围棋赛。

1985年

8月，全国围棋升段赛在大同航校举行，金国苓担任总裁判长。

10月，刘正英代表大同市参加大同、集宁、张家口围棋联赛和第三届

"离宫杯"全国业余围棋邀请赛。

1986年

大同矿务局体协在化工厂举办职工围棋比赛，王乐群获冠军，王晓华为亚军，张胜民第三。

◆雁北地区举办围棋赛，郭宝贵获冠军。（本书中"◆"图标表示没有具体日期）

1987年

◆大同市总工会在市总工会招待所举办全市围棋比赛。全国苓荣获冠军，王乐群为亚军，万和获第三名。

6月，大同矿务局体协在局体育馆举办职工围棋赛，全国苓获冠军，王乐群为亚军，王晓华第三。

7月，大同机车厂举办职工围棋比赛，高国强在决赛中战胜常东明获得冠军。

1988年

8月，大同矿务局体协在局体育馆举办职工围棋赛，全国苓获冠军，王乐群为亚军，王晓华第三。

9月，大同机车厂举办职工围棋比赛，秦长春夺得冠军。

◆雁北地区举办围棋赛，郭宝贵获冠军。

1989年

5月，大同市体育局在市体育馆举办了"三棋一牌"比赛，在围棋比赛中王献平获得第一名，樊志军、王乐群分列二、三名。

6月，矿务局体协在工会图书馆举办职工围棋比赛，王乐群获冠军，张潜为亚军，王晓华第三。

8月，大同市举办中学生围棋赛，郭峰获冠军。

10月，大同市举办"保险杯"围棋大赛，李月明获冠军。

1990年

6月，矿务局体协在体育馆举办职工围棋比赛，金国苓获冠军，王乐群为亚军，王晓华第三。

8月，金国苓与王乐群、石建国、杨素星（女棋手，阳高人）组队参加了第一届"乌金杯"围棋大赛。

1991年

8月，在山西省围棋锦标赛中，王献平获第四名，樊志军获第五名。

8月，工业总公司华北协作区围棋选拔赛在太原车辆厂举办，428围棋队获团体第二名。

10月1—2日，由大同矿务局围棋协会主办、精艺装潢部赞助的全局围棋大赛在运销集贸市场开战。特邀王乐群、王献平等高手助兴，比赛设有围棋名手表演赛、多面打、对抗赛3个项目。

12月14—22日，在山西省"三晋杯"围棋赛中，王献平获得第五名，樊志军获第六名。

12月，刘正英在山西省第二届老年围棋大赛中获得季军。

1992年

1月，雁北体委在雁北体育馆举办围棋段位赛，樊志军夺冠，张一先获亚军，何于威获第三名。

2月，大同市体育局举办职工围棋赛。王雁宏获冠军，李东为亚军，王献平为季军。

5月，大同市"水泥杯"围棋名手邀请赛收盘。王献平夺冠，李东、王雁宏、李宝华并列亚军。

8月，云冈矿举办职工围棋比赛，"北青"顾铁忠获得冠军。

11月，大同市举办围棋升段赛，黄文亮获冠军，李东第二。

1993年

9月，日本著名九段棋手桥本宇太郎随旅游团到大同观光。

9月，白菊生调回北京。回京后在西城区一所职业高中教语文。

12月，王乐群全家迁回北京。回京后继续做围棋专职教师。

1994年

1月，大同"迎春杯"围棋赛举办，李东、王献平、刘英分获前三名。

2月，大同矿务局业余围棋协会成立。王德成为名誉会长，王晓华、刘大庆为顾问，石建国任会长，李锦光、李春敏、张胜民、何于威任副会长，张眉平任秘书长。

5月，矿务局业余围棋协会主办、方正装潢部经理石建国赞助的第一届"友谊杯"围棋赛在局消防大队开战，封琪、孙建民、李连军分获前三名。

1995年

2月3—5日，矿务局业余围棋协会主办"庆新春围棋名手邀请赛"，年仅15岁的小将贺宁夺冠，王献平获亚军，刘英获第三名。

8月，由李月明赞助的大同市"月亮湾杯"围棋赛在三中举办。王献平获冠军，李东获亚军，贺宁、嵇晓明并列第三。

8月，大同矿务局首届围棋甲乙联赛举办。王建民、何于威、孙建民获甲组前三名，富烨、刘大庆、李锦绣分获乙组前三名。

8月，大同矿务局业余围棋协会棋社成立，郭忠任棋社社长。

9月2—10日，全国第三届业余围棋邀请赛在秦皇岛举行。素有水泥厂"双杰"之誉的王雁宏、李宝华分列第十八和第二十三名，分别被授予业余4段、业余3段。

1996年

5—6月，大同市鸿安棋社围棋擂台赛开打。由何于威、王雁宏、段景斌、李宝华、李东组成的矿务局联队不敌由党尚、姚宝奎、刘英、贺宁、范东兴、王献平组成的大同市队，以5比7告负。

11月，大同矿务局围棋甲乙联赛暨首届"棋协杯"赛结束，李宝华、李东、段景斌与富烨、谷建斌、周晓东分获甲、乙组前三名。李东、段景斌、何于威分获"棋协杯"冠、亚、季军。

12月，由马建军赞助的"鸿安杯"围棋赛在雁北体育馆举行，关子珍夺得第一名。

1997年

1月，大同煤矿围棋协会成立，集团公司工会主席晋珊元任名誉会长，王晓华任会长，张眉平任副会长。

2月15—20日，大同市"鸿安杯"围棋赛举行。王献平10胜1负摘取金牌，樊志军、李东分获二、三名。鸿安棋社队、矿务局队分获团体冠亚军。

8月19—20日，金国苓同北京业余高手邵光应大同鸿安棋社邀请，来大同进行围棋指导。

10月11—12日，第二届"棋协杯"比赛在大同矿务局棋社举行，李东、段景斌分获冠亚军。

1998年

5月，曹宏宇到北京海淀棋院学棋。方天丰八段为任课老师，胡晓苓三段为班主任。后由王群八段授课。

8月，曹宏宇在暑假参加北京业余段位赛，取得个人第七名，被中国棋协授予业余4段。

8月，大同矿务局联队与大同市棋院队举行围棋对抗赛，共有46名选手参赛，市棋院队以19比15获胜。

9月，矿务局棋协特邀在北京学棋的11岁冲段少年曹宏宇在棋社对弈，曹宏宇连胜段景斌、张胜民、李志军。

12月，第三届"棋协杯"比赛在矿务局棋社举行，黄文亮、李宝华分获冠亚军，李东、段景斌并列第三名。

◆大同市第三届"鸿安杯"围棋赛收杆，党尚、范东兴分获冠亚军。

◆李东参加在眉山车辆厂举办的总公司围棋比赛，获得第二名。

1999 年

1月1日，大同矿务局围棋协会组织换届，晋珊元、郭忠任名誉会长，王德成、李福仁、柳青昶、刘纯贵任顾问。王晓华任会长，张眉平任副会长兼秘书长。

1月23日，由王晓华联系，矿务局工会主席晋珊元支持，工会在体育场为棋协提供活动室一间，棋社由勘探街小平房搬至体育场。

2月，曹宏宇获北京市少年儿童培训场所优胜赛（甲组）个人第四名。

3月23—26日，大同市围棋升段赛在市体委举行。矿务局围棋代表队获段位赛第一名，机车厂队获第二名。段景斌获个人冠军，升为5段，张胜民获个人第三名，升为4段。

6月，曹宏宇在北京"大宝杯"围棋赛中获得第四名，并取得了参加全国职业段位赛资格。

7月，在全国围棋段位赛上，曹宏宇以第十八名的成绩，跻身职业棋手行列，是北京市参赛棋手中唯一获得职业初段的选手，也是大同市第一位围棋职业棋手。

2000 年

7月，曹宏宇在全国围棋国家少年队选拔赛中，获得第八名。

9月，同煤集团围棋队在高手云集、强队如林的全煤系统"乌金杯"围棋比赛中，首次打入前六名。

10月，大同矿务局围棋甲、乙组混合比赛结束，孙伟、李春敏、段景斌分获前三名。

◆在大同市"清源杯"围棋赛中，党尚、范东兴分获冠亚军。

2001年

4月14—15日，由中国棋院主办的"清源杯"第六届全国电脑围棋赛在大同云冈宾馆举行。其间陈祖德、陈慧芳、张文东、金国苓、周杰、曹宏宇与大同棋友下了指导棋。

6月，曹宏宇在国家少年围棋队选拔赛中获得第八名，在北京"大宝杯"围棋赛中获得亚军，并在同中国棋院院长、著名九段棋手陈祖德下的指导棋中获胜。

6月5—9日，同煤集团职工围棋赛在体育馆举行。段景斌勇夺冠军，刘大庆为亚军，李春敏、孙建民并列第三。

7月24—30日，同煤围棋协会与大同市围棋协会联合承办了"云冈杯"全省围棋锦标赛。太原金广大厦队获团体冠军，大同市队、同煤队分获团体三、四名。白光源获冠军。同煤选手段景斌夺得个人第五名。

8月，大同市"清源杯"围棋赛暨第六届全国电脑围棋选拔赛在同举行。同煤实验小学少儿棋手贾渊、马琪、冯智、赵宇亮、曹骥胜和校南街小学杨帆囊括前六名。贾渊在同全国电脑围棋冠军软件比赛中取胜。

9月，韩国光州业余围棋代表团抵同访问指导。该团由吴圭喆八段、黄焰三段为领队。吴淞笙九段也随团来访指导。

11月，同煤集团围棋甲乙组联赛结束，段景斌、李东、黄文亮分获甲组前三名。

2002年

◆中国棋院院长陈祖德九段授子与马建军下指导棋，马建军获颁4段证书。

1月2—4日，同煤文体发展中心举办围棋名次赛。段景斌、李春敏、王文辉、孙建民、商玉龙、王晨辉分获前六名。

2月，由段景斌、李东、姚宝奎、黄文亮组成的大同队在山西省运动会"信合杯"围棋比赛中获团体第三名。

4月23—28日，同煤集团职工围棋赛收杆。供水处、职业技术学院、云冈矿分获团体前三名。李春敏获冠军，二、三名为段景斌、孙建民。

5月，同煤棋协举办围棋甲乙组联赛，李东、段景斌、孙建民分获甲组前三名。宫铁宇、张眉平、贺守保获乙组前三名。

6月30日—7月7日，全国煤矿第八届"乌金杯"围棋大赛在同煤集团举行。同煤一队、二队分获第七、第八名。李东获第五名。

8月1—8日，同煤集团围棋队获山西省第十一届运动会银牌和"体育道德风尚运动队"称号。

8月，曹宏宇在首届中国围棋新秀赛中获得优胜。

11月，在大同市"鸿安杯"围棋赛中，党尚、范东兴分获冠亚军。

12月，大同市"供电杯"围棋赛举办，黄文亮、党尚分获冠亚军。

2003年

8月1—8日，同煤集团围棋队参加全国煤矿第九届"乌金杯"围棋大赛，获得团体第三名。

11月，曹宏宇在北京市少年儿童围棋锦标赛中获男子少年组亚军。

2004年

5月4—9日，同煤集团文体发展中心举办员工围棋赛，机关队获团体冠军，段景斌获个人冠军。

6月6日，首届"龙膳杯"清远—同煤围棋友谊对抗赛在大同清远电脑城举行。比赛分甲、乙两组。同煤集团围棋队甲组以4比6告负，乙组以9比1胜出。

9月，同煤集团围棋队参加了由中国煤矿体协举办的第十届"乌金杯"围棋大赛，取得团体第四名。

10月，同煤集团文体发展中心协会管理科对围棋、象棋、桥牌等18个单项协会进行整顿，各协会制定了章程，颁发了新的会员证。郭忠、金智新担任围棋协会名誉会长，王晓华任会长，张眉平任常务副会长兼秘书长。

10月，北京市体育局授予曹宏宇一级运动员称号。

2005年

1月，曹宏宇在清华大学围棋冬令营大赛中获第五名，在北京大学围棋冬令营大赛中获季军。

2月16—21日，同煤文体发展中心举办了"贺新春"老年围棋赛。

4月26日，同煤集团围棋队参加了由中国煤矿体协举办的第十一届"乌金杯"围棋大赛，获得团体第六名。

5月4—6日，同煤集团围棋协会举办会员围棋联赛，孙建民、郭宝贵、刘大庆、王院生、孙伟、张眉平分获前六名。

6月21—25日，同煤集团首届职工运动会围棋赛举行。

7月，大同"永和杯"围棋名手邀请赛举行。

8月，王乐群回大同与王晓华、刘大庆、刘英等棋友相聚，并到怀仁薛宝春单位下棋交流。

12月，同煤集团围棋协会获"集团公司体育工作先进协会"荣誉称号。

12月23—25日，大同市体育局、市围棋协会主办的"龙膳杯"围棋锦标赛在自来水公司开赛。全市11个围棋代表队、68名围棋爱好者参赛。同煤集团获团体冠军，段景斌勇夺桂冠，何于威获得亚军。王臣、王献平、樊志军、党驰分获3—6名。

2006年

1月1—3日，山西省"向新杯"围棋锦标赛在太原古交开赛。由段景斌、何于威、李东、王雁宏组成的同煤集团围棋队荣获季军，永和队获第四名。龙膳队获"体育道德奖"。

3月22—25日，同煤集团职工围棋赛举行。刘英获得冠军，孙建民为亚军。3—6名为何于威、富烨、耿宏斌、王日新。供水处获团体冠军，机关为亚军，云冈矿获季军。

4月3—8日，由何于威、姚宝奎、段景斌、刘英组成的同煤队，在江西景德镇中国煤矿体协举办的第十二届"乌金杯"围棋大赛中，获得团体第三名，何于威获个人第四名。

6月，同煤集团机关运动会围棋赛举行，张眉平夺得冠军。

7月，同煤集团围棋协会获评同煤集团文化体育工作先进协会。

8月10日，大同煤校教员、同煤围棋协会副会长李春敏因患脑瘤，医治无效，在家中病逝。王晓华、刘大庆、张眉平等代表棋协悼念送别。

◆大同市围棋协会向省棋牌运动管理中心申请取得了少儿定级升段赛的举办权，为大同少儿围棋培训快速发展奠定了基础。

◆大同市围棋协会正式注册成立，主席由李日斌担任，马建军任常务副主席，王玉田、宫铁宇、刘辉、张永洲、刁庆华任副主席，何于威担任秘书长，贺建民任常务副秘书长。

2007年

1月1—3日，由省体育局、省体育总会主办的"同水杯"山西省围棋锦标赛决赛在大同举行。同煤队获团体第八名。段景斌获个人第八名，范东兴获个人第九名。

4月5—8日，全煤第四届运动会围棋赛在江苏无锡举行。同煤队获团体第八名，段景斌获个人第十六名。

5月1—5日，同煤职工围棋赛在体育馆举行。机关、忻州窑、供水处分获团体前三名。富烨获冠军，姚宝奎为亚军，孙伟获季军。

8月，曹宏宇在中国石油大学校内棋王争霸赛中获得冠军。

9月，大同市少儿围棋锦标赛暨定级赛在大同市围棋协会少儿培训中心举行。蔡泉、马智睿、赵正宇分获定级组前三名，丁浩、李宸、张巍然分获中级组前三名。

2008年

2月17日，大同市"龙膳杯"少儿围棋锦标赛落幕。雷沛霖、周哲辰、陈书华分获初级组前三名。宫乘、丁浩、李元成分获中级组前三名。郭晨汐获女子组第二名。

3月18—22日，同煤职工围棋赛在体育馆举行。同家梁矿、机关、供水处分获团体前三名。党尚、富烨、杨甫春分获个人前三名。

6月，机车厂李东、陈杰参加在忻州奇村举办的北车棋类比赛，李东获得第一名，团体获得第六名。

6月，丁浩到太原三友围棋道场学棋。

10月，全国苓在北京市第二十五届"京弈杯"八城区机关领导干部围棋邀请赛中获副处级台次冠军。

◆大同市第二届"龙膳杯"清远—同煤围棋友谊对抗赛开赛，清远队以12比8的总成绩获得了优胜。

11月29—30日，同煤集团少儿围棋选手在省棋牌中心举办的少儿围棋定级定段大同赛区夺冠摘银。冯博勇夺级位组冠军，韩博天摘取银牌。

2009年

3月，曹宏宇所在中国石油大学围棋队获第一届昌平区"育天杯"团体冠军，曹宏宇获个人冠军。

5月17—22日，同煤集团体协举办职工围棋赛。供水处获团体冠军，局机关、同家梁矿分获团体二、三名。

7月，大同市围棋协会组织了全市少儿围棋交流赛。

8月，同煤围棋协会组队参加了历时4个月的山西省首届"金厦杯"业余围棋网络联赛，并获甲组第五名。

8月8—9日，同煤棋协、紫云辅导站和同安华远科技中心举办第三届"同安杯"少儿围棋赛。全市60多名少儿参加比赛。甲组冠军被李宸摘取，马智睿夺得亚军。乙组石成明、周越分获冠亚军。

9月26—27日，由同煤体协、同煤棋协主办的首届"同煤杯"围棋名手邀请赛在技师学院举行。特邀黄奕中七段、吴新宇六段、周杰二段和省棋牌管理中心梁主任莅临指导。李东夺得桂冠，河南三门峡胡学海获得亚军，段景斌第三。

9月，山西省第二届"路鑫杯"围棋精英邀请赛在晋中介休开赛，大同市获团体第二，姚宝奎、党尚并列第五。

2010年

4月，丁浩到北京葛玉宏围棋道场学棋。

4月，大同市围棋协会组织开展"云中十二子"与"弈苑十二友"围棋对抗、擂台赛，被棋界誉为"双十二"活动。

5月9日，大同"双十二"围棋首轮对抗赛在同煤技师学院举行，弈苑十二友以12比8获胜。

7月31日，大同"双十二"围棋第二轮对抗赛在大同日报社举行，弈苑十二友以12比8获胜。

8月，由省体育局、省棋牌管理中心主办的秋季围棋定级定段赛举行。全省有1200名选手参赛。大同市陈政阳、马识途获1段组冠、亚军，李靖宇、李昕、王新奥分获2段组前三名。

12月18日，山西省第二届"金厦杯"围棋网络甲级联赛在太原收杆。马晓春出席了闭幕式。同煤队虽然在最后一轮以4比1战胜山西金厦队，但因前几轮发挥不佳，未能保级。

12月26日，大同"双十二"围棋擂台赛闭幕式在浑源恒山国际酒店举行。郭宝贵在决赛中险胜李锦光，取得擂台赛最后胜利。

◆由王臣、党尚、王雁宏、姚宝奎组成的大同围棋代表队，参加在晋城举办的省运会围棋赛获团体第三名。

2011年

2月6—8日，大同市首届"龙膳杯"棋王赛在市供排水集团举行。参赛的48名选手经过七轮激烈角逐，11岁冲段少年丁浩以全胜的战绩获得"棋王"称号，获大奖5000元，党尚、刘英分获二、三名。

4月，中国北车第三届职工运动会棋类比赛在青岛举办，机车厂李东、陈杰参加了比赛，李东获个人第二名，团体获第二名。

4月，山西省第三届"金厦杯"围棋网络联赛开打。由段景斌、李东、党尚、王臣、王雁宏组成的同煤队以六胜三负的战绩获得乙组亚军，成功晋级甲组比赛。

4月30日，大同市少儿围棋定段升级赛在市火车头艺术中心开赛。

5月8日，大同"双十二"围棋联谊对抗赛在市卫校举办。同煤弈苑十二友以8胜、3负、1和的优势获胜。

7月27—31日，第23届全国协作区四项棋类比赛在王府至尊酒店举行。韩泽、史薇琦摘得围棋幼儿组桂冠。王旭获围棋男子八岁组第一名。

8月1—4日，首届"紫云杯"大同—北京"放飞梦想"围棋文化特训夏令营，在北京华艺春秋围棋培训中心开营。

8月，曹宏宇回同探亲时与丁浩进行友谊对局，丁浩险胜。

8月，为第六届云冈·恒山旅游节文化活动助兴，大同棋协举办了"永和杯"文化围棋普及赛、名手邀请赛和媒体企业擂台赛。

9月23—25日，大同市围棋协会组织20名棋友，赴内蒙古呼和浩特市，与当地棋友访问交流。

10月，大同市"矿区实验杯"少儿围棋锦标赛举办。侯文浩夺得3段组冠军，获4段证书。

10月23日，大同市首届"阳光小额贷款杯"70前后擂台对抗赛收杆。李东代表70前领取团体奖，党驰领取五连胜奖，段景斌领取最终胜利奖。李锦光夺得名手邀请赛个人冠军，刘大庆获亚军，石建国为季军。

11月，大同"双十二"围棋擂台赛、对抗赛结束。在甲、乙两组擂台赛中同煤弈苑十二友队双双获胜。在对抗赛中，同煤弈苑十二友队以14比7获胜。

11月11日，大同市围棋协会第二届一次会议召开，参会代表32人，研究增补了市围棋协会领导人员。

11月26日，大同市围棋协会第二届二次会议召开。会议总结部署了2011年工作和2012年工作，调整了协会组织机构和人员，对各部门职责进行了分工。

12月3日，大同市围棋协会二届三次代表大会在魏都壹号召开。李日斌、马建军分别连任主席和常务副主席，聘任张旭为名誉主席，曹乃谦为总顾问，副主席由王玉田、张眉平、宫铁宇、叶向东、张明元、刘辉、李东担任，何于威任秘书长，增补了副秘书长刘延庆、郭志强。

12月10日，第三届"金厦杯"围棋网络甲级联赛在太原开打。同煤队荣获团体季军，为大同地区在省级大赛中最好成绩。

2012年

1月26日，大同市第二届"龙膳杯"围棋棋王赛在魏都壹号举行。冲段少年丁浩以全胜战绩蝉联棋王桂冠，获得3000元奖金。党尚获亚军，姚宝奎为第三名。

4月18—22日，大同市围棋协会组团29人出访河南三门峡市围棋协会进行交流活动，在17盘对抗交流中，大同以10：7获胜。

5月，第二届少儿围棋锦标赛开赛。此次大赛参赛选手213名，共有71名小棋手定级，30名升入1段，12名升入2段，4人获得了3段证书，1名跨入业余4段行列。

5月20日，云中十二子与弈苑十二友对抗，擂台赛在同煤集团塔山矿开幕。

6月，在"黄河杯"全国业余围棋大奖赛中，丁浩获第6名，升为6段。其间，曾多次战胜专业棋手。

8月，大同市围棋协会应邀参加了在怀安县举办的"全国围棋之乡"邀请赛，与来自全国15个城市的棋手进行了交流学习。

8月，大同市第四届职工文化博览会围棋锦标赛举办。博弈队获团体冠军，启智队获亚军，慧智队获季军。王臣、党尚、贾慧峰分获个人前三名。

10月1日，大同市围棋协会、同煤棋协组建三支代表队参加了在临汾照县举办的山西省围棋锦标赛，丁浩6段代表大同龙膳队参加赛事，龙膳队获亚军，同煤集团夺得第四名，永和队获最佳体育道德风尚奖，冲段少年丁浩夺得第三名，获得奖金6000元。

10月，大同市少儿围棋定级升段赛暨省围棋协会授牌仪式在城区45小举行。比赛共有248名棋手参加。滕伟琪获大同市"小棋王"称号。

11月，丁浩代表山西胡晓苓队在杭州"商旅杯"获得个人第五、团体第二名。

2013年

2月13—15日，大同市第三届"龙膳杯"围棋棋王赛在大同魏都壹号举行。段景斌摘取棋王桂冠，王奇、王臣兄弟分获二、三名。

4月29日，大同市第五届"泸州老窖杯"职工文化博览会围棋锦标赛举办。博弈队、启智队、永和队分获团体冠、亚、季军。党尚、贾慧峰、樊志军分获冠、亚、季军。

5月12—15日，内蒙古呼和浩特市围棋代表团来大同与棋友对弈交流，在双方24人对抗赛中，大同队以26比22取胜。

5月14日，胡晓苓职业三段由太原来同与大同棋友进行围棋指导活动。

5月30日，大同市市直机关职工围棋赛举行。市三医院队获团体冠军，市中级人民法院队获亚军，市国税局队获季军，刁庆华获个人冠军。

6月1日，大同"双十二"首轮围棋对抗赛在魏都壹号开战。同煤弈苑十二友6比4获胜。

6月，丁浩获得"青岛出版杯"围棋赛亚军。

7月，方天丰8段来同与少儿棋手进行围棋指导活动。

7月，金国苓前来大同参加书法作品研讨活动，郭志强、嵇晓明陪同参观了云冈石窟。

7月28日，在扬州举行的全国定段大赛上，大同市13岁少年棋手丁浩以9胜、4负第12名的成绩成功定段，成为大同市第二位围棋职业棋手。

8月26日，在大同深特集团鼎力赞助下，大同组队参加了"史努比杯"山西省围棋锦标赛，大同深特男、女团体队及女子个人获冠军，男子取得个人亚军，实现了大同围协省赛冠军零的突破。大同棋协队取得了团体第五，大同围棋协会荣获全省体育道德风尚奖。

9月，大同市围棋协会举办首届女子围棋教师赛，来自各个围棋培训班和城区第一小学共23名女教师参赛。白玉霞获得冠军，韩玲娣为亚军，宋丽蓉为季军。

10月，大同市第二届小棋王赛举行，班嘉明获得冠军，滕伟琪为亚军，王旭获季军。

12月14日，云中十二子与弈苑十二友对抗赛在浑源县农业生态观光园举行。

12月27—29日，第五届"金厦杯"围棋联赛决赛在太原举行。大同永和队获第五名。

12月22日，大同市围棋协会第三届代表大会在市供排水公司召开。会议对市棋协优秀棋手和围棋工作者进行了嘉奖。特别聘请曹惠斌为大同市围棋协会名誉主席，聘请郑宇航、沙星宇、战鹰、金珊等职业棋手为大同市围棋协会荣誉会员。

◆在大同市文化博览会围棋比赛中，党尚、王臣分获冠亚军。

12月22日，大同市副市长曹惠斌与著名作家曹乃谦进行友谊交流对局。

12月22日，大同围棋协会邀请韩晗职业五段，与大同业余高手授三子进行车轮战，大同市有两名棋手惜败。段景斌、腾伟琪获胜，各奖500元。

2014年

2月3—5日，大同市第四届"联盟杯"围棋棋王赛举行。王臣勇夺冠军，李东为亚军。段景斌、班嘉明分获三、四名。

2月，丁浩升为职业二段，秋季成都个人锦标赛获得个人第五，取得第二年参加甲组比赛的资格，入选国少队。

2月10日，丁浩在第21届建桥杯中国围棋新人王公开赛中负于於之莹，未能晋级16强。

4月19日，第四届双十二围棋擂台赛在兴旺集团进行，十二子先锋罗欣连胜十二友田丰、李志军。最终十二子7∶5战胜十二友。

5月，大同市围棋协会特邀围棋界前辈、中国围棋资深裁判员金同实来同举办围棋裁判员培训活动。

6月，大同市第二届女子围棋教师赛举行。共有13名选手参加。韩玲娣四连胜夺冠，施景珊三胜、一负获亚军，段佳佳获季军。

7月11—13日，大同市第六届职工文化博览会"御河九号杯"围棋锦标赛举行。启智队获团体冠军，博弈队获亚军，同煤塔山队获季军。王臣夺得冠军，王雁宏为亚军，姚宝奎为季军。

8月18—23日，在全国煤矿第十九届"乌金杯"围棋比赛中，同煤集团围棋队获团体季军。

10月2—6日，"同水杯"山西省围棋锦标赛在大同开杆。

10月4—10日，王乐群、白菊生、赵成栋回同与棋友相聚，看望故交旧友，游览大同古城和塔山煤矿，并与大同棋手对弈交流。

10月25—26日，大同市第三届小棋王赛在平城区45小学校开赛，滕伟琪夺取冠军，王旭、石清越分获二、三名。

12月，大同市围棋协会举办少儿围棋"冬令营"活动，岳亮6段来同与少儿棋手进行围棋指导活动。

12月，大同市市直机关迎新春第二届"温州商会杯"职工围棋赛在市财会学校举行。市国税局队获团体冠军，张近平获个人冠军。

2015年

1月2日，大同市围棋协会召开会员代表大会。总结了2014年工作，对当年重点赛事进行安排，对财务收支情况作了报告。选举王玉田为棋协执行主席，何于威为棋协法人代表兼常务副主席，张眉平、刘延庆为棋协副主席，郭志强为棋协副主席兼秘书长。表彰了优秀棋手和先进围棋工作者。

1月4—10日，大同市围棋协会首次组队参加了第二十八届晚报杯全国业余围棋锦标赛。该项赛事由大同报社传媒集团冠名资助。

1月26日，大同—岳权道场寒假集训营在城区第一小学校开营。

2月1日，2014年双十二围棋擂台、对抗赛结束。经过22轮赛事，最终由十二友苏尚武，在广州通过网络，战胜了十二子主帅郭宝贵，获得擂台赛的胜利。

2月22—24日，大同市第五届"联盟杯"棋王赛在御河九号举行。60多名围棋爱好者参赛，李东荣获冠军，获奖金3000元。滕伟琪获亚军，升为5段，并获"小棋王"称号。王雁宏获第三名。4—8名依次为党尚、王臣、康佳音、段景斌、班嘉明。

2月26日，同煤集团体协、围棋协会举办员工贺岁围棋对抗赛和多面打。上午32名选手抽签捉对厮杀。下午由李东、段景斌、李宝华、何于威1对4进行车轮战。

3月29日，大同市春季少儿围棋定级升段赛在城区45小收杆。共有338名小棋手参赛。胡锋获4段组冠军，晋升业余5段。

4月11—13日，金国苓回同先后在四台矿、同煤棋社、大同市围棋协会与棋友下棋指导、拜亲访友。

4月22—24日，同煤集团员工围棋赛在局体育馆举行，共有41名围棋爱好者参赛。云泉分局获团体冠军，同家梁矿、供水公司分获二、三名。姚宝奎夺得个人冠军，罗金伟获亚军，杨甫春为季军。

5月2日，大同市"永昌雍锦台杯"少儿围棋、国际象棋、国际跳棋等级赛在雍锦台举办。来自全市的80名小棋手会聚一堂，切磋棋艺。赵书楷等夺得各类棋的冠军。

5月26日，第二届"MLILY梦百合杯"世界围棋公开赛预选赛在中国棋院结束。丁浩获得了本赛64强席位。

6月13—14日，大同市第五届"矿区实验杯"少儿围棋赛在矿区青少年培训中心开赛。特邀胡晓苓三段举办围棋讲座并与小棋手下指导棋。

6月21日，大同市第三届女子教师围棋赛在城区一小举行。15名女教师参赛，韩玲娣成功卫冕，段佳佳取得亚军，王燕楠获季军。

7月7日，第二届"Mlily梦百合杯"世界围棋公开赛本赛64强赛在中国棋院战罢。丁浩淘汰韩国赵汉乘，打入32强。

7月8日，同煤棋牌协会、弈智棋校举办"送文化进社区"百人车轮战围棋表演赛。

7月9日，第二届"Mlily梦百合杯"世界围棋公开赛32强赛在中国棋院战罢，丁浩打入16强。

7月12日，大同市第七届职工文化博览会"御河九号杯"围棋赛举行。共有17支代表队的100多名选手参赛。启智队获团体冠军，开发区工会队获亚军，同煤塔山队获季军。李东、党驰、杨涵裕分获前三名。

7月25日，大同市围棋协会在大同一小举办"书记杯"邀请赛。特邀李广、王玉田、张眉平、徐红卫、裴雁魏五位书记参赛，经过4轮循环赛，张眉平、王玉田分获冠亚军。

8月30日，第二届"Mlily梦百合杯"世界公开赛16强赛在广州白云宾馆战罢，丁浩中盘负于李世石，无缘8强。

8月30日，大同"双十二"第一场队际赛在同煤开赛。同煤弈苑十二友队胜出。

10月5日，大同市围棋协会在御河九号召开理事会议。会议由棋协执行主席王玉田主持，棋协副主席何于成、张眉平、李东、刘延庆、郭志强（兼秘书长）、副秘书长苏永华、郗耀武、王奇以及各理事参加了会议。会议对协会工作进行了分工，对做好《棋闻弈事——大同围棋风云录》的编写、少儿比赛、对外交流、经费使用、机构设置、棋校办班等多项工作进行研究部署。

11月14—15日，大同市第四届少儿围棋小棋王赛在齿欣大厦平安保险公司楼举行，滕伟琪蝉联冠军，班嘉明、王旭分获二、三名。

11月28日，大同双十二围棋对抗赛在启智棋校开战。弈苑十二友队以7比2获胜。

11月30日，由大同围棋协会编著的《棋闻弈事——大同围棋风云录》书稿杀青，并交付中国文联出版社排版印刷。

12月4—6日，山西省围棋锦标赛在太原龙泉山庄开赛。由李东、党驰、贾慧峰、姚宝奎组成的大同围棋队获团体第四名。李东获个人第9名。

12月16—17日，大同市第三届市直机关职工围棋赛在市财校举行。白新泉夺冠，刁庆华为亚军，张近平、郭宝贵分获三、四名。

12月11日，郭志强代表同煤参加了中央电视台主办的"谁是棋王"争霸赛，取得了煤炭系统第十名。

12月18—20日，由李东、王臣、王奇、党驰、贾慧峰组成的大同市永和队在第七届"金厦杯"山西省围棋联赛决赛中，以5比0战胜古交队，获团体第八名。

2016年

2月11—13日，大同市第六届棋王赛在御河九号开枰。王臣夺取冠军，姚宝奎、李东分获二、三名。

3月，首届"同代广联动杯"围棋网络擂台赛举办，同煤集团代表队主帅何于威取得最终胜利。

3月12—13日，大同市少儿围棋定级升段赛在红星美凯龙东信店举办，共有来自全市的300余名小棋手参赛。40名选手定段成功，21人升为业余2段，12人升为业余3段，3人升为业余4段。

3月17日，大同市围棋协会召开主席团会议，研究决定由苏永华担任常务副秘书长，负责协会日常赛事工作。

3月26日，大同市围棋协会、同煤集团围棋协会在同煤集团体育馆举办了青少年围棋、象棋、国际象棋等级赛。

3月29—31日，大同郗耀武、苏永华等9人参加中国围棋协会2016年第一期初级教练员培训班。

4月17日，同煤集团员工围棋比赛圆满落下帷幕。来自16家单位的52名选手参加了比赛。供水分公司、塔山煤矿、宏远公司、忻州窑矿、晋华宫矿、同煤消防大队分获团体前六名。何于威获得个人冠军，富烨获亚军。

4月30日，同煤集团围棋协会组织棋友出访代县，开展围棋交流活动，受到代县棋友热情接待。

5月6日，金国苓来同在御河九号与大同棋友对弈指导。

5月14—15日，同煤集团围棋协会选派罗金伟、郭香玲等参加了在浙江安吉举办的煤炭系统围棋一级裁判员培训班。

5月27日，大同市围棋协会年度会员代表大会在御河九号召开。棋协领导曹惠斌、李日斌、张旭、王玉田、何于威、张眉平、刘延庆、李东、郭志强参加了会议。

6月25—26日，大同市第六届"矿区活动中心杯"围棋锦标赛举办。1—3段组冠军分别为刘致君、王雅淇、王严。

7月24日，大同市第五届"放飞梦想"围棋少年特训营开营。围棋盲棋世界纪录保持者鲍云6段，与班嘉明和高图南两名少年棋手进行了盲棋表演赛。蔡竞六段、丁浩三段分别与7名特训营学员及10名围棋爱好者进行了多面打指导棋。

8月16日，"智联在线杯"全国中小学生围棋、国际象棋比赛在大同市举行。

8月20—22日，大同市第八届文化博览会围棋赛在市电商产业园区开战。共有42名围棋爱好者参赛，班嘉明、王旭、李东、党尚、何于威、姚宝奎分获前六名。团体前六名依次为启智教室、教育基地、博弈围棋队、同煤塔山队、重道围棋队、弈友队。

10月3—6日，"龙泉山庄杯"山西省围棋锦标赛在太原举办。大同市围棋协会队勇夺亚军，并获体育道德风尚奖。

10月23—27日，"水泊梁山棋友会"年会在大同市花园饭店举行，来自全国的50余名围棋界"梁山好汉"齐聚古城。大同棋手与梁山棋友在11局联谊赛中，以6比5幸运获胜。著名国手罗洗河九段对大同市两位业余5段小棋手进行了对弈指导。

11月12日，第七届弈苑、云中双十二围棋对抗赛在恒安新区大同八中举行。

12月9日，大同市首届"花甲杯"围棋元老赛举办，郭宝贵、石建国、王玉田分获前三名。

12月11日，大同市冬季少儿围棋定级升段赛在城区24小举办，王旭、班嘉明、石清越、王锦东、周翀旸、胡峰分获前六名。

12月22日，大同市市直机关第四届迎新春职工围棋赛举办，嵇晓明夺得冠军。

12月30日，同煤集团围棋协会首届"不服杯"围棋争霸赛收杆，商玉龙勇夺冠军，孙建民为亚军。

2017年

1月13日，同煤集团围棋协会举行庆祝围棋协会成立20周年纪念会，40多名围棋爱好者参加活动。

1月31—2月2日，大同市第七届棋王赛在御河九号举办，共有60多名围棋爱者参赛。王旭夺得冠军，胡峰为亚军，樊志军获季军。

2月10—14日，首届"贺岁杯"网络围棋联谊赛在大同、朔州、忻州三地举办。大同王旭获得冠军。

2月19日，围棋元老金国苓先生前来煤都棋院指导小棋手。

3月5日，由同煤棋友组织发起的煤都棋院挂牌成立。

3月28—30日，同煤集团职工围棋赛在局体育馆开赛。姚宝奎勇夺个人冠军，商玉龙获亚军，富烨第三。四至八名为何于成、王雁、苏尚武、李锦绣、罗金伟。

4月15—16日，第七届"矿区活动中心杯"少儿围棋锦标赛开赛，共有来自全市15家围棋机构的285名少儿棋手参赛。

4月24—26日，第21届全煤系统"乌金杯"围棋大赛在湖北宜昌举办，共有117名选手参赛。原同煤集团董事长、时任中国煤炭协会副会长的彭建勋亲临大赛赛场。由李东、康成、贾慧峰、乔建平组成的同煤集团队获团体第五名。

4月29—30日，大同市首届名手邀请赛暨第13届全运会围棋项目山西大同分区预选赛在御河九号举办。樊志军夺取冠军，班嘉明、姚宝奎分获二、三名。

6月17日，由大同市围棋协会领导王玉田、张眉平带队，组织12名棋手出访忻州，在12人擂台赛中，双方以6比6战平，在队际赛中忻州队胜出。

6月18日，大同市围棋协会组织28名棋手与朔州市围棋爱者进行联谊赛。大同队以17比11获胜。

6月22日，大同市围棋协会召开主席团扩大会议。王玉田、何于威、张眉平、李东、刘延庆、郭志强、樊志军、党尚、康佳音、白新泉出席会议。会议针对近期棋协出现的新情况，对协会机构领导人员进行了调整，议定在年底前由何于威代理执行主席，郭志强代理秘书长。

6月27—28日，同煤集团体协、围棋协会举办第二期围棋裁判员培训班，特邀山西著名裁判长江声久主讲，有30多名学员参加培训。

8月5—7日，首届"乌大张"城市围棋邀请赛在河北怀安举办，来自乌兰察布、大同、张家口市的围棋选手30余人参赛，大同队获协会组团体冠军。党尚获协会组个人冠军，段景斌、姚宝奎、李东、贾慧峰分获2—5名。大同队获领导组团体亚军。李长春获领导组亚军，顾晓、张眉平分获5—6名。大同市获团体总冠军。

8月8—23日，煤都棋院第六届"放飞梦想"少儿围棋夏令营特训班开班，特邀全国"黄河杯"冠军赵威7段担任主教官。

8月10—14日，煤都棋院张眉平、郭志强、富烨、刘志刚、刘大庆等棋友自费观摩首届中国围棋大会。其间，参加了多对多职业棋手指导棋、马拉松围棋赛、九路棋王赛、啤酒围棋赛、三人联棋赛、混双亲子围棋赛等赛事活动。

8月14—16日，大同市围棋协会选派李东、王臣、贾慧峰参加在鄂尔多斯举办的百城群英会三人联棋赛。

8月18—19日，围棋元老金国苓先生前来煤都棋院指导小棋手。

8月22日，大同市少儿围棋定级升段赛在王府至尊酒店举行，482名小棋手参赛，共145名选手定级，63名选手定段，78名选手晋升2段，18人晋升3段，6人晋升4段。

8月27日，第八届云中、弈苑双十二对抗赛在大同县乌龙峡进行，弈苑队获胜。

8月8—9日，第九届"金厦杯"山西省业余围棋联赛在晋城举行。大同市围棋协会队获团体第七名。

8月25—27日，运城市第二届"掌上明珠家具杯"业余围棋赛举行。大同围棋队获团体第四名。班嘉明、梁景鑫并列第五。

9月14—19日，第五届"中国怀安杯"在河北怀安县举办。大同围棋协会选派党尚、高图南、冯志博、石旭冉参赛。

10月2—6日，"路鑫杯"第三十届山西省围棋锦标赛在介休市举办。大同市围棋协会选派李东、姚宝奎、王旭、胡峰参赛，获团体第五名。

10月7—8日，忻州市围棋协会组团共32人来访大同。首场对抗赛大同队以16比14获胜，三人联棋赛忻州队以4比2获胜。同时进行了第二届"云欣杯"擂台赛决赛，忻州队主将张文坚战胜班嘉明、负王旭。第二场对抗赛大同队以17比12获胜。

10月19日，大同市第四届女子围棋教师赛举办，共有16名女子围棋教师参赛。博弈棋校的段佳佳获得棋赛、演讲总分第一名，煤都棋院的段小云获第二名。

10月27日，大同市第二届"花甲杯"围棋元老赛在同煤集团技师学院举行。李锦光获冠军，石建国为亚军。

12月，大同市市直机关第五届迎新春职工围棋赛举办，团体前三名分别为市国税局、煤炭局、国土资源局代表队。刁庆华夺得个人冠军，嵇晓明第二，任建国、张近平并列第三。

12月9—10日，大同市少儿围棋定级升段赛暨小棋王赛在市城区44小学举行。小棋王赛名次为石清越、高图南、隋昱博、冯志博、李俊毅、贾得一。

全年，大同籍棋手丁浩代表杭州云林决破队参加围甲比赛，26轮16胜10负，主将台7胜3负，胜率超60%，并战胜芈昱廷、崔哲瀚、柁嘉熹、唐韦星等多位世界冠军。

2018年

1月1日，大同市"书香矿区·六合杯"业余围棋公开赛在矿区落幕，矿区队、同煤塔山队，煤都棋院队分别获得团体前三名。个人前三名获得者分别是姚宝奎、戴晓东、李东。著名棋手江铸久九段、芮乃伟九段夫妇亲临现场，为围棋爱好者指导讲解，并举办围棋讲座。

1月27—28日，中国围棋协会主办的"围棋文化挖掘和推广"系列活动在太原举办。大同棋手梁景鑫参赛获第二名，晋升5段。

2月19—20日，大同市第八届"泸州老窖特曲杯"围棋棋王赛在雕塑博物馆开赛。党驰勇夺冠军，王臣获亚军，梁景鑫获季军。4至8名依次为高图南、贾得一、孙建民、樊志军、段景斌。

2月24—27日，晋中市"国盛印象杯"围棋公开赛举办。由李东、樊志军、贾慧峰组成的大同队获团体亚军。

3月2日，大同古都灯会"盛世棋王"争霸赛举办。高图南夺取冠军，陈现亮获亚军。

3月4日，第二届大同、朔州、忻州三地"贺岁杯"网络围棋赛决胜局忻州张文坚战胜党驰获得冠军。

4月14—15日，大同市"星茂汇杯"春季围棋段位赛举办，共有12家培训机构的490名少儿棋手参赛。194人定级，73人定段，29人晋升2段，17人晋升3段。

5月7—9日，同煤集团员工围棋赛在矿务局体育馆举行。富烨获冠军，王文辉为亚军，郭志强、孙建民并列第三。供水分公司、塔山煤矿、同家梁矿分获团体前三名。

5月10日，大同市围棋协会召开第六届委员会理事会。市体育局副局长晋子顺，协会领导王玉田、何于威、张眉平、李东、刘延庆、郭志强参加会议。

7月9日，大同市围棋协会第六届委员会代表大会召开。协会领导及各机构负责人参加会议。王玉田作协会工作报告。审议通过《围棋协会章程》，调整了协会领导机构，选举王宝婕女士担任协会执行主席。

7月10—13日，山西省第15届运动会群体项目老年组围棋赛在介休市开赛。由郭宝贵、刘大庆、张眉平、李锦光组成的大同市老年体协围棋队荣获团体冠军。

8月5日，大同市平城区44校被教育部中国中学生棋类协会授予全国"围棋特色学校"荣誉称号。

8月11—12日，大同郭志强、党驰、班嘉明等七名棋友应邀参加忻州市围棋协会组织的太原、大同、阳泉、忻州城际围棋友谊赛。

8月18—22日，第22届全煤系统"乌金杯"围棋大赛在河南神马集团开赛。同煤集团选派丁海峰、崔超、姚屹、高图南参赛，获团体季军。

8月23—26日，第十届"全厦杯"山西省业余围棋联赛在太原举行。大同市围棋代表队获团体第六名。

8月23—28日，由张眉平、郭志强组织带队，大同棋友14人结伴开启"以棋会友万里行"第二站行程，先后出访洪洞县、吉县，晋城市，河南新乡、洛阳、嵩山少林寺等地。

9月13—19日，第六届"中国怀安杯"全国业余围棋赛在河北怀安县举办，郭志强受中国围棋协会委派担任赛事裁判长。

10月2—6日，"海纳杯"第31届山西省围棋锦标赛在晋中举办。大同市围棋协会选派班嘉明、高图南、石旭冉和柴思琪、武宇婧分别组成男、女少年队参赛。女子少年队获女子团体冠军。隋昱博晋升业余5段。

10月9—10日，大同棋友张眉平、郭志强、贾慧峰、张近平等八人前去忻州五台山观摩中国女子围甲联赛，接受职业棋手指导。

10月22—24日，忻州市围棋协会总教练、山西省"海纳杯"围棋锦标赛冠军焦松岩6段前来大同与棋友交流指导。

10月27—28日，大同市秋季少儿围棋定级升段赛在城区44小学校举办，共有785人参赛。其间，大同市第六届小棋王争霸赛开赛，王严获得冠军，隋昱博为亚军。班嘉明、高图南、武君昊、柴思琪分获3—6名。

11月9—11日，山西省首届"书香·云冈杯"围棋团体锦标赛在云冈区成功举办。共有20支参赛队伍60名选手参加比赛。同煤元老队、云冈区围棋协会队获体育道德风尚奖。省体育局局长赵晓春向煤都棋院颁发了山西省青少年围棋俱乐部牌匾。大同市围棋协会向省围棋协会赠送了《棋闻弈事

——大同围棋风云录》一书。

11月17日，大同市首届"智慧舍得杯"围棋邀请赛在大同文瀛山庄举办，共有大同商界、政界的24名围棋人士参赛。谷建斌、张眉平、石建国分获冠、亚、季军。

11月24—25日，在山西省冬季围棋段级位比赛中，大同广灵县的柴思琪获得女子组冠军，荣升5段。

12月10日，张眉平、郭志强、鲁喜忠前去太原参加三晋文化大讲堂，听取中国围棋协会主席林建超围棋文化专题讲座。

12月22—23日，第二届"乌大张"三市围棋邀请赛在乌兰察布市举行。大同围棋队（领导组）获团体冠军，嵇晓明获个人亚军，刘大庆第四，张眉平、李锦光并列第五。

2019年

1月1日，大同市首届"古城迎春杯"围棋赛举办，共有40多名围棋爱好者参赛。梁景鑫夺取冠军，张近平获亚军，刘英第三。

1月27日，省围棋协会第五届委员大会在太原召开。大同市围棋协会执行主席王宝婕当选省围棋协会常务委员。

2月8—9日，大同市"劲酒金标杯"第九届棋王赛在御河九号举行，共有58名棋手参赛。来自太原的郝岳鹏夺冠，贾得一为亚军，梁景鑫第三。4至10名为崔刚、段景斌、贾煜辉、武君昊、罗金伟、姚宝奎、高图南。丁浩六段应邀参加了对小棋手的多面打指导活动。

2月9日，广灵县围棋协会举办"贺岁杯"围棋赛，柴思琪荣获冠军，罗青山获亚军。

2月12—14日，第三届同忻朔三地棋友"贺岁杯"网络围棋擂台赛在弈城网进行。忻州张文坚胜大同贾得一获冠军。

2月21—23日，大同市春季少儿围棋段级位赛在平城区第45小开赛，共有423名小棋手参赛。

3月2日，大同市围棋协会在古城鼓楼东街召开主席团一次会议。王宝婕、王玉田、何于威、马建军、张眉平、刘延庆、郭志强参会。会议增补马建军为常务副主席、工会主席。

3月17日，云冈区阅读中心举办"书中的故事我来讲"活动，特邀围棋协会张眉平作《同少年朋友谈读书与围棋文化》专题讲座。

3月26—28日，同煤集团员工围棋赛在矿务局体育馆举办。供水分公司获团体冠军，晋华宫矿获亚军，3至6名为力泰公司、云冈矿、塔山矿、消防队。姚宝奎获个人冠军，孙建民为亚军，3至6名为郭志强、李雁强、王舜、杨甫春。

4月5—8日，山西省第六届"路鑫杯"围棋公开赛在介休市举办，大同市围棋协会队获团体第7名，孙建民晋升业余5段。

4月9日，丁浩在"浙江平湖·当湖十局杯"CCTV电视快棋赛决赛中以半目击败许嘉阳获得冠军。

4月15—19日，第23届全煤系统"乌金杯"围棋大赛在河北省唐山市举行，由康成、乔建平、党驰、贾慧峰组成的同煤集团体协围棋队参赛。

5月2—4日，第26届"晋阳杯"围棋赛在太原举办，煤都棋院组队参赛，获优秀组织奖。

5月18日，大同市"古城杯"围棋邀请赛在古城潘家园会议中心举办，孙建民获冠军，罗金伟获亚军，马凤双获季军。同时进行了大同市第四届"花甲杯"围棋赛，前三名依次为李锦光、刘大庆、石建国。

6月12—13日，大同市围棋协会在大同棋院举办围棋裁判员及二级社会体育指导员晋级培训班，共有33名学员参加培训。另，大同市11名围棋从业者参加了在太原市举办的中国围棋协会教练员培训班，并全部获得证书。

6月23日，在第31届亚洲杯围棋决赛中，丁浩中盘负申真谞，屈居亚军。在21日和22日前两轮比赛中，丁浩分别战胜一力辽和金志锡。

6月29—30日，大同市第八届少儿围棋锦标赛在云冈区平盛三小开赛。共有622名少儿棋手参赛，其中142人获得级位证书，60人获得定段，30人晋升2段，14人晋升3段。

7月15日，中国围棋协会在太原召开《围棋与名城》丛书编写会议，中国围棋协会主席林建超出席会议。来自全国77个城市的115名代表参会。大同市入选首批《围棋与名城》编写城市，大同市围棋协会副主席张眉平参加会议。

7月17—18日，福建省围棋协会主席戴滨辉一行5人到访大同交流围棋工作，大同市围棋协会何于成、张眉平等参与接待，并赠送《棋闻弈事——大同围棋风云录》一书。

8月26—29日，在河南淮阳"荷花杯"全国业余围棋公开赛中，大同市少年棋手梁景鑫斩获个人第7名，并获最佳少年棋手奖，成功晋升业余6段，成为大同市第一位业余6段棋手。

9月3日，大同市围棋协会在市国学馆召开主席团会议。总结2019年以来协会的工作，研究议定了后四个月协会的重点工作和赛事活动。会上，成立了由张眉平、王玉田牵头的《围棋与名城》丛书编写委员会，编写《围棋与大同》一书，王宝婕、马建军两位主席各出资1万元赞助丛书的编写，协会也列支1万元给予支持。

9月20—22日，"汾阳王杯"山西省第十一届业余围棋联赛在大同举办。全省11个市以及包括重庆、台湾、香港在内的28支队伍会聚一堂展开较量。太原市青年宫队获得冠军，刘娅莉围棋教室队和太原三友队分获亚军、季军。大同老男孩队获得第9名，同煤队获得第11名。

10月7日，大同棋友张眉平、郭志强、富烨、孙建民、刘志刚、苏尚武组队参加了由忻州围棋协会组织的邀请赛。

10月12日，丁浩在第四届"梦百合杯"世界围棋公开赛16强比赛中，负于一力辽，无缘8强。在前两天的比赛中丁浩分别战胜黄云嵩和申真谞。

10月22日，大同市围棋协会召开工作会议，协会领导及各培训机构负责人参会。会议就市少儿段级位赛事承办进行了公开招标，慧智棋校获得承办资格。

10月29—30日，金国苓在北京参加第34届"忘忧清乐杯"老同志围棋赛，获甲组冠军。

11月，同煤集团棋友"不服杯"围棋赛收杆，富烨、苏尚武、李志军分获前三名。

11月29日—12月1日，第三届"乌大张"围棋城市邀请赛在大同宏安国际酒店举行。大同队棋手组、特邀组双获团体冠军。孙建民、张眉平分获两个组别的季军。

11月，在中国等级分排名中，丁浩以2604分排到了第12位，创造职业生涯新高。

12月7—9日，大同少年棋手梁景鑫参加"尧王杯"山西省围棋公开赛，勇夺个人冠军。

12月12日，丁浩获中国围棋甲级联赛"最有价值棋手奖"。

12月12—13日，大同市市直机关第六届"迎春杯"围棋赛举办。九三学社、能源局、税务局代表队分获团体前三名。罗欣、李锦光、姚拥军分获个人前三名。

2020年

1月1日，大同浑源县围棋协会举办庆元旦围棋亲子大赛，100组围棋"父子兵""母女档"出战。

1月29日，"贺岁杯"大同—西安棋友网络围棋对抗赛在腾讯网开赛。

2月13—18日，大同市体育总会、围棋协会举办"齐心协力战疫情"网络围棋义赛。参赛棋手报名费全部上缴大同市慈善总会，支援疫情防控工作。

2月，大同市棋友共19人为抗击新冠肺炎疫情捐款6070元。

3月23日，大同市围棋协会决定对围棋培训机构免缴2020年度注册费。

4月21日，大同市围棋协会举办棋友网络围棋比赛，共有20多名棋友参加。

4月28日，大同市—山西省少年队网络围棋交流赛在弈城网进行。双方各有22名队员参赛，大同队以12比10小胜。

4月26日—5月9日，"乌大张"三市网络围棋擂台赛在弈城网进行，经过26场激战，张家口市围棋代表队获得冠军，大同队获得亚军，乌兰察布市队位列第三。

5月12—13日，中国女子围甲联赛组委会执行主任马小曼、山西省围棋协会主席郭志强来同调研中国女子围甲大同站比赛事宜。

5月27日—6月2日，大同市体育总会、围棋协会举办全市网络围棋团体联赛，共有14支代表队42名棋手参赛。经过五轮比赛，广灵棋协队、永和队、怀仁队分获前三名。

6月17日，第六届弈城围棋世界冠军争霸赛决赛在弈城总部进行。丁浩执白中盘战胜檀啸夺冠，并获20万元奖金。

6月19—23日，同煤集团职工围棋联赛在弈城网举办。44名棋手经过七轮比赛，供水处、塔山煤矿、漳泽电力队分获团体前三名。郭志强、罗金伟、富烨分获个人前三名。

7月6日，大同市围棋协会召开主席团会议，何于威、王宝婕、王玉田、马建军、张眉平、郭志强、王成宽、刘涛参加。会议总结了上半年围棋协会的工作，研究了参与中国女子围甲大同站赛事筹备事宜和《围棋与大同》编写费用情况等。

7月26—31日，第八届"中信置业杯"中国女子围甲联赛大同站开赛。中国围棋协会主席林建超，原主席王汝南，副主席、棋圣聂卫平，副主席华以刚，国家围棋队总教练俞斌，华舰体育控股集团董事长赵晓春，省体育局副局长袁乃平，省棋牌运动管理中心副主任周杰，省围棋协会主席郭志强，省委常委、市委书记张吉福，市长武宏文，副市长郭蕾等领导和嘉宾出席开幕式。

组委会在代王府举行了公益指导棋活动。由王汝南、聂卫平、华以刚三位围棋前辈带领24名职业棋手，为150位大同围棋爱好者进行公益指导棋活动。大同市围棋协会组织40多名棋友积极参与了本次大赛的裁判、赛务等工作。大同围棋元老、北京知青金国苓先生受邀担任本次女子围甲联赛的仲裁。

8月26日，大同籍棋手丁浩由六段晋升为七段。

9月6日，金国苓到煤都棋院指导少儿棋手。

9月21—25日，2020"尧王杯"业余围棋公开赛在临汾开赛。大同党驰、贾慧峰、梁景鑫参赛，获团体第四名。党驰获个人第十名。

10月9—18日，2020年全国围棋定段赛在江苏无锡举行。大同市梁景鑫、贾得一参加，成绩同为8胜7负，分别位列第69、第80名。

10月2—6日，"森栖谷杯"第33届山西省围棋锦标赛举行。大同党尚、党驰、李东参加比赛，获团体第八名。李东获最佳老棋手奖。

11月2—6日，第八届"中国·怀安杯"业余围棋公开赛在怀安举办。梁景鑫参赛获个人第13名。郭志强担任裁判长。

11月21—22日，云冈区首届"铭品茶坊杯"围棋名人赛在云冈区俱乐部举办。比赛分为公开组和少儿组，段锦斌、孙建民、富烨，崔博、罗畅、温宸分获各组前三名。

11月26—29日，第七届"路鑫杯"、第十二届"金厦杯"山西省业余围棋联赛在介休举行。大同党尚、党驰、段锦斌、贾慧峰、王臣参赛，位列团体第十三名。

11月29日，山西省围棋协会工作会议在介休召开。大同市围棋协会何于威、张眉平、郭志强参加会议。郭志强在会上介绍了大同开展围棋活动情况。张眉平被增补为省围棋协会委员。

12月3—7日，第三届"汉酱杯"全国业余围棋大赛在洛阳举办。大同市围棋协会副主席张眉平受邀参加了名人组比赛。

12月10—12日，全国围棋协会双人联棋赛在海南省昌江黎族自治县举行。大同郭志强、贾慧峰参赛。

12月12日，晋能控股煤业集团围棋协会、电业公司举办"电业杯"围棋名人联谊赛。

12月13日，大同市全民健身运动会"俱乐部杯"超级围棋联赛举办。全市8支甲级队、6支乙级队参赛。大同永和队、怀仁弈承队、同煤弈苑队分获甲组前三名，云中十二子队、云冈区队、弈海围棋队分获乙组前三名。

12月21—22日，大同市平城区卫生健康和市体育局举办迎新年全民健身棋牌赛，班嘉明、张近平、刘英分获前三名。

12月26—27日，第九届"棋盛·强国"大同市少年围棋锦标赛、第八届大同市"小棋王"围棋争霸赛在云冈区平盛三小举办。

12月30—31日,"乌大张"围棋名手友谊赛在张家口举办。大同市获团体第二名,党驰、苏尚武分获个人第六、第七名。

12月,大同市围棋协会被大同市体育总会评为优秀协会。

2021年

2月9日,大同围棋少年联队与山东临沂春风少年队在弈城网进行网络围棋联谊赛,大同以22∶12获胜。

2月15日,大同与忻州棋友在弈城网进行网络围棋联谊赛,双方以9∶9握手言和。

2月16日,大同棋手联盟队与沈阳师范大学生联队在弈城网进行网络围棋比赛,大同以4∶6告负。

2月17日,大同市围棋协会举办5段王围棋争霸赛,贾得一、隋昱博、党尚、武君昊、姚宝奎、段景斌分获前六名。

2月22—25日,晋控煤业集团职工围棋赛在弈城网进行,段景斌、韩瑞、武君昊、党驰、姚宝奎、罗金伟分获前六名。

3月27日,大同市第二届"董酒杯"围棋名手邀请赛在文瀛山庄举办,共有16位领导干部受邀参赛。张眉平、孟增迎、马建军分获前三名。

3—8月,大同市云冈区棋友"不服杯"联谊赛举行,共有20名棋友报名参赛。经过19轮大循环比赛,罗金伟获冠军,张眉平获亚军,郭志强获季军。朱建军获"最快完成对局奖",冯金锁获"最佳不服精神奖"。

4月,中国围棋协会授予大同市"全国围棋之乡"荣誉称号。

5月4日,在第五届洛阳白云山中国围棋棋圣战八强赛中,大同籍棋手丁浩战胜谢尔豪,挺进4强,并晋升八段。

5月11—13日,晋控煤业集团职工围棋赛在体育馆开赛,共有42名爱好者参加。经过7轮角逐,富烨以全胜战绩荣获冠军,并晋升5段。刘志刚、罗金伟获二、三名。

5月26—30日,"古县牡丹杯"第34届山西省围棋锦标赛在临汾古县举办。罗金伟、孙建民、郭志强代表大同参赛，并获团体第六名。罗金伟获个人第六名。

6月5日，"我要上全运"群众比赛围棋项目大同市选拔赛进行。黄文亮、李吉才、杨寓翔分获前三名。

6月19—20日，大同市夏季段级位赛在机车厂进行，来自全市17个培训机构的343名少儿棋手参赛。

7月8—12日，"赤峰杯"第七届中国城市围棋联谊赛在赤峰市圣尊国际酒店举办。比赛分公务员、企业、文化名人和特邀组，大同市围棋协会派出孙建民、苏尚武、张眉平、富烨、冯志强五人组队参赛。

7月24—25日，中国围棋之乡联赛在浙江衢州开赛。大同市作为全国围棋之乡的新成员，首次派出郝岳鹏、段锦斌、罗金伟、武宇婧4名队员组队参赛，经过六轮鏖战，获C组第7名。

7月24日，中国围棋协会在浙江衢州召开了围棋之乡工作会议。衢州、大同等8个围棋之乡的代表发言。大同市围棋协会副主席张眉平介绍了全市围棋活动开展情况，得到了中国围棋协会领导的肯定，大同的"不服杯"挑战赛受到与会代表关注。

7月30日—8月2日，吴新宇六段、仇丹云二段前来大同，分别到煤都棋院浑源恒山棋校和永和文瀛山庄指导棋友和少儿棋手。吴新宇和仇丹云还参观了晋能控股集团晋华宫国家矿山公园和井下探秘游。

9月，大同市共有3所学校1所幼儿园被中国围棋协会授予全国围棋特色学校和幼儿园。分别是：云冈区平盛第三小学校、平城区四十四小学校、大同逸夫小学校和云冈区德氏潜能开发幼儿园。

9月20—27日，第四届全国运动会群众比赛围棋决赛在安徽合肥市举行。大同国家级裁判郭志强受中国围棋协会选派，担任赛区裁判工作。

10月1—4日，大同市全民网络围棋比赛在弈城围棋网举办，共有16名棋手参赛。经过4轮线上比赛，富烨获冠军，张眉平、李吉才分获二、三名。

10月9日，丁浩在"文投杯"开封第一届中国国手赛16强战中，勇胜柁嘉熹，成功晋升九段，成为中国第52位九段棋手。

10月16日，大同市第二届全民健身运动会围棋超级联赛在市体育中心举办。全市共有16支队伍的48名棋手参赛。比赛结果：大同永和队、怀仁弈承队、弈苑十二友队分获甲组前三名。博弈围棋队、启智棋院队、长津湖勇士队分获乙组前三名。

10月18日，丁浩在第17届"倡棋杯"中国职业围棋锦标赛决赛中以2比0击败杨鼎新，夺得自己第二个国内职业大赛冠军，成为"倡棋杯"史上首位00后冠军。

10月29—30日，由大同市围棋协会副主席张眉平、郭志强带队，党尚、姚宝奎等10位棋友组成的大同围棋队，出访太原市、忻州市围棋协会，并与当地棋友开展了联谊活动。

11月25日，在第五期野狐人气争霸赛决赛中，丁浩以2：0战胜韩国元晟溱，夺取冠军，获50万元奖金。丁浩从首轮打起，连胜李维清、李钦诚、申旻埈、赵晨宇、文敏钟、谢科，半决赛胜党毅飞晋级决赛。

12月11—12日，大同市围棋冬季段级位赛在云冈区平盛第三小学举行。共有388名少儿选手参赛。大同市围棋协会副主席张眉平、郭志强为各组别前六名小棋手颁奖。

12月12日，在2021年文投杯开封第一届中国围棋国手赛决赛中，丁浩执白128手击败柯洁，夺得冠军。

12月30日，在2021年首届"湾区杯"中国围棋大棋士决赛中，丁浩执黑中盘胜辜梓豪夺得国内首位"大棋士"殊荣。

（说明：大事记因资料收集所限，所记内容或详略不一，或与实际有所出入，或有些大事还未录入，敬请广大棋友谅解。）

后 记

　　"琴、棋、书、画"自古以来即为文人雅士引以为豪的高品位艺术形式，围棋以它丰富的文化内涵跻身其中，最终成为中国古代雅文化园地中的绚丽奇葩。

　　为进一步弘扬优秀传统文化，加强围棋文化建设，中国围棋协会组织实施《围棋与名城》丛书编写出版工程，挖掘、整理全国各地有价值、有特色的围棋文化，讲好当地围棋故事，使之成为城市的一张特殊名片。

　　大同，作为两汉名郡、北魏京华、辽金陪都、明清重镇，入选全国首批历史文化名城。与大同的文化建设相适应，大同的围棋竞技、围棋文化也从无到有，芳香宜人，璀璨夺目。为此，大同十分荣幸地成为全国首批《围棋与名城》系列丛书入编城市。

　　大同市围棋协会对此项工作非常重视，成立编委会，确定编写人员，分头收集文字、图片资料，向重点棋友约稿，开始编撰。该书分为上、下两编，上编为纹枰论道：分为十章，分别记载古都大同、失容舍棋、北京知青、谁是棋王、南征北战、快乐围棋、少年英雄、手谈之旅、黑白梦想、情系纹枰等内容。撰写人员分别为：第一章：张眉平、王玉田。第二、第三章：张眉平。第四章：薛志英。第五章：薛志英、张眉平、白菊生。第六章：薛志英。第七章：郭志强。第八章：曹明、丁俊华、张眉平。第九章：薛志英、李锦光。第十章：张眉平、郭志强。下编为弈苑集萃：计有棋人棋事、棋谱赏析、大事记等，作为补充内容。书中还插入了围棋活动的200多幅珍贵史料照片，可谓图文并茂、形象生动。本书所有图文资料

（丁浩世冠照片除外）下限时间截至2021年12月。

在所编写的内容中，因多人撰稿，采写风格不尽相同，有的注重细节描写，娓娓道来，妙趣横生；有的着重宏观概述，统筹总览，洋洋大观。读者尽可萝卜白菜，各取所爱。再者，尽管多方收集整理资料，但或因年代久远，或因棋友无法联系，或因无从记载，加之编写者水平所限，疏漏、不妥之处在所难免，诚望棋友、读者谅解、斧正，以便今后进一步修改完善。

本书的顺利出版得到了大同市体育局、体育总会的大力支持和广大棋友的热情相助。有的辛苦撰写约稿，有的积极提供资料，有的热情提出建议，有的慷慨解囊资助。如果把此书比喻为一个新生儿的话，那么，棋迷朋友们无疑就是孕育她成长的群体。在此，大同市围棋协会及本书编委会对所有作出贡献的棋友表示深切的谢意。

世上颜色何为贵，唯有黑白最纯真。名城大同围棋人正以他们的才智才情，以他们对围棋的初心，不断壮大围棋队伍，不断传播围棋文化，不断做强围棋产业，弈好本手棋，妙手偶得之，努力推进大同围棋事业繁荣发展，全面展现大同围棋的美好画卷。

祝愿大同围棋的明天更加美好！

《围棋与大同》编委会

2021年12月